中青年经济与管理学者文库

本书得到北方工业大学优势学科项目（18XN047）的资助

财务总监财务执行力与财务报告质量研究

宁美军　著

中国财经出版传媒集团

中国财政经济出版社

图书在版编目（CIP）数据

财务总监财务执行力与财务报告质量研究/宁美军著．—北京：中国财政经济出版社，2018.8

（中青年经济与管理学者文库）

ISBN 978-7-5095-8468-2

Ⅰ.①财… Ⅱ.①宁… Ⅲ.①企业管理-财务管理-研究-中国 Ⅳ.①F279.23

中国版本图书馆 CIP 数据核字（2018）第 194818 号

责任编辑：王 丽 罗伶一 责任校对：徐艳丽

中国财政经济出版社 出版

URL：http：//ckfz.cfeph.cn

E-mail：cfeph@cfeph.cn

（版权所有 翻印必究）

社址：北京市海淀区阜成路甲 28 号 邮政编码：100142

营销中心电话：010-88191537

天猫网店：中国财政经济出版社旗舰店

网址：https：//zgczjjcbs.tmall.com

北京财经印刷厂印刷 各地新华书店经销

880×1230 毫米 32 开 11.625 印张 280 000 字

2018 年 9 月第 1 版 2018 年 9 月北京第 1 次印刷

定价：65.00 元

ISBN 978-7-5095-8468-2

（图书出现印装问题，本社负责调换）

本社质量投诉电话：010-88190744

打击盗版举报热线：010-88191661 QQ：2242791300

策划人语

题记：一个人的精神成长史，取决于他的阅读史。只有阅读能最有效地培养精神生活习惯，而好的习惯又培养性格，性格决定人生。

——我们自豪，因为我们就是创造这精神产品的人。

选择了飞翔，总能看到蓝天；选择了远航，总能感受大海。人生不仅要作出选择，也要坚持住自己的选择。学会计、当编辑是我的意外选择。人说编辑是为人做嫁衣，可是这一选择我坚持了27年，苦在其中，乐在其中，也算是有声有色。每当我把一本本好书呈献给人们的时候，我觉得我是"富贵"的人：富，不是你身上的钱财，而是你心里的满足；贵，不是你地位的显赫，而是你被人需要的程度。

书海探寻，情怀永恒

我要说，做编辑我幸运，因为我不仅是第一个读者，可以对作品"品头论足"，也可以对作品"生杀予夺"；更重要的是，这是一个很高层次的平台，在多年与名家的交往和名著的"对话"中，深深地为他们的人格和才学所感动，被作品的精彩所吸引，这不仅使我"下笔如有神"，更使我的思想和灵魂也受到一次次洗礼和震撼，得到一次次升华。对于我的作者我的书，如数家珍，作者中不乏才学和为人同样过人的多位泰斗和"颜值高责任大"的众多才子佳人；策划的作品不仅立足专业还兼顾人文，也是情怀所在，专业加人文路才会更宽。

多年的体会是，作为一名编辑，起码要"三心二意"，即"责任心、细心、耐心"和"服务意识、创新意识"。要多策划一些有份量的拳头产品，用一个选题推动一个系统工程，用一个系统工程培养一个出版社品牌。给新入职编辑讲座时我做过一个比喻：编辑两项基本功，审稿——甚至要比博导审批学生论文还要全面、细致；选题策划——要像电影导演一样做"星探"，善于发现优秀作者和挖掘好的原创作品。记不得27年来我策划和编辑了多少书，组织和策划了一大批教材、业务培训用书、通俗读物、理论专著等，有的获得过国家、省部级各类奖项，有的以其填补空白、社会热点、风格新颖、开拓尝试等特点受到读者的欢迎。20世纪90年代我开始自主策划选题，多年来每年都有新丛书问世。比如，21世纪初内部控制研究在国内刚兴起时，策划了《现代内部控制丛书》，其中《企业内部控制管理操作手册》是我鼓励作者将自己饱含心血的经过长期钻研和实践并证明卓有成效的成果奉献付梓，使得更多的人能受益于此，这无疑是对我国内部控制理论探索和实践发展的一种贡献，内部控制选题至今还是热点。2013年的《来去无尘——一位财政部长的生前事》所展现的吴波精神，与深入推进党风廉政建设相得益彰，得到中央领导同志的高度重视和重要批示。中央各大主流媒体纷纷连续报道，掀起了全社会学习吴波高尚情操的热潮。2014年至今的前沿选题《财务云丛书》等也越来越受到业界认可。

想是问题，做是答案

众所周知，目前的图书出版业在行业竞争和纸质图书受到严重冲击的情况下，出版人无不感到莫大的危机。在这种背景下，策划一套专业图书是颇感困惑的一件事，风险更大。但即使这样我们也不能因噎废食、停滞不前，还要积极应对，继续发挥纸质图书的固有特质，挖掘出版内容和形式都精彩的原创作品，适应新形势下读者的更高需求。2017年，我们接受新的挑战，开启新的征程，又策划《中青年经济与管理学者文库》《当代税收名家丛书》《中国税务律师系列丛书》《现代管理实务丛书》《高等院校应用型会计人才精细化培养系列教材》等，继续为扶持学术研究和总结最新成果，在高端研究与专业知识普及和应用之间搭建一座座有益的桥梁。

每一个时代的经济环境不同，理论研究和实务探索所需要解决的问题也有所差别。当前我国不仅处于经济结构调整和供给侧改革的攻坚期，同时也处于大数据和互联网突飞猛进的变革期，矛盾叠加，风险交汇，市场环境和组织模式不断演变发展、推陈出新，经济、管理、财税等领域的新理论、新思想、新方法、新工具也层出不穷。乱花渐欲迷人眼，击水三千浪几何？这些领域的研究人员被时代赋予了更艰巨的责任，也面临着更高、更多元的要求，我们不仅要具备更广阔的学术视野，而且要有更严谨的学术思维。

输在犹豫，赢在行动

《中青年经济与管理学者文库》的作者，都是我国经济与管理领域的中坚力量,也是未来的大家。他们中有些人潜心从事理论研究,有些人则深耕在实务一线,但无论现实身份如何,视野全都没有被拘泥在"象牙塔"内。他们从不同视角对市场经济的不同要素进行细致审视,然后汇聚于"财经版"这面旗帜之下,相互碰撞,彼此激荡,力求在市场经济转型升级的关键时期留下最新鲜的"中国印记"。

这些经济与管理领域的中青年学者,就是我国市场经济发展的潜力与优势,他们的研究成果,不仅将引领市场经济的各个组成环节向更科学、更先进的方向发展,而且将成为我国政府和企业在未来经济世界扮演更重要角色的支点与动力。祝愿这些中青年学者能攀上更高的学术之山,走向更远的研究之路,也期待宏观、中观、微观各个层面的市场参与者都能从这套文库中得到切实的启发与指引,在全面深化改革、增强发展活力的关键时期,发挥正能量和积极作用,为经济社会发展增添新的动力!

如果您认可,如果您有意愿,欢迎您和您的朋友加盟我们的作者队伍!在中国财经出版传媒集团的"旗舰"下,中国财政经济出版社这"老字号",一定励精图治,谱写新的篇章。我们用"龙的精神,玉的品质"来助力您实现梦想!

策划人:樊清玉

邮箱:qingyuf@ sina. com

2017 年春

  上市公司的财务报告质量决定着上市公司的质量和资本市场资源配置的优化，高质量的财务报告是社会急需的公共产品。而我国企业财务报告质量良莠不齐，投资者难以有效辨别财务报告信息优劣，更难以据此进行有效决策和利益保护。财务总监作为企业会计政策的制定者，甚至是投融资的决策者，为什么没有对财务报告质量尽到应尽的责任？代理冲突认为，财务总监的财务决策行为和受托责任履行往往会受到总经理的不良干预，影响了其财务执行力。那么，财务总监财务执行力能否有效提高财务报告质量呢？不同的理论给出了截然不同的解释，比较经典的理论包括代理理论和友好董事会理论等，但这些理论的研究成果均基于国外先进的财务总监制度背景。

  而基于我国独特的制度背景，一方面，我

国财务总监制度发展不平衡、不充分，财务总监进入董事会担任内部董事获得财务总监财务执行力的比例较低；另一方面，新时代的企业资源优化配置以及资本市场有效运行急需财务总监的智力支持和决策支持，而这些均依赖于财务总监咨询职能和监督职能的充分履行，因而迫切要求财务总监获得财务执行力。考虑到财务总监财务执行力可能的"双刃剑"效应，研究财务总监财务执行力对财务报告质量的作用方向、作用机制以及相应的影响因素就尤为重要。

宁美军的这部论著基于我国财务报告质量的制度变迁和财务总监制度的发展历程，从史证和实证的双重视角，首先，研究财务总监财务执行力对财务报告质量的作用方向；其次，分别从吸引分析师跟踪、提高社会地位探究财务总监财务执行力影响财务报告质量的潜在机制；最后，分别从静态的资源异质性视角、动态的社会网络视角以及外部法律环境视角探究财务报告质量的影响路径。

这部论著的研究有助于评价在我国特殊国情下财务总监制度的合理性和有效性，可以为我国本土化制度背景下的财务报告质量提升、企业管理优化和公司治理完善提供理论依据和经验证据。研究结论对财务总监、企业管理者、会计准则制定机构以及政府监管部门均具有一定的启示意义，同时也为具有中国本土化特色的财务总监财务执行力经济后果和与财务报告质量影响因素的研究提供了参考。

赵西卜
于中国人民大学明德楼

第1章　导论 …………………… （ 1 ）
　1.1　研究背景 ………………… （ 1 ）
　1.2　研究目标 ………………… （ 7 ）
　1.3　研究意义 ………………… （ 8 ）
　1.4　研究思路与逻辑体系 ……… （ 11 ）
　1.5　研究对象及其界定 ………… （ 14 ）
　1.6　研究方法 ………………… （ 19 ）
　1.7　可能的贡献 ……………… （ 20 ）

第2章　文献综述 ……………… （ 22 ）
　2.1　财务报告质量 …………… （ 23 ）
　2.2　财务总监财务执行力 ……… （ 69 ）
　2.3　财务总监财务执行力与财务
　　　 报告质量 ………………… （ 73 ）

2.4 文献述评 …………………………………………… (75)

第3章 制度背景与理论基础 ………………………………… (79)
  3.1 制度背景 …………………………………………… (80)
  3.2 理论基础 …………………………………………… (91)
  3.3 本章结论与启示 …………………………………… (105)

第4章 财务总监财务执行力与财务报告质量的总体特征
    ……………………………………………………………… (107)
  4.1 引言 ………………………………………………… (107)
  4.2 理论分析与研究假设 ……………………………… (110)
  4.3 研究设计 …………………………………………… (115)
  4.4 实证结果与分析 …………………………………… (123)
  4.5 稳健性检验 ………………………………………… (139)
  4.6 本章结论与启示 …………………………………… (176)

第5章 财务总监财务执行力对财务报告质量的作用机制
    ……………………………………………………………… (180)
  5.1 引言 ………………………………………………… (180)
  5.2 理论分析与研究假设 ……………………………… (183)
  5.3 研究设计 …………………………………………… (185)
  5.4 实证结果与分析 …………………………………… (189)
  5.5 稳健性检验 ………………………………………… (197)
  5.6 本章结论与启示 …………………………………… (238)

**第6章 财务总监财务执行力与财务报告质量间关系的
      影响因素** …………………………………………… (242)

6.1 引言 …………………………………………… (242)
6.2 静态的资源异质性视角 ……………………… (246)
6.3 动态的社会网络视角 ………………………… (271)
6.4 外部法律环境视角 …………………………… (296)
6.5 本章结论与启示 ……………………………… (303)

第7章 研究结论、政策建议与研究展望 ………………… (306)
7.1 研究结论 ……………………………………… (306)
7.2 政策建议 ……………………………………… (311)
7.3 研究局限 ……………………………………… (313)
7.4 研究展望 ……………………………………… (314)

参考文献 ……………………………………………… (317)

后 记 ………………………………………………… (356)

导 论

1.1 研究背景

1.1.1 理论背景

大量研究表明，财务总监背景特征能够显著影响财务报告质量：女性财务总监有助于降低企业发生财务重述的可能性，提升财务报告质量（Barua 等，2010；李小荣和刘行，2012）；财务总监任职期限越长，对财务报告质量的提升作用越显著（Li 等，2010）；财务总监年龄越大，对财务报告质量的提升作用越显著（杜晓荣等，2015）；财务总监学历越高，公司会计稳健性越高、财务报告质量也就越高（王福胜和程富，2014）。此外，已有文献还从财务总监动机（Jiang 等，2010）、财务总监变更（Collins 等，2009；Li 等，2010）、总经理权力（Ge 等，2010；姜付秀等，2013）、财务总监与总经理任期交错（姜付秀等，2013）、管理防御视角（王福胜和程富，2014）、业绩预告披露质量（任汝娟和卢呈，2014）、盈余价值相关性（朱大鹏和孙兰兰，2015）、财务总监排序（陈汉文和刘思义，2016）等视角研究了财务总监对财务报告质量的影响。上述文献研究结论肯定了财务总监在监管企业财务报告编制以及提高财务报告质量方面的积极作用。

已有研究发现，财务总监财务专业能力能够降低会计差错发生的概率，减少会计差错发生的频率，进而提升财务报告质量（Geiger 和 North，2006；Li 等，2010；何威风和刘启亮，2010；邱昱芳等，2011；王霞等，2011；何凡等，2015）。财务总监的会计经验越丰富，其在公司中的财务报告决策权也越高（Aier 等，2005；Li 等，2010；Beck 和 Mauldin，2014），这将增强财务总监抵抗总经理压力的能力，更不可能进行盈余操纵，从而财务报告质量更高（Galinsky 等，2008；Friedman，2014；Bishop 等，2017）。相比于财务总监，总经理在企业中占据更高的权力和地位，能够影响甚至决定财务总监的薪酬、职业发展和财务报告决策（Mian，2001；Feng 等，2011；Krishnan 等，2011），总经理对财务总监的压力是企业进行盈余管理的重要因素，这显著损害了企业财务报告质量（Donegan 和 Ganon，2008；Beasley 等，2010；Cohen 等，2011；Feng 等，2011；Dichev 等，2013；Mayhew 和 Murphy，2014；Friedman 等，2014；Khanna 等，2015；Bishop 等，2017）。

此外，已有文献从不同维度界定财务总监权力（例如，以财务总监进入董事会度量），研究了财务总监权力对公司实际税率、公司财务违规行为、会计稳健性等因素的影响（Pu 等，2015；刘永丽，2015；俞雪莲和傅元略，2017）。尽管已有文献研究了财务总监权力对财务报告质量的影响，但并未取得一致性的研究结论，且已有文献尚未探究财务总监权力对企业财务报告质量的潜在作用机制。

财务报告具有决策有用和受托责任的双重目标，财务总监在企业财务报告质量方面承担着重要的管理职责（Graham等，2005；Aier等，2005；Geiger和North，2006；Weili等，2011），是企业财务报告质量的监管者和把关者（Feng等，2011；李晓玲和刘中燕，2016），而鲜有学者研究企业财务报告质量的事前监管——财务总监在财务报告中决策有用支持和受托责任履行的作用。财务总监进入董事会担任内部董事，其财务执行力的提高能够有效保障财务总监履行财务职责。已有文献对财务总监财务执行力与财务报告质量间关系的研究并未取得一致性的研究结论（Bedard等，2014；俞雪莲和傅元略，2017），且已有成果缺乏财务总监财务执行力对财务报告质量作用机制以及两者关系间影响因素的深入研究。

1.1.2 实践背景

2012年中国共产党第十八次全国代表大会报告指出，加快转变经济发展方式，应当全面深化经济体制改革、实施创新驱动发展战略、推进经济结构战略性调整，更多依靠科技进步、劳动者素质提高以及管理创新驱动。在这场转型中国的变革中，为促进企业资源优化配置并打造企业自身核心竞争力，作为企业管理创新驱动的核心人物，财务总监应当积极参加公司业务决策和战略决策，以使自身的咨询职能和监督职能达到效用最大化。2015年中央经济工作会议指出，我国经济发展应遵循新常态大逻辑，并在2016年逐步完成经济五大任务：去产能、去库存、去杠杆、降成本、补短板。在此背景下，技术与财务考校着财务总监的功力（秦荣生，2011），完善财务总监制度、提升财务总监的财务执行力与领导力，是推动企业主动适应经济发展新常态、实现企业创新发展的重要举措。

根据哈佛商学院和伦敦商学院的调查报告[①]（如图1-1所示），财务总监每月的时间主要集中在管理会计与报告、财务计划与分析，其次是投资者关系、银行关系，这不仅表明企业财务报告质量、战略决策水平的提升，以及投资融资均与财务总监的咨询职能密切相关，还预示着上市公司财务报告质量决于财务总监咨询职能和监督职能的均衡有效发挥。

财务报告具有决策有用和受托责任双重目标，高质量的财务报告是社会急需的公共产品（刘玉廷，2010）。上市公司的财务报告质量决定着上市公司的质量和资本市场资源配置的优化。《2015年上市公司年报会计监管报告》[②]显示，沪深两市2827家公司均按时披露了2015年年度报告和内部控制报告，其中103家上市公司财务报告被出具非标准审计意见；主板上市公司中，84家上市公司财务报告内部控制被出具非标准审计意见。证监会会计部抽样审阅了563家上市公司的2015年年度报告和内部控制报告，发现问题134项，涉及96家上市公司。这表明，我国上市公司的财务报告质量良莠不齐，投资者难以有效辨别财务报告信息优劣，更难以据此进行有效决策和利益保护。作为企业会计政策的制定者和投融资的决策者，财务总监本应对财务报告质量负主要责任和最终责任（Weili等，2011），但却没有有效履行受托责任。本书认为，这与我国现阶段财务总监制度不完

[①] 由德意志银行资助、哈佛商学院和伦敦商学院两位教授在2005年开展的有全球334家企业参与的一项公司财务政策和实务的调查报告。

[②] 证监会发布《2015年度上市公司年报会计监管报告》，http://www.csrc.gov.cn/pub/newsite/zjhxwfb/xwdd/201609/t20160909_303218.html。

善、财务总监财务执行力无法得到有效发挥存在紧密的联系。

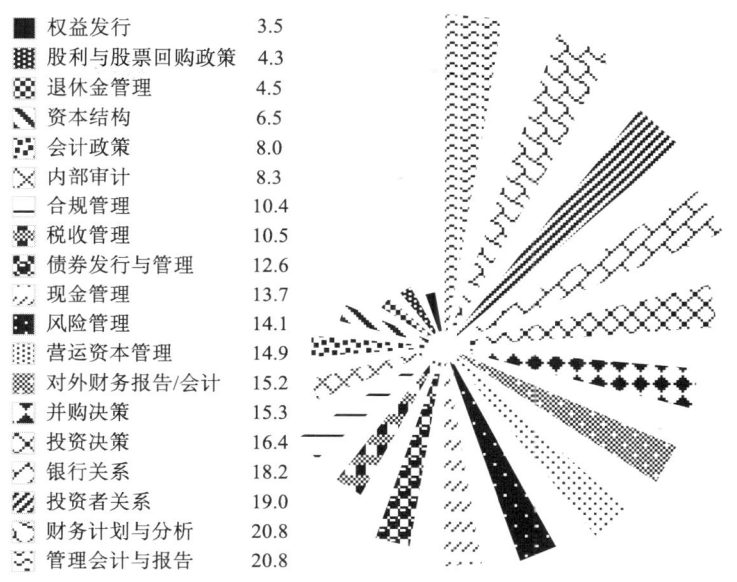

权益发行	3.5
股利与股票回购政策	4.3
退休金管理	4.5
资本结构	6.5
会计政策	8.0
内部审计	8.3
合规管理	10.4
税收管理	10.5
债券发行与管理	12.6
现金管理	13.7
风险管理	14.1
营运资本管理	14.9
对外财务报告/会计	15.2
并购决策	15.3
投资决策	16.4
银行关系	18.2
投资者关系	19.0
财务计划与分析	20.8
管理会计与报告	20.8

图1-1 财务总监每月花在各项职能上的时间（小时）

在我国公司治理实践中，我国大多数企业的财务总监未进入董事会担任内部董事，财务总监的权力和地位显著低于总经理的权力和地位，导致其咨询职能和监督职能无法充分发挥。当发生代理冲突，在总经理的权力和地位的压迫下，财务总监的咨询建议往往无法被有效采纳（孟焰，2007）。财务总监进行盈余操纵并不一定能获得较高的利益（Feng等，2011）。这在一定程度上表明财务总监并没有足够的动机进行盈余操纵，更可能是对总经理施压下的一种权衡妥协。国外先进的财务总监制度启示我们，财务总监不仅具有咨询职能，而且具有监督职能，推动财务总监进入公司董事会担任内部董事，能够显著提升财务总监财务执行力，在这种情况下，财务总监和总经理的权力能够达到相互制衡的状态，因而能够各自充分履行各自的职责，这不仅有利于提高财务报告质量（Tulimieri 和 Banai，2010），也可以促进企业资源优化配置，加快转变企业经济发展方式。

本书通过对上市公司的统计也发现一个有意思的现象，上市公司的财务总监越来越多地进入董事会担任内部董事，如图1-2所示，图1-2更加直观的列示了2008~2015年上市公司财务总监兼任内部董事的公司比例在样本期间的变化趋势，数据表明，上市公司财务总监兼任内部董事的公司比例从2009年的23.2%上升至2015年的28.9%，呈逐年上升趋势。这表明上市公司越来越重视财务总监兼任内部董事的作用。例如，作为中国最大的网络公司和世界第二大网络公司，阿里巴巴超过40%的董事会成员均具有财务背景，且财务总监是董事会的核心成员，权力和地位很高，财务总监具备财务执行力。阿里巴巴财务总监蔡崇信认为，财务总监的三重境界依次是财务总监的基本功、财务总监的风险管控、财务总监统帅全局的资源调配[①]。可以说，阿里巴巴资本帝国的成功在很大程度上取决于其财务总监财务执行力的有效发挥。

那么，财务总监进入董事会担任内部董事由此带来财务执行力的提升，这一角色的差异对上市公司财务报告质量是否以及会产生怎样的影响？这是本书的主要研究目标。

---

① 田茂永："阿里资本牌局的'俩王四个2'——兼论资本控制型总部中的财务总监发展上限"，《首席财务官》，2017年第1期。

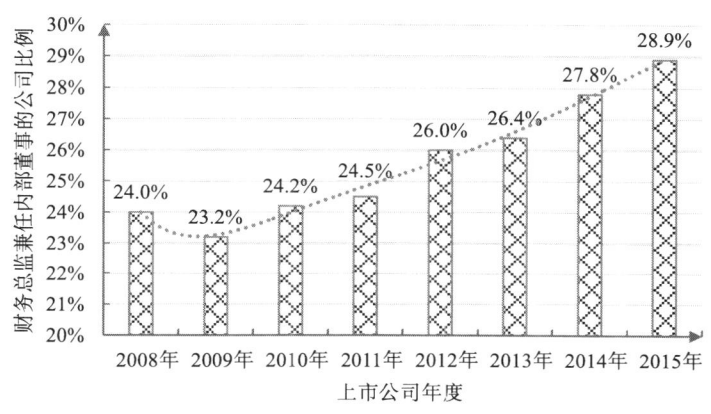

图1-2 2008~2015年上市公司财务总监兼任内部董事的公司比例

1.2 研究目标

在借鉴已有文献（张敏，2008；Bedard 等，2014；Focke 等，2017）的基础上，本书尝试进一步回答以下问题：

第一，在我国，财务总监财务执行力对财务报告质量的作用方向如何？与国外已有文献的研究结论相比，这种作用方向是否存在差异？具有哪些异同？

第二，更进一步，财务总监财务执行力对财务报告质量会有哪些作用机制？财务总监财务执行力是否会通过吸引分析师跟踪、提高社会地位这些机制作用于财务报告质量？

第三，财务总监财务执行力与财务报告质量之间关系的影响因素有哪些？在分别考虑企业性质、财务总监变更、融资需求、企业生命周期、上市公司网络位置（包括上市公司网络中心度和上市公司网络结构洞）以及外部法律环境等不同影响因素之后，财务总监财务执行力对财务报告质量的作用方向以及作用大小会发生什么变化？

上述问题的回答构成了本书的研究目标，即本书从董事网络视角，研究我国特殊国情下财务总监财务执行力对企业财务报告质量的影响，包括财务总监财务执行力所引起的财务报告质量变化的总体特征，财务总监财务执行力在吸引分析师跟踪、提高社会地位等方面的作用机制，以及不同视角下影响财务总监财务执行力与财务报告质量之间关系的因素。

1.3 研究意义

现有文献关于财务总监财务执行力对财务报告质量的实证研究非常有限，且鲜有研究中国独特背景下财务总监财务执行力对财务报告质量的作用方向、作用机制和以及相应的影响因素。本书研究财务总监财务执行力与财务报告质量之间的关系具有较为重要的理论意义和实践意义。

1.3.1 理论意义

第一，从财务总监财务执行力视角考察异质性的财务总监财务执行力对企业财务报告质量的影响，在一定程度上拓宽财务总监制度的研究视野，为董事会的构成提供理论指导，为探视企业管理结构对企业财务报告质量的影响提供新的视角。

第二，从我国独特的制度背景研究企业性质和企业生命周期对财务总监财务执行力与财务报告质量之间关系的影响，丰富中国制度背景下财务总监制度与财务总监职责相关研究，为制定适合我国国情的财务总监制度提供理论依据。

第三，探究财务总监财务执行力对企业财务报告质量的作用机制，分别验证了在分析师跟踪数量越多、信息不对称程度越低时，财务总监排名越高、财务总监社会地位越高时，财务总监财务执行力与企业财务报告质量两者间的正向关系越强，从而为财务总监财务执行力通过吸引分析师跟踪、提高财务总监社会地位，进而提升企业财务报告质量这一逻辑提供经验证据支持。

第四，从财务总监变更、融资需求、企业生命周期和上市公司网络位置（包括上市公司网络中心度和上市公司网络结构洞）等不同视角探究财务总监财务执行力与企业财务报告质量间关系的影响因素，在一定程度上丰富财务总监财务执行力经济后果领域的研究，也为我国财务总监制度建设和完善提供理论借鉴依据。已有文献主要从财务总监薪酬和企业过度投资等静态的资源异质性视角研究财务总监财务执行力的经济后果。与已有文献不同，首先，本书从融资需求和企业生命周期等静态的资源异质性视角研究财务总监财务执行力与财务报告质量间关系的影响因素；其次，本书从上市公司网络中心度和上市公司网络结构洞这一动态的社会网络视角研究财务总监财务执行力与财务报告质量间关系的影响因素；再次，本书从外部法律环境视角研究财务总监财务执行力与财务报告质量间关系的影响因素，进一步丰富跨学科领域的相关影响因素和经济后果研究。

1.3.2 实践意义

第一，在一定程度上为宏观决策者提供了推动并发展财务总监进入董事会担任内部董事的政策依据。从财务报告质量视角考察异质性的财务总监财务执行力的公司治理效应以及相应的作用机制，本书的研究结论在一定程度上可以为监管部门推动并发展财务总监进入董事会担任内部董事提供政策参考，有助于资本市场监管部门在监管资源有限的情况下,通过发展财务总监内部董事来提升企业财务报告质量,进而优化资源配置并有效保护投资者利益;有助于政府更有效地监管上市公司财务报告质量,同时也为今后制定相应的会计准则提供一定的经验借鉴;有利于从企业管理和公司治理层面界定财务总监的权力和地位,为实践中强化董事会咨询职能和监督职能提供新的思路。

第二,从我国独特的制度背景研究企业性质和企业生命周期对财务总监财务执行力与企业财务报告质量之间关系的影响,这为监管部门有针对性的采取相应措施监管不同性质的企业以及处于不同生命周期的企业财务报告质量提供经验证据。

第三,从不同视角为企业董监高确定财务总监财务执行力提供经验参考,为会计准则制定者确定财务报告质量区间提供经验证据,在一定程度上有助于会计准则制定者和企业董监高权衡不同视角下财务总监财务执行力对财务报告质量的作用方向,并据此有的放矢。首先,从财务总监变更、融资需求、企业生命周期等企业内部资源异质性视角研究财务总监财务执行力与财务报告质量间关系的影响因素,在一定程度上指导企业进行管理结构优化实践。其次,从上市公司网络位置这一动态的社会网络视角研究财务总监财务执行力与财务报告质量间关系的影响因素,在一定程度上深化财务总监财务执行力的内涵、并拓宽了财务总监制度的外延。再次,从法律环境这一上市公司所处省份的外部环境视角探究财务总监财务执行力与财务报告质量间关系的影响因素,丰富了中国本土化特色的研究。本书研究结论为相关部门制定投资者保护措施提供了经验证据,为完善我国资本市场制度建设、促进资源优化配置具有一定的实践指导意义。

1.4 研究思路与逻辑体系

本书以实证研究方法为主、规范研究方法为辅,分别从实证和史证两方面论证。首先,从史证角度深入探究财务报告质量的制度背景、影响因素以及财务总监制度在我国的发展,进而综述了财务报告质量和财务总监财务执行力的领域的文献,以期为本书的研究寻找切入点。在此基础上,从实证角度检验财务总监财务执行力对财务报告质量的作用方向、作用机制以及相应的影响因素,并结合我国独特的制度背景,系统提炼出对上市公司财务报告质量的监管建议,为制定适合我国国情的财务总监制度提供理论依据和经验证据。

简而言之,本书的研究思路如图 1-3 所示:

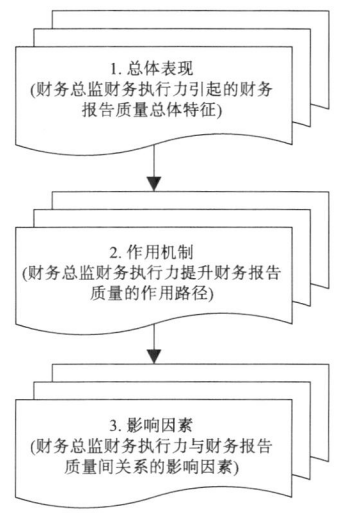

图 1-3 本书研究思路图

总体表现，是指财务总监财务执行力所带来的财务报告质量的总体特征，主要从盈余管理视角进行研究。作用机制，是指财务总监财务执行力作用于财务报告质量的过程，主要从吸引分析师跟踪、提高社会地位这两个视角进行研究。影响因素，是指影响财务总监财务执行力与企业财务报告质量之间关系的因素，主要从静态的资源异质性视角（包括企业性质、财务总监变更、融资需求和企业生命周期）、动态的社会网络视角（包括上市公司网络中心度和上市公司网络结构洞）以及外部法律环境这三个角度进行研究。

本书采用逐层递进、由表及里、由静及动，由内及外，由因及果的方法，以董事网络为桥梁，深入研究了财务总监财务执行力对企业财务报告质量的作用方向、作用机制以及影响因素。遵循上述研究思路，本书的逻辑结构与体系安排如图1-4所示：

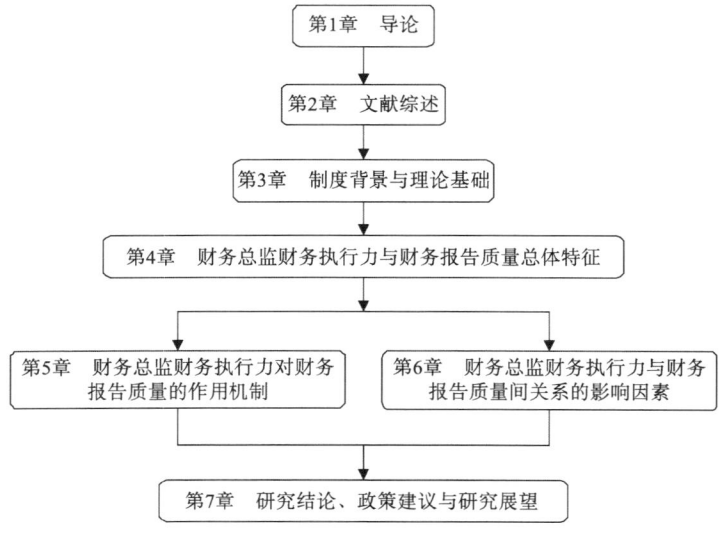

图1-4 本书结构框架图

第1章，导论。主要包括本书的研究背景、研究目标、研究意义、研究思路与逻辑体系、研究对象及其界定、研究方法以及主要贡献等方面。

第2章，文献综述。主要从以下三个方面进行回顾和述评：一是，财务报告质量，主要包括财务报告质量可视化文献计量、财务报告质量的影响因素以及财务报告质量的度量；二是，财务总监财务执行力，主要包括财务总监财务执行力的影响因素以及财务总监财务执行力的经济后果；三是，财务总监财务执行力与财务报告质量。基于此，指出现有研究成果可能的研究局限，并进而提出本书的研究角度。

第3章，制度背景与理论基础。首先，介绍了财务报告质量的制度背景以及财务总监制度在我国的发展；其次，从信息不对称理论、委托代理理论、友好董事会理论、管家理论、社会网络理论、能力理论以及激励理论等视角阐述了研究财务总监财务执行力与财务报告质量所依赖的理论基础。本章从史证角度阐述并分析了财务报告质量相关制度的演进历程以及其内在逻辑，为理解财务报告质量的影响因素与财务总监财务执行力的经济后果提供了新的视角，也为评价现有我国财务总监制度的合理性和有效性奠定了理论基础。

第4章，财务总监财务执行力与财务报告质量的总体特征。本章致力于研究我国制度背景下财务总监财务执行力对财务报告质量的作用方向以及总体表现形式。以我国 2008~2015 年全部 A 股非金融类上市公司作为研究样本，采用盈余管理标准差（$StdEM$）变量替代衡量财务报告质量，证实了财务总监财务执行力对财务报告质量的积极作用，并进行了一系列稳健性检验以佐证本章结论。本章研究结论为后面章节的内容提供了研究基础。

第5章，财务总监财务执行力对财务报告质量的作用机制。根据第4章的研究结论，财务总监财务执行力能够显著提升财务报告质量，但这只是一种现象，为了财务总监财务执行力影响财务报告质量的具体作用机制，本章进行了深入探究。本章证实了财务总监财务执行力能够吸引分析师跟踪、提高社会地位，从而有利于提高企业财务报告质量。

第6章，财务总监财务执行力与财务报告质量间关系的影响因素。首先，本章从企业静态资源异质性视角分别检验了企业性质、财务总监变更、融资需求、企业生命周期对财务总监财务执行力与财务报告质量之间关系的影响路径。其次，本章从动态的社会网络视角分别检验了上市公司网络中心度以及上市公司网络结构洞对财务总监财务执行力与财务报告质量之间关系的影响路径。最后，本章从外部环境视角检验了法律环境对财务总监财务执行力与财务报告质量之间关系的影响路径。

第7章，结论与建议。包括研究结论、政策建议、研究局限以及研究展望。

1.5 研究对象及其界定

1.5.1 财务报告质量的界定

借鉴金智（2013）、Bedard 等（2014）和宇文晶等（2016）的研究方法，本书主要从盈余管理方面定义财务报告质量。盈余管理水平越高，财务报告质量越低。

Healy 和 Wahlen（1999）将盈余管理（earnings mangement）定义为，管理层在财务报告过程中运用判断或构造交易来改变会计报告结果，以误导利益相关者对公司潜在经营活动的理解，或影响基于财务报告数字的契约结果。在这一定义中，盈余管理可分为两种：应计盈余管理（accrual earnings mangement）和真实盈余管理（real earnings mangement）。

根据 Healy 和 Wahlen（1999）关于盈余管理的定义，应计盈余管理与真实盈余管理的目的都是改变财务报告的结果，以误导和影响基于会计数字的契约结果。它们的主要区别是方式和手段。应计盈余管理是在实际的交易和业务活动发生后，利用一般公认会计原则（GAAP）所给予的自由选择权调节盈利，比如应收款项坏账准备的计提比例等，它虽然可以改变某一期的会计数字，但从资产或公司的整个存续期间而言并没有差别（吴溪，2012）。而真实盈余管理则涉及对真实交易和业务活动的操控。Ewert 和 Wagenhofer（2005）将真实盈余管理定义为，通过改变真实商业活动的时间和结构来改变盈余，这意味着改变的真实交易与企业的最优选择存在差异，并为企业带来了实际成本。Roychowdhury（2006）将真实盈余管理定义为，管理层通过实施与正常经营活动相违背的活动，希望误导至少一部分利益相关者相信财务报告目标已达到了正常水平。

Scott（2012）将盈余管理定义为，管理人员通过选择会计政策，或采取实际措施来影响盈余以实现某些特定的盈余报告目标。这样，盈余管理就包括了会计政策（包括直线折旧法、收入确认政策等以及操纵性应计项目两类）和实际行动（通过广告、研发支出、维修费等真实活动进行盈余管理）两个方面。

根据 Scott（2012）关于盈余管理的定义，盈余管理可以从契约和财务报告两个方面来看。从财务报告的角度来看，管理者可以利用盈余管理来达到分析师的盈利预测预期，由此避免未能满足投资者预期而招致的声誉损失以及强烈的负向估价波动。从契约角度来看，当合同是严格的且不完全时，盈余管理是一种低成本的方法，用以保护公司免受未预测到的现实状态结果的影响。不过，太多的盈余管理也可能减少向投资者提供的财务报告的有效性。

管理者可能实施洗大澡、收益最小化、收益最大化、收益平滑等一系列的盈余管理模式。很明显的是，以上这些盈余管理的模式是相互冲突的。随着时间的推移，公司所选择的模式会随着契约、盈利水平以及政治透明度的变动而变化。即便在特定的时点，公司也会面临诸多不同模式需要的冲突。比如说，为政治原因而减少报告净收益，为达到分析师预期的目的而增加净收益，或者为借款的目的而平滑净收益。会计政策选择具有博弈特征。当 GAAP 的变化对管理人员博弈力量产生不利影响时，经济后果就会产生。即管理人员会反对减少他们会计政策选择灵活性的规则改变。因此，会计人员在对投机性管理战略保持警觉的同时，也必须考虑管理当局和投资者的合法利益。财务报告实际上是在这两种主要需求群体之间的一种折中（Scott，2012）。盈余管理降低了可靠性与敏感性，进而降低了财务报告质量。

1.5.2 财务总监财务执行力的界定

1. 财务总监的概念与内涵

CFO（Chief Financial Officer）起源于 20 世纪 70 年代，其同时在董事决策层和高管执行层担任重要职位（Anthony，2004）。从公司治理视角，CFO 进入董事决策层担任内部董事，决定了其在公司治理中的地位和监督作用；CFO 进入高管执行层担任高级管理人员，决定了其在公司管理中的地位和咨询作用（杜胜利和赵柳婷，2005）。

提高财务报告质量是公司治理的重要目标（李青原和时梦

雪，2018）。与国外公司治理机制相比，我国具有独特的本土化公司治理机制，且没有法律法规明确规定要求使用"CFO"或"首席财务官"的称谓（杜胜利和周琪，2009；陶淑芳，2017）。我国上市公司的财务负责人称谓多样，但目前国内学术界普遍认同，CFO即是企业的首席财务官、财务总监或总会计师（戴璐和汤谷良，2009；李蕊爱和段如水，2009；毛洪涛和沈鹏，2009）。

根据中国财务总监网①，CFO（Chief Financial Officer）财务总监是现代公司中最重要、最有价值的顶尖管理职位之一，是掌握着企业的神经系统（财务信息）和血液系统（现金资源）灵魂人物。CFO（Chief Financial Officer）财务总监的职务描述有以下几点：（1）职务名称为首席财务官/财务总监/总会计师；（2）直接上级为总经理②（国内多数是这种情况）或董事会（国外多数是这种情况）；（3）直接下级为财务会计部经理、管理会计部经理、审计监察部经理、库管部经理、总会计师助理；（4）本职工作为领导公司财和物的规划与控制工作，风险防范与控制。

基于上述内容，本书将CFO（Chief Financial Officer）统一翻译为财务总监，将CEO（Chief Executive Officer）统一翻译为总经理。

2. 执行力的概念与内涵

执行是企业战略目标的重要构成，是目标转向实际结果的"重要桥梁"。执行是企业组织文化的核心组成部分，是一种与策略不可分割的纪律，更是企业领导者的首要工作。执行包括三个核心流程：人员流程、战略流程与运营流程。企业以某种特有

---

① 中国财务总监网 http://www.cfo.cn/cfo/1370.html。
② 中国总经理网 http://www.cnceo.com/index.jsp。

方式利用这相辅相成的三大流程打造自身独特的竞争力，以实现企业价值最大化（Charan 和 Bossidy，2002）。

执行力在企业管理的过程中永远都是个变量，不但因人而异，而且因时而变，其影响因素根源于文化、定位、规划、心态、流程、沟通、考核、协作这八个方面（蒋巍巍，2013）。Thomas 和 David（2003）从竞争力视角研究执行力，强调：没有执行力，就没有竞争力，应当从组织结构、人力资源、企业文化、流程再造及团队培训五个方面提高企业执行力，从而打造自身独特的竞争力，提升企业价值创造能力。组织执行力越高，员工个体行为越容易在不同流程和不同职能中产生协同（Watson，2008），更有利于实现企业的战略目标。个人执行力越高，实现公司业绩目标的能力越强，越能有效执行公司战略决策，从而有助于实现公司更快、更好的可持续发展（魏中龙，2003；王珍，2006）。

邓纯雅（2003）从人力资源角度视角研究执行力，研究认为，成长期的企业面临着二次发展的机遇和挑战，只有卓越的执行力才能促成战略的最终实现，因而应当提高企业的执行能力，制定科学有序的管理制度，形成架构严谨的组织体系。陶淑芳（2017）研究认为，执行力是有效利用资源高质量完成目标的能力。

财务执行力是财务主体在行使财务执行权过程当中所表现出的能力。财务执行权隶属于财权的一种，财权是财务主体对财力所拥有的支配权、执行权等权能的集合。财务执行力是人员、战略和运营的协调和统一（王错和李芸，2006）。

企业集团财务执行力是集团公司的一种能力，是处理集团内部各相关企业的财务活动和财务关系的协调能力。集团财务执行力由财务战略引导力、财务组织协作力、财务人员执行力和财务制度约束力四个作用力构成（刘剑民和廖志超，2018）。

3. 财务总监财务执行力的概念与内涵

已有研究大多认为，财务总监财务执行力是指贯彻战略意图并完成预定财务目标的操作能力（韩冬雁，2014；向锐，2015；陶淑芳，2017）。财务总监财务执行力在一定程度上决定了企业财务战略目标以及公司治理目标的实现。财务总监所特有的监督功能和咨询功能，在客观上要求进入公司董事会决策层获得较高的财务执行力，进而发挥财务决策功能并有效履行财务报告职责（杜胜利和周琪，2010；Bedard 等，2014；向锐，2015）。

结合已有研究成果，本书在管理者权力理论（Finkelstein，1992；Grinstein 和 Hribar，2004；权小锋，2010；Kim，2011；刘永丽，2014）的基础上，将财务总监财务执行力定义为：在应对企业内部环境和外部环境的不确定性时，财务总监进入董事会担任内部董事能够发挥主观能动性，充分履行监督职能、咨询职能以及财务报告职责的能力，进而提高企业财务决策执行效率和效果的能力。

1.6 研究方法

借鉴以往研究成果，结合财务会计学和计量经济学等相关理论知识，本书主要运用了以下研究方法：

第一，规范研究法。采用规范研究法，在财务报告质量、财务总监财务执行力、财务总监财务执行力与财务报告质量等三大领域的文献综述部分，归纳阐述众多国内外学者的研究成果，为本书提供理论证据支持。

第二，实证研究法。采用实证研究法，实证检验财务总监财务执行力对财务报告质量的作用方向，并进一步实证检验财务总监财务执行力对财务报告质量的作用机制，考察不同视角下财务总监财务执行力与财务报告质量之间关系的影响因素。

第三，比较研究法。采用比较研究的方法，从史证和实证两个角度检验并比较不同视角下（例如，不同上市公司网络位置以及不同法律环境）异质性的财务总监财务执行力对财务报告质量作用方向的大小。

第四，科学知识图谱法。利用科学知识图谱（Mapping Knowledge Domains）研究方法，并借助 CiteSpace 可视化分析工具绘制科学知识图谱，对财务报告质量领域的研究进行主要国家与研究机构分析以及关键文献识别等一系列可视化分析。

1.7 可能的贡献

本书可能的贡献主要表现在以下四个方面：

第一，丰富了财务总监财务执行力的经济后果的研究。现有文献主要集中关注财务总监财务执行力在企业过度投资方面的作用，鲜有文献直接探究财务总监财务执行力对企业财务报告质量的影响，且已有文献对财务总监财务执行力与企业财务报告质量的研究并未取得一致性的研究结论（Bedard 等，2014；俞雪莲和傅元略，2017）。本书从盈余管理、财务重述、会计重述、内部控制信息披露质量等方面，证实了财务总监财务执行力对企业财务报告质量的积极作用，证实了财务总监在公司战略决策和公司治理方面的积极作用，为当前研究关于财务总监财务执行力的不同公司治理效应提供了理论解释和经验证据，在一定程度上为董事会的构成提供了理论指导，为探视企业管理结构对财务报告质量的影响提供了新的视角。

第二，丰富了财务报告质量影响因素方面的文献，拓宽了财务报告质量的研究领域。本书实证检验了财务总监财务执行力对企业财务报告质量的显著正向影响，并从静态的资源异质性视角（包括企业性质、财务总监变更、融资需求和企业生命周期）、动态的社会网络视角（包括上市公司网络中心度和上市公司网络结构洞）以及上市公司所处省份的法律环境这三个角度，分别探究了这些不同因素影响企业财务报告质量的新路径，研究结论对我国本土化制度背景下公司治理完善和财务总监制度发展具有一定的启示意义，在一定程度上为制定适合我国国情的财务总监制度提供了理论依据和经验证据。

第三，丰富了财务总监财务执行力对企业财务报告质量的作用机制的研究。一方面，本书基于中国独特的社会文化背景，从财务总监在上市公司年报董监高团队中的排名这一视角，实证研究了财务总监财务执行力对企业财务报告质量的作用机制，研究结论不仅肯定了提高财务总监的地位和权力对企业财务报告质量的积极作用，还对未来研究管理者权力和完善公司内部治理具有一定的借鉴意义；另一方面，已有成果缺乏财务总监财务执行力对企业财务报告质量作用机制的深入研究，本书从吸引分析师跟踪、提高社会地位这两个方面考察财务总监财务执行力影响企业财务报告质量的潜在机制，在一定程度上补充了该研究领域的空白。

第四，运用大型社会网络数据分析软件 PAJEK 尝试跨学科研究，从动态的社会网络视角（包括上市公司网络中心度和上市公司网络结构洞）研究了财务总监财务执行力对企业财务报告质量的作用路径，并在此基础上深入研究了市场竞争度的影响，这在一定程度上补充了董事治理效果的研究思路，拓展了董事网络的研究领域，拓宽和深化了财务总监财务执行力经济后果和财务报告质量影响因素的研究领域。

第2章

文献综述

财务报告质量研究领域的文献较多,已有文献分别从不同的视角对财务报告质量相关的问题进行了回顾与总结。

在有关财务报告质量的影响因素方面,已有研究从会计准则(Alali 和 Cao,2010;Barth,2015)、公司治理(He,2015;Tanyi 和 Smith,2015)、内部控制(Dhaliwal 等,2011;王晶等,2015)、公司战略(Bentley 等,2013)、内部审计(Abbott 等,2016)、盈余管理(Tariverdi 等,2012)、信息披露(Chi 等,2013)、财务重述(Wang 和 Wu,2011);外部审计(Gaeremynck 等,2016)、外部监管(Hanlon 等,2014)、外部制度环境(张敏等,2015)、机构投资者(李争光等,2015)和分析师(贾琬娇等,2015)等方面进行了回顾与总结。

在有关财务报告质量的经济后果方面,已有研究从公司实际税负(薛爽等,2012)、股价崩盘风险（李小荣和刘行，2012）、股市崩盘期间的投资损失（Barton 和 Waymire，2004）、现金政策（李小荣等，2013）、代理冲突（Armstrong 等，2010）、审计费用（Feldmann 等，2009）、投资、融资（姜付秀等，2009；Cheng 等，2013）和股利分配（Deshmukh 等，2013）等方面进行了回顾与总结。

在有关财务报告质量的度量方面，Farber（2005）、Agrawal 和 Chadha（2005）和 Krishnan（2005）为财务报告质量在不同学科领域的研究奠定了方法论基础。

而财务总监财务执行力领域的文献较少，已有研究主要从财务总监与董事会的关系研究财务总监财务执行力的影响因素（Bedard 等，2014），主要从企业过度投资方面研究财务总监财务执行力的经济后果（向锐，2015）。

已有研究是本研究的理论基础和经验支撑，根据本书的研究内容，本章的文献综述主要限定为以下四个方面：首先，本章从财务报告质量可视化文献计量、财务报告质量的影响因素以及财务报告质量的度量三个方面对财务报告质量相关的文献进行综述；其次，本章从财务总监财务执行力的影响因素及其经济后果两个方面对财务总监财务执行力相关的文献进行综述；再次，本章对有关财务总监财务执行力与财务报告质量之间关系的文献进行综述；最后，在对上述文献综述的基础上，本章指出现有研究成果的研究现状以及可能的研究局限，进而提出本书的研究角度。

2.1 财务报告质量

2.1.1 财务报告质量可视化文献计量

为厘清财务报告质量研究的关键人物与节点文献，把握该领域的研究热点演进及前沿发展趋势，本章借助 CiteSpace 可视化分析工具，利用科学知识图谱（Mapping Knowledge Domains）研究方法，绘制财务报告质量研究领域的知识图谱（陈叶叶，2016），并对财务报告质量领域的研究进行关键文献识别的可视化分析。本部分主要包括两大部分，一是研究方法与数据来源；二是基于 Citespace 的知识图谱可视化分析，主要包括主要国家与研究机构分析、关键节点文献分析、研究热点的演进分析以及研究前沿及发展趋势分析。

1. 研究方法与数据来源

（1）研究方法

本章运用 CiteSpace 作为财务报告质量研究的可视化分析工具。CiteSpace 是美国德雷塞尔大学（Drexel University）Chen 教授基于 Java 平台研发的可视化软件，该软件运用共引分析理论（co-ciation）和关键路径算法（path-finder）计量特定领域文献，进而绘制出科学知识图谱，直观地展现特定领域的信息全景，识别特定领域中的关键节点文献等（侯剑华和胡志刚，2013）。

导入数据时，CiteSpace 要求数据文件名以"download"开头；将数据导入 CiteSpace 后，经过时区选择、阈值选择、裁剪选择等设置后，便可实现针对施引文献和被引文献的 11 种功能（陈悦等，2016）。对于施引文献，可以绘制合作网络（包括作者合作、国家合作以及研究机构合作）、共现网络（包括关键词共现、主题词共现以及学科类别共现）、耦合网络和基金网络。对于被引文献，可以绘制共被引网络（包括文献共被引、作者共被引以及期刊共被引）。

CiteSpace 绘制的知识图谱，采用年轮环的方式表示分析对象在不同时间段内的被引频次。其中，分析对象用节点来表示，节点大小表示整个时间跨度内的被引频次；节点之间的连线则表示共被引关系，其粗细表示共被引强度。中心度高（≥0.1）的节点文献被以深色圆环标注，圆环的厚薄表示中心度的高低，中心度高的节点文献是该领域研究发展中的关键文献（辛伟等，2014）。

（2）数据来源

本章以 Web of Science 数据库（包括 SCI 和 SSCI）为数据源进行主题检索，检索表达式为：主题 = (Financial Reporting Quality Internal Control Quality Financial Restatements and Earnings Quality)，检索时间跨度 = 所有年份，学科范围 = 所有学科，文献类型限定为期刊论文（Article），语言类型设定为英语（English），最后获得 2000~2016 年间共计 120 篇文献，数据下载日期为 2017 年 1 月 18 日。

财务报告质量研究领域的发文量年代分布如图 2-1 所示。从总体上看，2000~2016 年，财务报告质量研究领域的发文量呈逐年上升趋势。从图 2-1 可以看出，2000~2005 年发文量间断且数量较少（2000~2001 年各 1 篇，2004 年 3 篇）；2006 年以后发文量处于上升趋势，且在 2015~2016 年达到顶峰（均为 18 篇）。上述表明，财务报告质量的研究逐渐成为学术研究热点。

（3）数据处理

由于 Web of Science 数据库（包括 SCI 和 SSCI）中检索得到的财务报告质量相关文献始于 2000 年，而早期文献缺少作者、摘要以及关键词等信息，使得 CiteSpace 软件无法准确绘制出相应的科学知识谱图，因而本章将研究对象界定为 2000~2016 年的 120 篇文献。在运用 CiteSpace 软件进行可视化分析前，本章进行了数据除重处理，结果显示 120 篇文献均无重复。此外，本

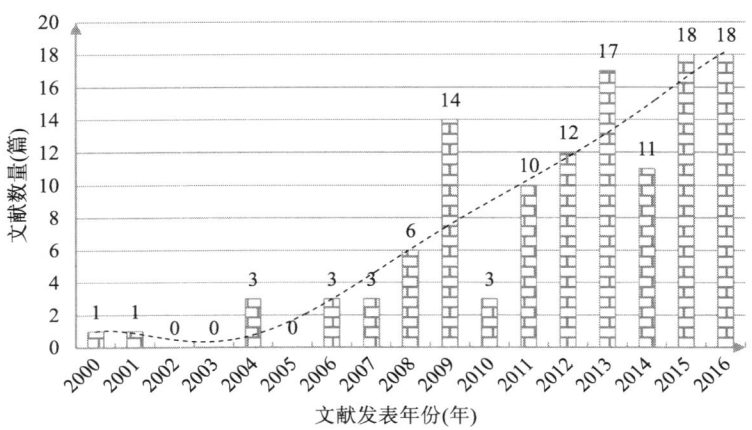

图 2-1 2000~2016 年发文量年代分布图

章设置时间范围（Time Slicing）为"2000~2016 年"，时间分区（Year Per Slice）为"2"，其他设置针对不同研究问题，进行相应选择。

2. 基于 Citespace 的知识图谱可视化分析

（1）主要国家与研究机构分析

在 CiteSpace 中，以"Country"和"Institution"为网络节点（Node Types），阙值选择（Selection Criteria）中选 Top50（每个时间切片中被引频次的前 50 项），网络裁剪（Pruning）中选"Pathfinder"和"Pruning the merged network"，其他选项默认。运行 Citespace，得到国家合作与研究机构合作的混合网络，如图 2-2 所示，其中有节点 19 个，连线 22 条，网络密度为 0.1287。

由图 2-2 可以看出，美国以最大的节点在国家/机构混合网络中排名第一。结合表 2-1，从财务报告质量研究发文量上看，美国的发文量贡献率最高（59 篇），其次是中国（45 篇）、台湾（7 篇）、德国（2 篇）、荷兰（2 篇）。美国作为财务报告质量研

第 2 章 文献综述

图 2-2 国家/研究机构的混合网络图谱

表 2-1 国家/研究机构 Top5 发表量

序号	发文量（篇）	中心度	国家	序号	发文量（篇）	中心度	研究机构
1	59	1.14	USA	1	4	0.00	Bentley Univ
2	45	0.54	Peoples R China	2	3	0.00	Beijing Jiaotong Univ
3	7	0.54	TaiWan	3	2	0.63	SUNY Binghamton
4	2	0.00	Germany	4	2	0.63	Wisconsin Univ
5	2	0.00	Netherlands	5	2	0.20	Natl Taiwan Univ

究领域发文量最多的国家，其研究机构主要分布在本特利大学（Bentley University）（4 篇）、纽约州立大学宾厄姆顿分校（SUNY Binghamton）（2 篇）、威斯康辛大学（University of Wisconsin, Madison）（2 篇）。仅次于美国的发文量，中国的研究机构主要分布在北京交通大学（Beijing Jiaotong University）（3 篇）。

台湾的研究机构主要分布在台湾大学（National Taiwan University）（2篇）。此外，由表2-1可以看出，前5名研究机构中美国占3所，合计发文量为8篇，超过台湾、德国以及荷兰等国家的发文量。

从发文影响力来看，美国的节点中心度最大（1.14），表明该网络中绝大部分国家或科研机构都与它有直接或间接的合作关系。其次是中国（0.54）和台湾（0.54）。此外，由图2-2可以看出，美国、中国、台湾节点外环颜色较深，且由关键路径相连，表明"美国—中国—台湾"构成了财务报告质量研究领域的核心学术群体。

结合图2-2和表2-1可以看出，我国财务报告质量研究领域的研究与国际先进水平还有差距。一方面，在发文量上，我国虽然排名第二，但发文量（45篇）仅占美国发文量（59篇）的76%。其次，在发文影响力上，我国（0.54）与美国（1.14）相差较大，我国处于网络连线较少的区域，仅通过北京交通大学、四川大学、四川农业大学、路易斯维尔大学（University of Louisville）与美国保持较弱的合作。最后，在科研机构上，我国财务报告质量领域的科研团队主要集中在北京交通大学、四川大学、台湾大学等高校，还未形成更广泛的合作规模。因此，我国应当扩大与核心学术群体国家/机构间的更广泛、更深入的合作，以提升我国财务报告质量研究领域的学术影响力。

（2）关键节点文献分析

本章对财务报告质量领域的研究进行关键节点文献分析，有利于识别该领域的核心研究学者及其经典文献（Chen，2004）。

在CiteSpace节点类型（Node Type）中选择"Cited Reference"，将主题词来源设定为文献标题（Title）、摘要（Abstract）、作者关键词（Descriptors）、增补关键词（Keywords

Plus),阈值选择(Selection Criteria)中选 Top50,网络裁剪(Pruning)中选择"Pathfinder"和"Pruning the merged network",其他选项保持默认设置。运行 Citespace,得到共被引网络图谱,如图 2-3 所示。从图 2-3 可以看出,共有 264 个节点,522 条连线,网络密度为 0.015;模块性指标(Modularity)Q=0.7784(>0.3),表明该网络图谱的聚类结构清晰;平均剪影度指标(Mean Sihouette)=0.25(<0.50),表明该网络图谱内各聚类内部的同质性水平均较低。对该网络图谱中进行汇总,得到 9 个具有主导型地位和学术影响力的关键节点(中心度≥0.10、被引频次≥10),如表 2-2 所示。

表 2-2　　　共被引网络图谱关键节点信息

序号	节点作者	出版年	论文刊载	中心度	被引频次
1	Farber, D. B.	2005	The Accounting Review	0.54	168
2	Agrawal A., Chadha, S.	2005	The Journal of Law and Economics	0.19	220
3	Wilson, W. M.	2008	The Accounting Review	0.19	44
4	Hennes 等	2008	The Accounting Review	0.16	159
5	Abbott 等	2004	Auditing: A Journal of Practice and Theory	0.15	189
6	Deangelo, L. E.	1981	Journal of Accounting and Economics	0.15	10
7	Krishnan, J.	2005	The Accounting Review	0.14	119
8	Kinney 等	2004	Journal of Accounting Research	0.11	165
9	Doyle 等	2007b	Journal of Accounting and Economics	0.10	196

对图 2-3 中的关键节点文献分析本书可以得出,在财务报

告质量应用领域共被引知识图谱中，共包含了9个关键节点文献，具体分析如下：

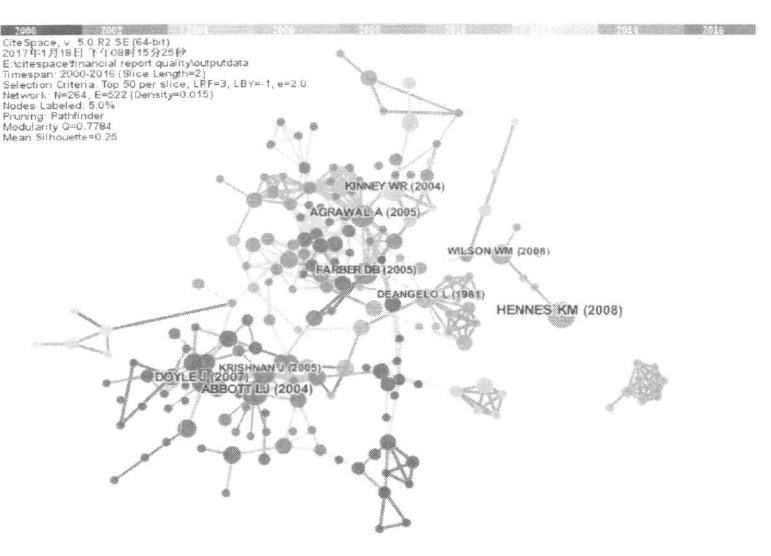

图 2-3　共被引网络图谱

美国密歇根州立大学（Michigan State University）Farber 教授是财务报告质量研究领域很有影响力的一位人物，他于 2005 年在 The Accounting Review（TAR）中发表的"Restoring trust after fraud: does corporate governance matter"成为共被引网络图谱中出现最早的、中心度排名第一位（0.54）且被引频次最高（168次）的关键节点文献。Farber（2005）首次提供了财务报告系统可信度与公司治理机制质量之间关系的经验证据。他使用美国证券交易委员会确定的87家操纵财务报表的舞弊公司为研究样本，研究发现，在会计舞弊被检测到的前一年，舞弊公司的公司治理水平较差，即其外部董事比例较低、审计委员会会议次数较少、审计委员会中财务专家的比例较少、选择国际四大审计的可能性较小、总经理兼任董事会主席的比例较高。然而,舞弊公司采取措施改善公司治理三年后,外部董事的数量与比例、分析师跟踪数量和机构投资者持股比例均没有明显变化,但审计委员会会议次数显著增加,股票价格也显著提升,这表明舞弊公司的财务报告可信度并没有得到完全重塑,投资者似乎更重视公司治理质量改进。

美国阿拉巴马大学(University of Alabama)Agrawal 教授和纽约汇丰银行(HSBC, New York)Chadha 于 2005 年在 *The Journal of Law and Economics*(JLE)上发表的 "Corporate governance and accounting scandals" 成为共被引网络图谱中心度排名第二(0.19)且具有较高被引频次(220 次)的关键节点文献。在 2001 年美国安然(Enron)和世通(Worldcom)等知名公司发生会计舞弊后,美国对公司治理制度进行了彻底改革:首先是 2002 年通过了《萨班斯法案》;紧接着在 2003 年底纽约证券交易所(NYSE)、纳斯达克证券交易所(NASDAQ)和美国证券交易所(AMEX)都采用了新的公司治理制度,即公司董事会中拥有绝大多数独立董事,董事会的审计委员会全部由独立董事组成,且至少有一名具有财务专长的成员;限制外部审计师可以提供的非审计服务类型。Agrawal 和 Chadha(2005)首次系统实证检验了上述新公司治理制度在盈余重述方面的经济后果。他们以 2000~2001 年发生盈余重述的 159 家公司为研究样本,实证检验了公司治理机制与盈余重述之间的关系,研究发现,一些关键的公司治理特征(包括董事会独立性、审计委员会独立性以及外部审计师提供的非审计服务类型)与公司盈余重述的可能性无关。进一步研发现,董事会(审计委员会)中拥有具有财务专长的独立董事的公司发生盈余重述的可能性低了 31%

(23%),而总经理是公司创始家族的公司发生盈余重述的可能性高了32%,且均具有显著的统计意义。

美国南卫理公会大学(Southern Methodist University,SMU)Wilson 教授于 2008 年在 The Accounting Review(TAR)中发表的"An empirical analysis of the decline in the information content of earnings following restatements",是共被引网络图谱中心度排名并列第二(0.19)且被引频次较高(44 次)的关键节点文献,他创新性地通过检验盈余信息含量下降的持续性加强了我们对盈余重述经济后果的理解。Wilson(2008)采用盈余反应系数法,即通过构建盈余与股票回报的线性模型,以模型的拟合优度和盈余变量的回归系数来检验盈余信息含量的高低。研究发现,尽管发生盈余重述后,盈余信息含量会降低,投资者对财务报告的盈余信任度也会下降,但投资者信心下降是短期的,并非长期的。进一步研究发现,季度盈余重述公告前后公司的盈余反应系数呈现 U 型曲线关系,重述公司盈余信息含量损失的程度各不相同:一方面,对于重述收入以纠正收入确认错误以及公告日股价大幅下降的重述,公司盈余信息含量损失的持续时间更长;另一方面,对于重述之后采取措施改变财务报告治理结构的公司,其盈余信息含量没有损失。

美国奥克拉荷马大学(University of Oklahoma)Hennes 教授、美国迈阿密大学(University of Miami,UM)的 Leone 教授以及美国印第安纳大学(Indiana University)的 Miller 教授于 2008 年在 The Accounting Review(TAR)中发表的"The importance of distinguishing errors from irregularities in restatement research:the case of restatements and CEO/CFO"是共被引网络图谱中心度排名第三(0.16)且具有较高被引频次(159 次)的关键节点文献。为有效区分财务重述公告中的故意错报和无意错

报，Hennes 等（2008）创新性将财务重述区分为两类：一类是因会计差错导致的重述，另一类是因违反 GAAP 被 SEC 强制要求的重述。而以往依赖于 GAO 数据库的研究无法进行上述区分，导致近来在因会计差错导致的重述频率增加时期的研究结论有失偏颇。他们研究发现，因违规导致的财务重述金额越大，越可能招致集体诉讼，引起的市场反应（CAR）也越大（-14%）；而因会计差错导致的重述则较少招致集体诉讼，引起的市场反应也较小（-2%）。进一步研发发现，财务重述类型是解释总经理/财务总监变更率随时间变化的关键，具体地，因违规导致的财务重述样本中总经理/财务总监变更率为49%（64%），而因会计差错导致的财务重述样本中总经理/财务总监变更率为8%（12%）。上述研究结论表明，财务重述的不同类型在市场反应、总经理/财务总监变更率等方面存在显著差异，这意味着区分不同类型的财务重述具有重要意义。

美国孟菲斯大学（University of Memphis）Abbott 教授、美国圣克拉拉大学（Santa Clara University）Parker 教授以及美国阿肯色大学（University of Arkansas）Peters 教授于 2004 年在 *Auditing: A Journal of Practice and Theory*（AJPT）发表的"Audit committee characteristics and restatements"是共被引网络图谱中心度排名第四（0.15）且具有较高被引频次（189 次）的关键节点文献。1999 年 2 月，由纽约证券交易所与全美证券交易商协会共同成立的蓝带委员会（the Blue Ribbon Committee）发表《关于改进公司审计委员会效果》，强调了审计委员会在选聘、评估是否胜任以及更迭外部审计人员方面的权威与主要责任。在此背景下，Abbott 等（2004）以 1991～1999 年发生财务重述的公司为研究样本检验了审计委员会的效果，研究发现，审计委员会的独立性以及审计委员会每年会议次数均显著降低了财务重述的可能性,进一步地,审计委员会成员中至少有一位财务专家时,财务重述的可能性将显著降低。他们的研究结论表明,审计委员会的有效监管提升了企业财务报告质量,从而肯定了蓝带委员会(BRC)关于加强审计委员会的监管角色这一建议。

美国宾夕法尼亚大学(University of Pennsylvania)DeAngelo 教授于 1981 年在 *Journal of Accounting and Economics*(JAE)发表的"Auditor independence,'low balling' and disclosure regulation"是共被引网络图谱中心度排名并列第四(0.15)且具有较高被引频次(10 次)的关键节点文献。20 世纪 70 年代末 80 年代初美国经济陷入"滞胀",企业财务状况和经营成果较差,为节省审计费用,企业倾向选择收费较低的会计师事务所,这使得竞争激烈的会计事务所采用低价竞争(low balling)策略招揽审计业务。在此背景下,DeAngelo(1981)首次研究了低价竞争对审计师独立性和信息披露监管的影响。研究发现,与美国审计师责任委员会和证券交易委员会的指控相反,初始审计业务的低价竞争是现任审计师预期能获取未来准租金的一种理性竞争性反应,且在后续审计合约中逐步提高的审计收费可以弥补初始亏损,因而并没有损害审计师独立性。进一步地,如果监管价格竞争导致审计师向客户提供成本高于其价值的服务,那么随着垄断租金的消失,它会导致资源分配不当。

美国天普大学(Temple University)Krishnan 教授于 2005 年 *The Accounting Review*(TAR)中发表的"Audit committee quality and internal control: an empirical analysis"是共被引网络图谱中心度排名第五(0.14)且具有较高被引频次(119 次)的关键节点文献。Krishnan(2005)以更换审计师时是否披露内部控制缺陷为对照样本,实证检验了审计委员会质量与内部控制质量之间的关系,研究发现,审计委员会独立性和审计委员会中拥有财务专家均显著降低了内部控制一般缺陷和内部控制重大缺陷发生的可能性,进而提高了企业内部控制质量。此外,Krishnan (2005) 研究发现,诱发企业内部控制问题发生的因素还包括管理者(财务总监/行政总监)的工作经验、管理层欺诈倾向、审计师任期以及财务压力。

美国德克萨斯大学(University of Texas) Kinney 教授、美国南加利福尼亚大学(University of Southern California) Palmrose 教授以及美国堪萨斯大学(University of Kansas) Scholz 教授于 2004 年在 *Journal of Accounting Research*(JAR)中发表的"Auditor independence, non – audit services and restatements: was the U.S. government right"是共被引网络图谱中心度排名第六 (0.11) 且具有较高被引频次 (165 次) 的关键节点文献。Kinney 等 (2004) 实证检验了非审计服务费用与审计师独立性、企业财务报告质量之间的关系,研究发现,非审计服务费用与财务信息系统设计和实现、内部审计服务以及盈余重述在统计上均没有显著的正相关关系,但某些非特定的非审计服务与盈余重述存在显著的正相关,税务服务费与盈余重述存在显著的负相关关系。这意味着,任何经济依赖对客户的影响都可以通过财务报告质量效益得到补偿,因此,禁止或限制注册人审计公司的税务服务可能会降低财务报告质量。

犹他州立大学(Utah State University) Doyle 教授、美国华盛顿大学(University of Washington) Ge 教授以及美国纽约大学 (New York University) 的 McVay 教授于 2007 年在 *Journal of Accounting and Economics*(JAE)发表的"Determinants of weaknesses in internal control over financial reporting"是共被引网络图谱中心度排名第七 (0.10) 且具有较高被引频次 (196 次) 的关键节点文献。Doyle 等 (2007b) 以 2002~2005 年披露内部控制重

大缺陷的779家公司为研究对象,实证检验了财务报告内部控制缺陷的影响因素。研究发现,公司规模较小、上市年数较短、盈利能力较差、经营业务较复杂、成长性较高、正处于重组的公司更容易发生内部控制缺陷。进一步地,公司内部控制缺陷的类型不同,其影响因素也不同,这与异质性的公司面临独特的内部控制挑战一致。

(3) 研究热点的演进分析

研究热点是在某一时间段内,有内在联系的、数量相对较多的一组论文所研究的科学问题或专题(蔡建东等,2012)。本书对财务报告质量领域的研究热点演进进行分析,有利于更好地把握该领域发展过程中所关注的焦点。

词频分析法是一种利用关键词或主题词在某一研究领域中出现的频次数量,来研究该领域发展动向和研究热点的文献计量方法(李杰和陈超美,2016)。由于文献题录中的关键词包括作者原始关键词和数据库的补充关键词(Web of Science 的 DE 和 ID 两个知识单元),是对文献核心内容的高度概括和集中描述,因此本书通过关键词共现分析,来确定财务报告质量研究领域的研究热点。

在 CiteSpace 节点类型(Node Types)中选择"Keyword",每两年为一个分割时间片段,在阈值设置(Selection Criteria)中选择"Top N per slice",且设定为 Top50,其他选项保持默认。运行 CiteSpace V,绘制关键词共现网络,为了更好地展现社会网在创新领域应用研究中的时间分布及相互间关系,本书选择"Time Zone"时区网络视图,得到关键词网络时区视图,如图2-4所示,在此基础上对全部关键词进行 EM 聚类,得到全部关键词的年度变化分布表出现频次≥4的名词短语,如表2-3所示。

第2章 文献综述

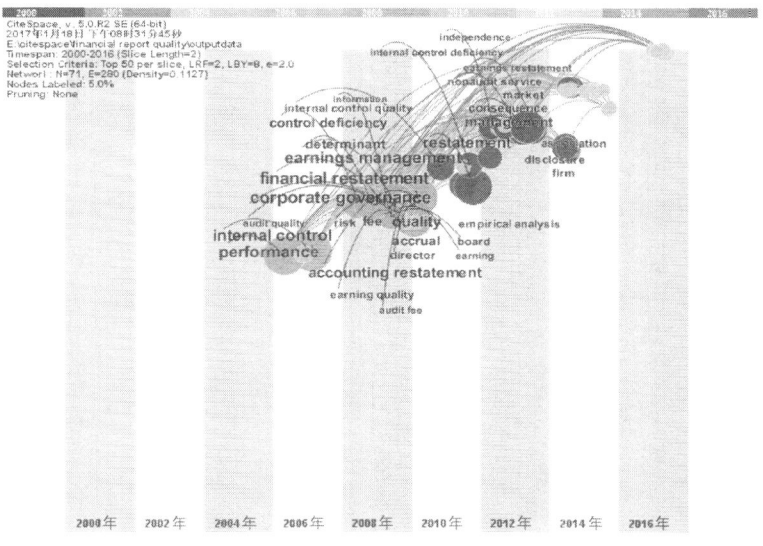

图2-4 关键词共现网络时区视图

表2-3　关键词（频次≥4）列表

时间	关键词（英文）	频次
2000~2008年	corporate governance	27
	financial restatement	24
	internal control	22
	performance	20
	earnings management	20
	fee	12
	control deficiency	11
	determinant	11
	accrual	10
	risk	7
	audit quality	6
	cost	4
	information	4
	return	4

续表

时间	关键词（英文）	频次
2009～2012 年	accounting restatement	18
	quality	15
	restatement	15
	management	12
	consequence	9
	director	8
	empirical analysis	8
	non – audit service	8
	market	8
	earning quality	7
	board	7
	internal control quality	7
	disclosure	7
	audit fee	6
	earning	6
	Internal control deficiency	6
	independence	6
	earnings restatement	6
	sarbanesoxley act	5
	sarbanesoxley	5
	information content	5
	litigation risk	5
	audit committee	4
	fraud	4
	irregularity	4

续表

时间	关键词（英文）	频次
2013~2016年	firm	7
	association	7
	industry specialization	4
	control weakness	4
	impact	4

由图 2-4 可知，在关键词共现网络时区视图中，自左到右、自上而下依次是"performance""internal control""corporate governance""financial restatement""earnings management""accounting restatement"等高频节点。结合关键词列表（频次≥4）（表 2-3），本书得到财务报告质量研究领域的各时期研究热点，按时间动态将其分为以下三个阶段：

① 第一阶段：2000~2008 年。该阶段主要研究财务重述、内部控制和盈余管理的理论，此阶段的研究热点关键词有公司治理、财务重述、内部控制、盈余管理以及审计质量等。

在关键节点文献"Restoring trust after fraud: does corporate governance matter?""Corporate governance and accounting scandals"和"Audit committee quality and internal control: an empirical analysis"中，Farber（2005）、Agrawal 和 Chadha（2005）、Krishnan（2005）作为财务报告质量领域的开创学者，分别以盈余操纵、财务重述、内部控制质量替代衡量财务报告质量，研究了财务报告质量的影响因素和经济后果，这为财务报告质量在不同学科领域的研究奠定了方法论基础和理论基础。

公司治理最重要的职能之一是确保企业财务报告编制流程的质量（Cohen 等，2004）。公司治理主要包括内部公司治理机制和外部公司治理机制。在内部公司治理机制方面，该阶段已有文献主要研究了股东大会（Fan和Wong，2002；Beuselinck等，2007）、董事会（Wu等，2007；Pomeroy和Thornton（2008）对财务报告质量的影响，研究结论肯定了董事会中具有财务专长、行业专长的积极作用（Xie等，2003；Zhang等，2007），也肯定了内部董事的经验和专业知识、独立董事制度（王斌和梁欣欣，2008）的积极作用。但对董事会会议频率、股权结构的经济后果并没有统一结论（Xie等，2003；Wu等，2007；Fan和Wong，2002；Beuselinck等，2007）。在外部公司治理机制方面，该阶段已有文献研究发现，在不同的市场化程度、政府干预程度、监管环境、信息环境、资本市场环境和法律制度环境等外部制度环境下，公司财务报告质量的差异很大（Ball和Shivakumar，2005；Burgstahler等，2006；Lang等，2006）。法律环境、经济环境和政治环境的改善，能够显著提升公司治理透明度（Bushman等，2004）。

财务重述的不良经济后果主要包括法律责任、资本成本提高、市场风险与不确定性增加、市场股价降低以及高管的变更（Hennes等，2008；贺建刚和魏明海，2012）。

内部控制方面，Zhang等（2007）研究发现，审计委员会最近发生审计师变更的企业，发生内部控制重大缺陷的可能性更大。审计师独立性越高，发生内部控制重大缺陷的可能性更低。Doyle等（2007a）研究发现，薄弱的内部控制与较低的应计质量之间的相关关系与公司整体层面薄弱的信息披露有关。

盈余管理方面，Louis（2004）以并购前后的控制权为视角，实证检验了并购前后会计盈余、股票价格以及市场反应的变化，研究发现，公司控制权转移前后依靠财务操纵以及关联交易等手段进行盈余管理，显著降低了企业财务报告质量。此外，新任财务总监的公司盈余管理水平更高（Geiger和North，2006）。

审计质量方面，经验研究表明，高水平的内部审计显著提升了财务报告质量（Krishnan，2003）；经国际六大或五大审计的公司更愿意及时披露业绩不良的信息，发生会计欺诈和违规的可能性较小，操控性应计较低，财务报告质量也较高（Krishnan，2003）。

② 第二阶段：2009～2012年。该阶段财务报告质量的研究重点是财务重述，此阶段的研究热点关键词有财务重述、管理、市场、董事会、内部控制缺陷以及《萨班斯——奥克斯利法案》（Sarbanes——Oxley Act）等。

我国财务重述的类型主要包括技术问题重述、敏感问题重述和会计重述等，且发生会计重述的公司财务报告质量更差（Wang和Wu，2011；贺建刚等，2013）。审计委员会有效性越高，盈余管理水平越低，发生财务重述的可能性也越小，企业财务报告质量也就越高（章新蓉和蒋艳，2010）。

从管理角度，该阶段已有文献研究了企业管理效率（Shoorvarzy和Tuzandehjani，2011）、多元化经营（Labelle等，2010）、企业结构（Hassan，2012）、管理层持股（宋建波和田悦，2012）、财务总监/总经理股权激励（Chava和Purnanandam，2010；Jiang等，2010；Kim等，2011）、财务总监/总经理的财务专长（Hoitash等，2009；Rakhman，2009；Li等，2010；邱昱芳等，2011；Li等，2013）、总经理权力（Ge等，2010）、财务总监/总经理背景特征（徐经长和王胜海，2010；Huang等，2012）、财务总监/总经理—董事会社会关系（Krishnan等，2011）、高管薪酬（Cornett等，2009；高雷和张杰，2009；李维安等，2009；Hoitash等，2012）等因素对财务报告质量的影响。

从市场角度，该阶段已有文献研究了市场化程度（王俊秋和张奇峰，2010 程新生等，2011；姚曦和杨兴全，2012；程新生等，2012）、投资者保护法律环境（Bushman 等，2011）、经济环境（Lopes 等，2010）、外部声誉（Cao 等，2012）、机构投资者（张敏等，2011；宋建波等，2012；孙刚，2012；杨海燕等，2012）和分析师（Huang 等，2012）等因素对财务报告质量的影响，且研究结论大多倾向于积极作用。财务信息质量可以通过降低道德风险、缓解逆向选择以及有效发挥资本市场功能等三种内在机制来降低现金流敏感性、投资不足和过度投资，进而提高投资效率（Bushman 等，2011）。高质量的财务报告能够改善契约和监督，减少逆向选择和道德风险的发生，降低投资现金流敏感性，提高投资效率（Biddle 等，2009；Chen 等，2011）。程新生等（2012）研究发现，外部融资是非财务信息和投资效率之间的中介变量。我国银行在决定贷款决策时会考虑借款人的声誉，声誉和市场化程度之间存在相互替代关系（叶康涛等，2010），低质量的非财务信息很可能会通过声誉机制获取大量债务融资（Kim 等，2011）。

从董事会角度，该阶段进行了更深入的研究。Krishnan 等（2011）研究发现，控制审计委员会成员中具备会计专长后，审计委员会成员中具备法律专长的公司，其财务报告质量更高。从审计委员会和薪酬委员会视角，审计委员会和薪酬委员会成员重叠的企业，其财务报告质量更高（Chandar 等，2012），且上述正向影响在管理层进行正向盈余管理的情况下更为显著；进一步研究发现，审计委员会和薪酬委员会成员重叠的数量与企业财务报告质量之间呈现倒 U 型关系（Chandar 等，2012）。从独立董事视角，独立董事制度能够有效抑制管理者的盈余操纵行为，提高财务报告质量（李维安等，2009；章新蓉和蒋艳，2010）。此外，与其他国有企业相比，聘请具有行政背景独立董事的企业财务报告质量更差（余峰燕和郝项超，2011）。

内部控制缺陷会显著降低了企业的内部控制质量、盈余质量和财务报告质量（单华军，2010；Dhaliwal 等，2011）。Dhaliwal 等（2011）实证研究发现，内部控制重大缺陷会显著提升企业债务成本，这表明，财务报告质量越低的企业更倾向于债务成本较高的债务市场。内部控制重大缺陷整改能降低公司盈余管理程度，提高财务报告质量，向市场传递积极的信号（Ashbaugh - Skaife 等，2009）。

Nagy（2010）研究发现，萨班斯——奥克斯利法案 404 条款合规性项目显著改善了企业财务报告质量。Lennox 和 Pittman（2010）基于安然事件后美国证券交易委员会（SEC—the U. S. Securities and Exchange Commission）颁发《萨班斯——奥克斯利法案》的制度背景下，实证检验了经五大审计的公司与会计欺诈之间的关系，研究发现，经五大审计的公司，其发生会计欺诈的可能性约减少四倍。

③ 第三阶段：2013 ~ 2016 年。该阶段研究重点扩展到公司层面。此阶段的研究热点关键词有公司、联系、行业专业化和影响等。

在公司层面，该阶段文献主要从公司战略（Bentley 等，2013；Dichev 等，2013）、公司所处地域（Samaha 等，2015；Imhof，2015）、股权结构（孙光国和朱一妮，2014）、董事会行业、财务专家（Madawaki 和 Amran，2013；Cohen 等，2014；Huang 等，2016）、董事会有效性（Botti 等，2014；Samaha 等，2015）、董事会报告透明度（Rose 等，2013）、审计委员会（Madawaki 和 Amran，2013；Tanyi 和 Smith，2015；Habib 和 Bhuiyan，2016）、独立董事（Hassan，2013；Kantudu，2015；谢志华等，2016）、公司治理（Habib 和 Jiang，2015）、高管背

景特征（蔡春等，2015；Xu等，2016；Liu等，2016）、管理层持股（Kantudu等，2015；李晓玲和刘中燕，2016）、财务总监/总经理股权激励（Billings等，2014；Hui和Matsunaga，2015；李晓玲和刘中燕，2016）、高管薪酬（Kobelsky等，2013；Pyzoha，2015）、财务总监/总经理的财务专长（姜付秀等，2013；Bedard等，2014；Custódio和Metzger，2014；王福胜和程富，2014）、财务总监/总经理权力（刘启亮等，2013；谢盛纹等，2014；何凡等，2015）、总经理内部债务持有量（He，2015）、企业组织内信任水平（Garrett等，2014）、非财务信息披露（程新生等，2015）以及企业过度投资（宇文晶等，2016）等视角研究了财务报告质量的影响因素与经济后果。

在联系层面，张敏等（2015）研究发现，社会网络联系有助于提升企业的风险承担水平，进一步研究发现，董事长构建的社会网络比总经理构建的社会网络对风险承担水平的促进作用更大，这在一定程度上削弱了企业盈余管理的动机。赵雅娜和宁美军（2016）研究认为，以稳健型度量的会计信息质量是影响资产定价的因素之一，投资者应重点关注会计信息质量及信息风险。

在行业专业化层面，该阶段文献研究了信息技术（Haislip等，2015）和大数据（张王飞等，2016）等因素对财务报告质量的影响。研究结论肯定了信息技术和大数据对企业财务报告质量的积极作用。

在影响层面，该阶段文献主要从外部审计（Koh等，2013；Litt等，2014；Christ等，2015；Ghosh和Tang，2015；Gaeremynck等，2016）、外部监管（金智，2013；Hanlon等，2014）、外部制度环境（黄琼宇等，2014；Chan等，2014；Filip等，2015；张敏等，2015）、外部声誉（Ling和Neely，2013）、企业道德水

平（Elayan 等，2016）、产品市场（Shoorvarzi 和 Karami，2013）和资本市场（Young，2016）、机构投资者（李争光等，2015）和分析师（贾琬娇等，2015）等角度研究了外部环境对财务报告质量的影响。

(4) 研究前沿及发展趋势分析

研究前沿是科学研究中最先进、最新、最有发展潜力的研究主题或研究领域。研究前沿的识别与追踪能够为研究者提供该领域研究的最新演化动态，有利于更好地把握该领域的发展趋势，预测未来研究方向（陈仕吉，2009）。

本研究利用 Citespace 软件提供的突变检测算法（burst detection algorithm），从文献的题目（Title）、摘要（Abstract）、作者关键词（Descriptors）、增补关键词（Keywords Plus）中提取出突变术语（Burst Term）作为研究前沿术语，依靠词频的变动趋势，而不仅仅是频次的高低，来确定财务报告质量领域的研究前沿和发展趋势。

在 CiteSpace 主题词类型（Term Type）中选择"Burst Term"，节点类型（Node Types）中选择"Cited Reference"和"Terms"，阈值设置（Selection Criteria）中选择"Top N per slice"，且设定为 Top50，其他选项保持默认。运行 CiteSpace V 软件，绘制突变术语和文献共引网络的混合网络，选择"Time Zone"时区网络视图，得到的突现词即财务报告质量领域的研究前沿术语，如图 2-5 所示。

2.1.2 财务报告质量的影响因素

财务报告质量不仅取决于会计准则，公司运营所遵循的文化、经济、法律和政治制度，还取决于风险、公司治理结构和投资者需求（娄权，2006；Alali 和 Cao，2010）。具体地，规范研

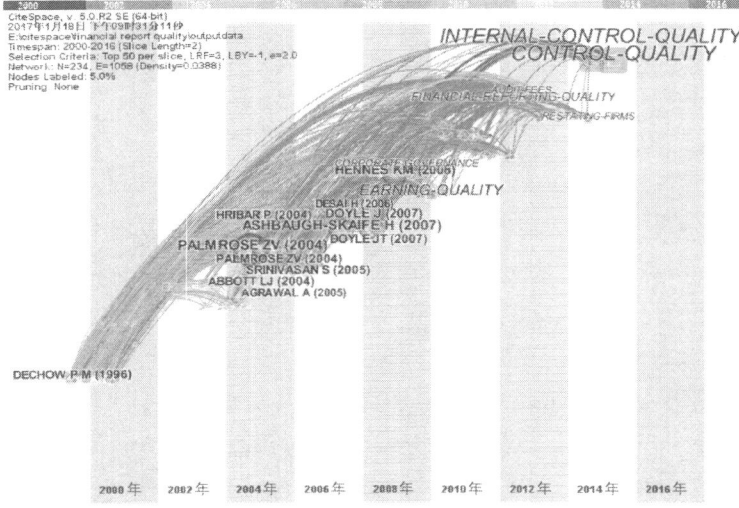

图 2-5　突现词——文献共被引混合网络

究则认为，财务报告质量主要取决于会计准则质量、财务呈报动因、管理者专业素质和道德素养、政府监管以及信息中介机构的分析解读；而经验研究主要从会计准则、内部环境和外部环境等视角考察了财务报告质量的影响因素（魏明海，2005；葛家澍等，2011）。

1. 会计准则对财务报告质量的影响

会计准则的基本功能包括但不限于指导功能、约束功能、评价功能、修正功能以及协调功能这五个方面（赵西卜，1998）。会计准则的实施能够显著提升企业财务报告质量（娄权，2006；Alali 和 Cao，2010；刘玉廷等，2010）。

控制是我国现代会计的一项基本职能，会计控制有助于提升企业会计信息质量（宋建波，2000）。内部控制与公司治理能够保障会计准则得到有效实施，高质量会计准则的有效实施和应用程度越高，企业会计信息质量越高（章永奎和刘峰，2012）。将会计对称理论（赵西卜，2004）纳入会计准则能够有效提升企业会计信息质量（赵西卜等，2012）。会计对称原则与公共信息会计提升了会计信息有用性，进而提高了企业财务报告质量（赵西卜和程亚琼，2013）。

我国 2006 年颁布的《企业会计准则——基本准则》实现了国际趋同，为企业提高财务报告质量提供了一致的规则（葛家澍，2006）。IASB/FASB 发布联合趋同框架，共同制定 FASB 第 8 号，界定了财务报告目标和信息质量特征，是高质量财务报告的新篇章（葛家澍和张金若，2007；葛家澍和陈朝琳，2011）。我国应根据国情需要制定会计准则国际趋同策略（杨敏，2011；杨敏等，2011）。金智（2010）研究发现，企业会计信息质量越高，股价同步性越高，新会计准则的改革显著促进了上述积极影响。公允价值计量模式能够提高财务报告决策有用性，采用公允价值计量的项目应提高其信息质量（郝振平和赵小鹿，2010）。公允价值应用水平越高，企业财务报告质量越高（章新蓉和蒋艳，2010）。

从会计信息质量特征视角，可靠性是财务会计信息质量的重要特征，突出可靠性有助于提升企业财务报告质量（董盈厚和侯铁建，2011）。更高的可比性有助于提高企业财务报告信息质量（Barth，2013）。稳健性原则的运用显著提高了企业会计信息质量（毛新述和戴德明，2008）。汪猛和徐经长（2014）研究发现，会计—税法差异越大，企业会计稳健性越低；进一步研究发现，公允价值计量加剧了上述负向影响。

国际财务报告准则旨在提高企业财务报告质量和可比性，现有研究从不同角度针对自愿采用和强制采用准则的应用效果进行了研究（姚立杰和程小可，2011）。Chen 等（2010）以欧盟 15

个国家 2005 年采纳国际财务报告准则之前和之后作比较，研究发现，欧盟采用国际财务报告准则之后，财务报告质量得到显著提高。Cheung 等（2010）研究发现，采纳国际财务报告准则之后，澳大利亚财务报告质量得到显著改善，具体表现为会计信息质量的相关性、可靠性、可比性和可理解性得到显著改善。Jamal 和 Tan（2010）研究发现，当采用基于原则导向的会计准则，且审计师的思维方式相应也基于原则导向时，企业的财务报告质量才有可能得到显著改善。Iatridis（2010）研究发现，英国从采用公共会计准则（GAAP）转向采用国际财务报告准则（IFRS）后，企业财务报告质量得到显著提高。为了提高企业财务报告质量，许多国家采用能够影响会税差异国际财务报告准则（IFRS），但 Chan 等（2013）研究发现，企业报告高收益的动机越强，所交纳的所得税也就越高，因而建议准则制定者应考虑这种政策选择对政府收入可能产生的后果。杨丹（2014）以英德非上市企业为研究对象，研究发现，英国和德国本土会计准则质量显著影响其对国际财务报告准则的应用程度。Hassan（2014）以尼日利亚银行部门为研究对象，研究发现，采用国际财务报告准则后，其盈余质量得到了显著提高。Barth（2015）回顾了全球使用国际财务报告准则（IFRS）的现状，研究认为，真正全球性、高质量财务报告的目标尚未实现，虽然受限于准则的执行力度，无法完全实现这一目标，但可以更接近实现这一目标。Cho 等（2015）以韩国上市公司为研究对象，研究发现，国际财务报告准则采纳后，企业的盈余质量得到显著提高，信息不对称程度得到显著降低。Safari 等（2016）以澳大利亚证券交易所上市的公司为研究对象，研究发现，企业遵守薪酬准则的程度越高，财务报告质量就越高。

此外，Nagy（2010）研究发现，萨班斯——奥克斯利法案

404条款合规性项目显著改善了企业财务报告质量。

2. 内部环境对财务报告质量的影响

本章主要从公司治理、内部控制、公司战略、内部审计、盈余管理、信息披露和财务重述这些角度综述内部环境对企业财务报告质量的影响。

（1）公司治理对财务报告质量的影响

公司治理最重要的职能之一是确保企业财务报告流程的质量（Cohen等，2004）。在公司治理方面，现有文献主要从内部公司治理机制和外部公司治理机制两方面探究财务报告质量的影响因素。内部公司治理机制包括股东大会、董事会、监事会和管理层所构成的公司治理结构。

①股东大会。从股权结构视角。股权集中度越高，会计信息披露水平越低，但当控制权达到一定程度时，控制权与现金流量权分离差距越小，会计信息透明度也就越高（Fan和Wong，2002），基于此，Friedman等（2003）提出掏空与支持理论；我国股权结构较为特殊，经验研究认为股权集中度提高了财务报告透明度（孙光国和朱一妮，2014）；这些研究成果表明，股权集中度对企业财务报告质量的作用方向依赖于控制权大小。Beuselinck等（2007）以270家私募股权基金扶持的公司为研究样本，研究发现，在控制公司规模和公司上市年数后，股权集中度越高，财务报告质量越低。

②董事会。从财务专长、法律专长、审计专长视角。McDaniel等（2002）检验了财务专家和财务学者对财务报告质量的不同评价，研究发现，相对于财务学者，审计委员会中的财务专家更可能影响审计委员会对财务报告质量的整体评估。Xie等（2003）实证研究发现，董事会和审计委员会成员中拥有财务专家能够显著抑制管理层进行盈余管理。Wu等（2007）研究发

现，拥有财务独立董事的企业，其财务报告质量较高。Kim 等（2014）研究发现，外部董事任期和外部董事财务专长能够显著提升董事会的咨询职能。Huang 等（2016）研究发现，会计学者担任董事会财务专家的公司，其报告收益的价值相关性更高，财务报告质量也更高。Krishnan 等（2011）研究发现，控制具备会计专长的审计委员会成员变量后，具备法律专长的审计委员会成员的公司，其财务报告质量更高。Cohen 等（2014）研究发现，审计委员会成员同时具备行业专长和会计专长的公司，其审计委员会监测财务报告过程的有效性更高，财务报告质量也就更高（Zhang 等，2007；Madawaki 和 Amran，2013）。

从审计委员会视角。成立审计委员会的企业财务报告质量更高，进一步地，审计委员会成员中具有独立主席时，企业财务报告质量更高（Madawaki 和 Amran，2013）。审计委员会的会议频率越高，企业盈余管理水平越低，财务报告质量越高（Xie 等，2003）。审计委员会有效性越高，盈余管理水平越低，发生财务重述的可能性也越小，企业财务报告质量也就越高（Bedard 等，2004；Agrawal 等，2005；Wu 等，2007；章新蓉和蒋艳，2010；Hassan，2013；Kantudu 等，2015；Samaha 等，2015）。Campbell 等（2015）研究发现，萨班斯——奥克斯利法案（SOX）的执行提高了审计委员会的监督作用和独立性，但并没有对审计委员会的股权激励做出限制；进一步研究发现，即使在后 SOX 时代，对独立审计委员会股票期权激励的力度越大，财务报告质量越低。Pomeroy 和 Thornton（2008）研究发现，审计质量和财务报表质量是财务报告质量的有效替代衡量指标，进一步地，审计委员会在提高审计质量方面比提高财务报表质量更有效。Zhang 等（2007）研究发现，审计委员会最近发生审计师变更的企业，发生内部控制重大缺陷的可能性更大。审计师独立性越高，发生内部控制重大缺陷的可能性更低。Tanyi 和 Smith（2015）研究发现，拥有繁忙的审计委员会主席或繁忙的财务专家的公司，其操纵性应计水平较高，财务报告质量较低，即审计委员会主席和财务专家的忙碌程度减弱了他们在财务报告过程中的监测和监督作用。

从审计委员会和薪酬委员会视角。审计委员会和薪酬委员会成员重叠的企业，其财务报告质量更高（Chandar 等，2012；Habib 和 Bhuiyan，2016），且上述正向影响在管理层进行正向盈余管理的情况下更为显著；此外，审计委员会和薪酬委员会重叠的成员持股显著抑制了上述正向影响（Habib 和 Bhuiyan，2016）；进一步研究发现，审计委员会和薪酬委员会成员重叠的数量与企业财务报告质量之间呈现倒 U 型关系（Chandar 等，2012）。

从董事会会议频率视角。Xie 等（2003）实证研究发现，董事会的会议频率越高，企业盈余管理水平越低，财务报告质量越高。而 Wu 等（2007）研究发现，董事会年度会议频率越高，企业财务报告质量越低。

从董事会有效性视角。Samaha 等（2015）研究发现，董事会规模、董事会组成企业自愿信息披露显著正相关。一方面，董事会规模的扩大提高了董事会效率和串通舞弊成本，减少了利润操纵行为，进而提高了会计信息透明度（Jensen 等，1976）；另一方面，董事长与总经理两职合一损害了董事会的独立性，降低了监督效力，很容易滋生总经理的机会主义倾向，进而降低了公司信息披露质量和财务报告质量（王斌和梁欣欣，2008；Forker，1992；Samaha 等，2015）。Botti 等（2014）研究发现，董事会控制越有效，公司治理效率越高，企业的网络财务报告质量也就越高。

Wright（1996）将董事会成员分为内部董事、外部独立董事和"灰色"董事三类。从内部董事视角，内部董事的经验和专业知识有利于提高董事会的监督和咨询功能（Hillman 等，2008）。Rose 等（2013）研究发现，当董事会报告透明度增加时，相对于非股权董事，股权董事更可能反对公司进行盈余管理。当董事薪酬计划影响董事独立性时，增加董事会报告透明度是有益的。从独立董事视角，独立董事制度能够有效抑制管理者的盈余操纵行为，提高财务报告质量（王立彦和刘军霞，2003；Wu 等，2007；李维安等，2009；章新蓉和蒋艳，2010；Hassan，2013；Kantudu 等，2015）。王斌和梁欣欣（2008）研究发现，独立董事比例越高、财务收益能力越高，企业信息披露质量越高。与其他国有企业相比，聘请具有行政背景独立董事的企业财务报告质量更差（余峰燕和郝项超，2011）。Habib 和 Jiang（2015）认为，中国公司治理具有本国特色，例如，国家控股上市公司占主导地位、独立董事会必须公开披露其对重要董事会决议的意见的强制责任、以及独特的审计市场，良好的公司治理能够显著提升财务报告质量。Kantudu 等（2015）以尼日利亚上市石油营销公司为研究对象，研究发现，公司董事会任命独立董事应根据该独立董事的绩效考核记录。谢志华等（2016）研究认为，独立董事的功能应被定位为投资决策者，而不应被定位为监督者。此外，Fich 和 Shivdasani（2006）研究发现，持有多个董事职位的独立董事的公司，其公司治理水平较为薄弱。而 Ferris 等（2003）研究认为，独立董事在多个董事会任职，并没有导致公司证券诈骗诉讼的可能性更大，证据不支持要求对独立董事持有的董事职位的限制。

③监事会。赵西卜和徐爱莉（2013）研究发现，监事财务背景显著提升了企业信息披露质量，进一步研究发现，上述积极

影响仅存在于国有企业中。

④管理层。从企业管理视角。Shoorvarzy 和 Tuzandehjani（2011）以在德黑兰证券交易所上市的公司为研究对象，研究发现，企业高效率管理显著提升了财务报告质量；此外，小规模公司的管理效率对财务报告质量的影响很小（Shoorvarzy 和 Tuzandehjani，2011）。蔡春等（2015）研究表明，高管审计背景损害了企业财务报告信息质量。Dehaan 等（2013）研究发现，自愿采纳回补条款公司的财务报告质量更高。Cao 等（2016）运用倾向匹配得分法比较及时归档和后期归档的企业财务财务报告质量，研究发现，后期归档企业的财务报告质量更低。Labelle 等（2010）研究发现，企业多元化经营与财务报告质量显著负相关。Hassan（2012）以尼日利亚制造企业为研究对象，研究发现，企业结构和财务报告质量之间存在显著的正相关关系。Garrett 等（2014）分别以应计质量、财务重述以及内部控制重大缺陷替代衡量财务报告质量，研究发现，企业组织内信任水平越高，应计质量越高、发生财务重述的可能性越低、存在内部控制重大缺陷的可能性也越低，即财务报告质量越高；进一步研究发现，企业组织内信任与财务报告质量之间的正相关关系在股权相对分散的公司更显著。

从管理层持股视角。宋建波和田悦（2012）研究发现，管理层（包括董、监、高）持股的企业，其盈余持续性更高，财务报告质量也更高；进一步研究发现，董事会和高级管理人员（财务总监/总经理）持股的积极作用更强。Kantudu 等（2015）以尼日利亚上市石油营销公司为研究对象，研究发现，管理层持股显著影响财务报告质量。

从财务总监/总经理股权激励视角。Jiang 等（2010）研究发现，相对于对总经理施行股权激励，对财务总监施行股权激励的公司盈余管理水平更高，其财务报告质量相应更低，这主要是因为财务总监对企业财务报告负主要责任。Chava 和 Purnanandam (2010) 研究发现，财务总监股权激励风险越低，其更有可能利用会计应计平滑操纵收益，导致财务报告质量也越低。公司股权激励制度提升了财务总监的盈余管理水平，降低了财务报告质量 (李晓玲和刘中燕, 2016)。Kim 等 (2011) 以 1993～2009 年美国公司为研究对象，研究发现，财务总监股权激励与股价崩盘风险显著正相关，且这种正相关关系在非竞争性行业和财务杠杆水平较高的企业中更为显著；而只有微弱的证据表明总经理股权激励与股价崩盘风险正相关，且这种正相关关系在考虑财务总监股权激励后就消失了；进一步研究发现，财务总监股票激励和总经理股票激励均与股价崩盘风险不相关。Billings 等 (2014) 研究发现，财务总监股权激励与审计费用显著正相关，而财务总监股权激励与审计费用没有显著的统计学意义；进一步研究发现，企业内部控制越薄弱，财务总监股权激励与审计费用的正相关关系越显著。Hui 和 Matsunaga (2015) 研究发现，财务总监年度奖金变化、总经理年度奖金变化均与企业信息披露质量正相关，进一步研究发现，当企业成长性较高、公司治理水平较高、股权激励较低时，上述积极影响更显著。李振华等 (2012) 研究发现，财务总监股权激励显著提升了公司业绩、净资产收益率和和资产报酬率，具有正向公司治理效应。

从高管薪酬视角。财务总监低薪酬往往导致内部控制重大缺陷，进而损害了企业财务报告质量 (Hoitash 等, 2012)。Cornett 等 (2009) 以美国上市银行控股公司为研究对象，研究发现，总经理薪酬业绩敏感性和董事会独立性能够显著提升企业绩效，而企业绩效、董事会独立性能够与盈余管理水平显著负相关，总经理薪酬业绩敏感性与盈余管理水平显著正相关，总经理薪酬业绩敏感性与董事会独立性双向正相关，进一步研究发现，董事会中独立董事数量越多，对总经理薪酬业绩敏感性诱发的盈余管理水平的抑制作用越大（高雷和张杰，2009；李维安等，2009）。Kobelsky 等（2013）研究发现，相对于总经理，财务总监薪酬敏感性与企业财务报告质量更相关，这是因为，财务总监对公司的财务信息生成过程和财务报告负有主要责任。Pyzoha（2015）研究发现，自愿采用回扣政策的公司，其发生财务重述的可能性较低。在薪酬激励的作用下，财务总监面对较低质量的审计师时，更不愿意重述财务报表，而财务总监面对更高质量的审计师时，这种趋势减少，表明更高质量的审计师可以作为有效的监督人。

从财务总监和总经理的财务专长视角。财务总监是股东和总经理的代理人，企业会计信息质量和企业财务报告质量更多地是由总经理和财务总监共同决定（姜付秀等，2013）。Bedard 等（2014）研究认为，财务总监的关键职责在于维持企业内部控制有效性并编制财务报告，且前者的角色权重应更大。已有研究发现，财务总监的基本素质、董事会影响力和财务专长（财务总监具有注册会计师、特许金融分析师、国际金融理财师、美国注册管理会计师资格或审计工作经验等）能够降低会计差错发生的概率和频率，提升企业内部控制质量和社会责任履行水平，进而提高公司财务报告质量（Hoitash 等，2009；Li 等，2010；邱昱芳等，2011；Li 等，2013）。此外，财务总监学历越高，更具社会资源优势，其理性程度、认知能力和创新力也越高，不仅有助于提升公司会计稳健性，也有助于适时采取重大战略决策督促内部控制缺陷整改，进而提高公司财务报告质量（王福胜和程富，2014）。Rakhman（2009）研究发现，规模较大的公司更倾向聘任高学历的财务总监，规模较小的公司更倾向聘任拥有注册会计师的财务总监,而在萨班斯——奥克斯利法案执行后,公司更倾向聘任具有财务专长的财务总监,进一步研究发现,相对于高学历、财务专长,拥有注册会计师的财务总监对企业盈余管理水平的影响最大。Custódio 和 Metzger(2014)研究发现,具有财务专长的总经理会更积极的进行财务政策管理,能够提高企业的外部融资能力,降低企业的盈余管理水平。

从总经理/财务总监背景特征视角,徐经长和王胜海(2010)研究发现,总经理/财务总监平均年龄越小、平均任期越长,企业成长性越好,进一步研究发现,企业性质是影响上述关系的重要因素。Huang 等(2012)研究发现,总经理年龄越大,企业发生财务重述的可能性越低、分析师的盈利预测偏差越小,企业的财务报告质量也就越高。Xu 等(2016)实证检验了财务总监性别与企业银行贷款之间的关系,研究发现,女性财务总监面临更不利的贷款条件,更难获得银行贷款,研究结论支持性别歧视假设,而不支持财务保守主义假设。Liu 等(2016)研究发现,女性财务总监所在的企业,其盈余管理水平更低,财务报告质量也更高。

从财务总监变更视角,一方面,新任财务总监的公司盈余管理水平更高(Geiger 和 North,2006);另一方面,财务总监变更的公司发生财务重述的可能性更高、发生内部控制重大缺陷的可能性也更高(Collins 等,2009;Li 等,2010)。

从财务总监/总经理权力视角,总经理权力对企业会计信息质量的作用方向包括促进作用(刘启亮等,2013)和抑制作用(Feng 等,2011;谢盛纹等,2014)。此外,还有研究发现,财务总监财务专长对会计信息质量的影响相对独立于总经理权力(Ge 等,2010;何凡等,2015)。Friedman 等(2014)研究发现,企业对治理干预的反应在横截面上随着总经理对财务总监的压力而变化,更大的总经理权力往往导致更低的企业财务报告质量;如果公司治理政策的转变降低了总经理对财务总监施压的意愿。那么,更大的总经理权力则能够带来更高的企业财务报告质量。Tulimieri 和 Banai(2010)研究认为,企业中财务总监和总经理的权力应当相互制衡,使他们各自充分履行各自职责,这样更有利于提升企业财务报告质量。王嘉歆等(2016)研究发现,总经理权力配置治理效应与企业生命周期异质性显著相关。Bishop 等(2017)实证检验了总经理社会影响力压力对财务总监财务报告职业判断和财务报告决策的影响,研究发现,总经理的合规压力(Sweeney 等,2010)和服从压力(Hartmann 和 Maas,2010)显著增加了财务总监进行存货初始计量操纵的意愿。虽然总经理的合规压力和服从压力影响财务总监的财务报告决策,但合规压力并没有增加财务总监的感知压力水平,致使审计师难以发现会计舞弊;如果财务总监在总经理的压力下为达到企业目标而操纵财务报表,财务总监只能自己承担责任,因为财务总监对财务报告负责。

此外,Gillett 和 Uddin(2005)研究发现,规模较大的公司的财务总监更有可能在财务报表中举报财务欺诈行为,且薪酬结构无法有效解释财务总监报告欺诈行为,而应通过正式或非正式的审计方法度量管理层对财务报告欺诈的态度。Krishnan 等(2011)研究发现,财务总监/总经理—董事会社会关系能显著抑制盈余管理水平,进而提升企业财务报告质量。He(2015)研究发现,总经理内部债务持有量越多,企业盈余管理水平越低、发生财务重述的可能性越小、存在内部控制重大缺陷的可能性越小。

(2)内部控制对财务报告质量的影响

内部控制缺陷会显著降低了企业的内部控制质量、盈余质量和财务报告质量（单华军，2010；Dhaliwal 等，2011；李万福，2014；杜晓荣等，2015）。Dhaliwal 等（2011）实证研究发现，内部控制重大缺陷会显著提升企业债务成本，这表明财务报告质量越低的企业更倾向于债务成本较高的债务市场。内部控制重大缺陷整改能降低公司盈余管理程度，提高财务报告质量，向市场传递积极的信号（Ashbaugh – Skaife 等，2009）。进一步地，李万福等（2014）研究发现，内部控制缺陷对财务报告质量的负面影响主要由治理层面引起，会计层面的作用相对较小，当会计层面和治理层面的内部控制缺陷同时存在时，负面效应最大。这些结果支持了 COSO（2013）内部控制框架更关注治理问题的理念。此外，自愿性内部控制信息披露具有积极的信号作用，能够在一定程度上改善财务报告质量，强化投资者利益保护（杨有红和毛新述，2011）。徐煜和江灵曼（2013）研究发现，2007 年《商业银行内部控制指引》的实施降低了贷款损失准备组合中不合理的贷款损失准备，有效提高了财务报告质量。

崔志娟（2012）研究发现，内部控制有效性评价无法真实有效地传递企业财务报告的质量信息。而王晶等（2015）研究认为，内部控制有效性越高，企业会计信息质量越高，进而企业财务报告可靠性越高。

基于信号传递理论，内部控制质量好的公司，更愿意披露内部控制鉴证报告（林斌和饶静，2009）。美国联邦存款保险改进法案（FDICIA）内部控制鉴证报告的改进显著提升了银行业的财务报告质量（Altamuro 和 Beatty，2010）。完善并实施企业内部控制报告制度和内部控制管理报告、提高内部控制报告的相关性，均显著提升了企业财务报告质量（张先治和戴文涛，2011；Dowdell 等，2014）。Doyle 等（2007）研究发现，薄弱的内部控制与较低的应计质量之间的相关关系与公司整体层面薄弱的信息披露有关。Myllymaki（2014）研究发现，发生过内部控制重大缺陷的公司，其随后两年发生财务重述的可能性显著提高。

Bardhan 等（2015）研究发现，相对于非家族企业，家族企业在双重投票权股份的驱动下更可能存在内部控制重大缺陷，导致其财务报告质量更低。

信息技术是内部控制系统有效的基础。Haislip 等（2015）研究发现，存在信息技术重大缺陷的企业，其财务报告质量更低，并导致其高管（总经理/财务总监）被辞退。进一步研究发现，由于声誉处罚机制，这些被辞退的高管（总经理/财务总监）很难再在劳动力市场上获得就业机会，尤其是财务总监，这是因为，财务总监被认为应对企业财务报告和内部控制负主要责任。张王飞等（2016）研究认为，大数据实现了会计流程再造，提升了会计价值和财务报告质量。

（3）公司战略对财务报告质量的影响

在公司战略方面，Bentley 等（2013）研究了美国上市公司战略定位与财务报告违规之间的关系，研究发现，相对于采用防御型战略的企业，采用探索型战略的企业更可能发生财务报告舞弊，进而其财务报告质量将会显著更低。Dichev 等（2013）通过问卷调查发现，公司战略是影响上市公司财务报告质量的重要因素。

（4）内部审计对财务报告质量的影响

经验研究表明，高水平的内部审计显著提升了上市公司财务报告质量（Krishnan，2003；王守海等，2010）。Al‑Shetwi 等（2011）以 2009 年沙特阿拉伯非金融类上市公司为研究对象，研究发现，内部审计功能的质量与财务报告质量存在较弱的正相关关系。Johl 等（2013）以马来西亚不存在业务外包和政治关联的上市公司为研究对象，研究发现，内部审计质量与财务报告质量显著正相关，进一步研究发现，董事会质量与内部审计质量存在替代关系。Abbott 等（2016）研究发现，内部审计师能力和独立性的协同效应是提高内部审计质量和上市公司财务报告质量的必要前提。

（5）盈余管理对财务报告质量的影响

盈余管理是公司通过操纵利润、选择年报披露时间进而影响企业财务报告质量的重要手段（吴建友，2001；王雄元等，2009）。经验研究发现，盈余管理水平越高，企业财务报告质量越低（Geagon 和 Hayes，2011；Tariverdi 等，2012）。

从控制权市场视角，现有研究大多集中在控制权市场对公司治理结构、会计盈余和市场反应的影响，揭示了公司控制权转移前后公司依靠关联交易、利润操纵等手段进行盈余管理，这些盈余管理行为降低了公司的财务报告透明度和财务报告质量（Louis，2004；彭晓洁，2011）。具体地，Louis（2004）以并购前后的控制权为视角，实证检验了并购前后会计盈余、股票价格以及市场反应的变化，研究发现，公司控制权转移前后依靠财务操纵以及关联交易等手段进行盈余管理，显著降低了企业财务报告质量。

从内部控制视角，上市公司财务报告的质量受内部控制和盈余管理的双重影响，且主要受盈余管理的影响，应通过扶持内部控制，抑制上市公司的盈余管理，提升财务报告质量（仰巍巍，2012）。相对而言，大公司盈余管理的动机小，但大公司的政治敏感性更高，因而盈余管理被发现的可能性更高（Zmijewski 和 Hagerman，1981）。从财务总监变更视角，虽然财务总监变更前后企业盈余管理动机和盈余管理程度不同，但均显著降低了企业财务报告质量（苏文兵等，2010）。

(6) 信息披露和财务重述对财务报告质量的影响

Chi 等（2013）利用台湾财务报告制度变化这一背景来检验财务报告自愿披露对企业财务报告质量的影响，研究发现，相对于强制披露财务报告的公司，自愿披露财务报告的公司财务报告质量较高，进一步研究发现，这种质量差异意味着自愿披露财务报告公司的债务成本较低（李亚玲和赵娟，2014）。

Wang 和 Wu（2011）研究发现，发生过财务重述的公司，其财务报告质量更差，进一步研究发现，这种低质量的财务报告更有可能发生在盈利能力低、国有控股、股权分散、机构投资者持股比例低的企业。

3. 外部环境对财务报告质量的影响

本章主要从外部审计、外部监管、外部制度环境、机构投资者和分析师这些角度综述外部环境对财务报告质量的影响。

(1) 外部审计对财务报告质量的影响

外部审计主要是关注财务报告的审计单位资质、审计人员的素质以及是否经历了事务所轮换。经验研究表明，经四大、五大或六大审计的公司，较少发生会计舞弊和财务报告违规，更愿意及时披露业绩不良的信息，操控性应计较低，会计信息透明度较高，财务报告质量也较高，（Krishnan，2003；王艳艳和陈汉文，2006；Lennox 和 Pittman，2010；Kim 等，2011）。审计师行业专长能够显著提升被审计企业的信息披露质量（Behn 等，2008）。具体地，Lennox 和 Pittman（2010）基于安然事件后 SEC 颁发《萨班斯——奥克斯利法案》（Sarbanes Oxley Act）的制度背景下，实证检验了经五大审计的公司与会计欺诈之间的关系，研究发现，经五大审计的公司，其发生会计欺诈的可能性约减少四倍。

从事务所轮换视角。Johnson 等（2002）实证检验了审计公司任期与财务报告质量之间的关系，研究发现，当审计公司任期为 2~3 年或 4~8 年时，企业财务报告质量均较低；进一步地，当审计公司任期为 9 年以上时，没有发现企业财务报告质量下降的证据；上述研究结论为强制性审计事务所轮换提供了经验证据。Beneish 等（2005）研究发现，在业绩较差、高风险的审计客户环境中，审计师不明原因的辞职有助于降低财务报告可信性的不确定性。Litt 等（2014）研究发现，审计合伙人轮换后，企业财务报告质量在随后的两年内均显著下降，且规模越大，这种负向影响越大；进一步研究发现，当审计合伙人为四大时，上述负向影响持续一年，而当审计合伙人为非四大时，上述负向影响至少持续三年。伍利娜和束晓晖（2006）研究发现，审计师更换较晚的公司，其财务报告及时性显著较低，进而财务报告质量也较低。Chen 等（2009）以中国发生强制性审计师变更的企业为研究对象，研究发现，前审计合伙人可能采用战略方法来保持与审计客户密切合作关系机会主义的好处，因而更有可能进行盈余管理操纵，导致财务报告质量更低。Christ 等（2015）研究发现，使用轮岗人员配置模型定义审计功能的公司，其财务报告质量较低；进一步研究发现，从访谈中确定的薪酬控制，可以显著降低对财务报告质量的负向影响。

Gaeremynck 等（2016）研究发现，在其他条件不变的情况下，审计公司投资组合的客户可见性特征能够显著抑制企业盈余管理水平，但对财务附注披露质量没有显著影响；此外，审计公司投资组合的偿付能力特征与财务报告质量正相关。

Ghosh 和 Tang（2015）研究发现，高质量的财务报告降低了审计风险和审计投资需求，进而降低了家族企业的审计费用。审计是公司治理中有效的制衡机制，财务报告质量的可信性取决于审计师的形式独立和实质独立。Habib（2012）研究发现，客户特定的非审计费用水平与财务报告质量的下降有关。

Koh 等（2013）研究发现，审计公司提供的非审计服务可以通过审计师声誉激励、协同增效和知识转移进而提升被审计企业的财务报告质量。

（2）外部监管对财务报告质量的影响

外部监管主要关注相关的监管单位是否对企业进行过处罚、警示、警告等。金智（2013）研究发现，违反社会规范的公司在社会监督下更有动机提高财务报告质量，以提升公司的声誉水平。Hanlon 等（2014）研究发现，税收执法力度越大，企业财务报告质量越高，且其他监管机制越弱，上述正向影响越强。

（3）外部制度环境对财务报告质量的影响

我国区域经济发展很不平衡，各地区的市场化进程差异明显，上市公司的财务报告决策受到许多外部制度因素的制约（夏立军和陈信元，2007；高雷和张杰，2009）。现有研究发现，在不同的市场化程度、政府干预程度、监管环境、信息环境、资本市场环境和法律制度环境等外部制度环境下，公司财务报告质量的差异很大（Ball 和 Shivakumar，2005；Burgstahler 等，2006；Lang 等，2006；高雷和张杰，2009）。外部公司治理机制包括投资者法律保护以及产品市场等，这与内部公司治理机制存在互补和替代两种观点（Gillan，2006）。我国各地区治理环境差异较大，公司治理水平越高，其信息披露质量和财务报告质量也就越高（Healy 和 Palepu，2001；肖作平，2009；南开大学公司治理评价组，2010）。

较高的市场化程度能够增强财务报告的信号传递功能和监控功能（姚曦和杨兴全，2012），有助于降低企业发生财务重述的可能性，进而提高企业非财务信息质量和会计信息质量（王俊秋和张奇峰，2010；程新生等，2012；程新生等，2015）。市场化进程较高地区的上市公司一方面倾向于披露更多的信息来降低融资成本和获取更多的市场资源，从而自愿披露质量较高（程新生等，2011）；另一方面在成熟的监管体系和法律保护环境的制度性保障下，强制披露质量也较高（程新生等，2011）。此外，经验研究发现，强制披露能够有效保障自愿披露（Healy 和 Palepu，2001；肖作平，2009）。

从法律环境视角。法律环境的改善能够显著提升公司治理透明度（Bushman 等，2004）。投资者保护法律环境的改善能够显著提高企业会计稳健性，进而提高企业的财务报告质量（Bushman 等，2011）。Filip 等（2015）实证检验了加拿大使用法国民法和其他国家普通法两种不同法律制度对财务报告质量的影响，研究发现，处于普通法环境下的企业财务报告质量更高。

从经济环境视角。经济环境的改善能够显著提升企业财务透明度（Bushman 等，2004）。Lopes 等（2010）以 17 个欧洲国家的上市公司为研究对象，研究发现，经济状况显著影响企业会计信息质量，具体地，规模越大、现金收益越高，则企业的会计信息质量越高。张敏等（2015b）以中国商业银行为研究对象，研究发现，金融生态环境越好，企业盈余质量越高。

从政治环境视角。政治环境的改善能够显著提升企业财务透明度（Bushman 等，2004）。黄琼宇等（2014）研究发现，相对于买壳上市的家族企业，直接上市的家族企业的盈余质量显著更低，进一步研究发现，直接上市的家族企业所获得的政治支持越大，盈余质量越低。

从产品市场和资本市场视角。Shoorvarzi 和 Karami（2013）以在德黑兰证券交易所上市的公司为研究对象，研究发现，公司产品市场竞争程度与企业财务报告质量显著负相关。Chan 等

(2014)以中国民营企业为研究对象,研究发现,作为外部治理机制的共同基金能够显著提升企业财务报告质量,且这种正向影响主要取决于国家对共同基金所有权的调节。Young(2016)研究发现,减少资本市场摩擦将会对企业财务报告质量产生不利的影响。

从外部声誉视角。Cao等(2012)基于在美国《财富》世界500强企业排行榜名单度量衡量企业声誉,研究发现,企业的声誉越高,其发生财务重述的可能性越低,盈余管理水平越低,进而财务报告质量也就越高。捐赠者往往根据慈善评级做决定,而Ling和Neely(2013)研究发现,慈善评级高的企业更容易进行盈余管理,进而严重损害了其财务报告质量。Choi等(2011)以韩国上市公司为研究对象,研究发现,企业商业道德水平越高,盈余管理水平越低,会计稳健性越高,财务报告质量也就越高。Elayan等(2016)研究发现,企业道德水平的正向变化越大,企业财务业绩越好,企业财务报告质量也越高。

从公司所处地域视角。Samaha等(2015)研究发现,董事会规模、董事会组成、审计委员会均与企业自愿信息披露质量显著正相关,而总经理两职合一与企业自愿信息披露质量显著负相关,进一步地,公司所处的地理位置缓和了上述变量之间的关系。Imhof(2015)实证检验了公司位置与财务报告质量之间的关系,研究发现,相对于城市地区的企业,农村地区的企业财务报告质量更高,其主要原因是农村地区企业的盈余管理动机较少。

从社会网络视角,张敏等(2015)研究发现,社会网络有助于提升企业的风险承担水平,进一步研究发现,董事长构建的社会网络比总经理构建的社会网络对风险承担水平的促进作用更大,这在一定程度上削弱了企业盈余管理的动机。

(4) 机构投资者和分析师对财务报告质量的影响

宋建波等（2012）研究发现，机构投资者持股的企业，其盈余持续性显著较低，进一步地，机构投资者持股比例越高，盈余持续性越低，企业财务报告质量也较低；这表明，我国机构投资者没有发挥改善贷款软约束等治理效应（张敏等，2011）。孙刚（2012）进一步研究了机构投资者持股与企业真实盈余管理的关系。而杨海燕等（2012）研究发现，机构投资者总体持股降低了财务报告可靠性，但能提高企业信息披露透明度。进一步地，李争光等（2015）将机构投资者分为稳定型机构投资者与交易型机构投资者，研究发现，机构投资者能够显著提高企业会计稳健性，且稳定型机构投资者发挥了更大的作用。

贾琬娇等（2015）研究发现，分析师通过实地调研能够显著提高企业的盈余预测准确性，进而提高企业财务报告质量。

2.1.3 财务报告质量的度量

在关键节点文献中，Farber（2005）、Agrawal 和 Chadha（2005）和 Krishnan（2005）作为财务报告质量研究领域的开创学者，分别从盈余操纵、盈余重述、内部控制质量替代衡量财务报告质量，研究了财务报告质量的影响因素，这为财务报告质量在不同学科领域的研究奠定了方法论基础和理论基础。现有文献关于财务报告质量度量方法的研究主要集中于两个方面：财务报告总体质量的度量、财务报告透明度及披露质量度量（葛家澍，2001）。

1. 财务报告总体质量的度量

现有关于财务报告质量的研究主要围绕会计信息的某一质量特征进行，致使无法有效评价企业财务报告质量的高低（孙光国和杨金凤，2012）。基于此，孙光国等（2013）在创建财务报告质量评价理论框架（葛家澍和刘峰，2011）的基础上，分析了财务报告质量评价标准，建立了评价指标体系并最终生成财务报告质量评价指数。Hasan 和 Omar（2016）验证了财务报告质量的三个替代衡量指标，其中定量指标包括总体披露指数和应计质量，定性指标是外部用户对财务报告质量的看法。丁俊等（2016）研究认为，财务报告质量、会计信息质量、会计盈余质量、财务报告透明度、信息披露质量，这些术语在实证研究中内涵定义并未有效区分。

经验研究中衡量财务报告质量的指标认可度较高的是盈余质量（Dechow 等，2010）。现有文献对盈余质量的度量指标划分为三大类：

（1）盈余属性

盈余属性包括盈余持续性（Sloan，1996；Xie，2001；Richardson 等，2006；Dechow 等，2010）、盈余预测能力（Lipe，1990）、盈余平滑度（Leuz 等，2003；Dechow 等，2010）、盈余及时性（Basu，1997；Ball 等，2000）、盈余稳健性（Basu，1997；Ball 等，2000；Ball 和 Shivakumar，2005；Khan 和 Watts，2009）、应计利润质量（Jones，1991；Dechow 等，1995；Francis 等，2005；Dechow 和 Dichev，2002；Dechow 等，2010）、盈余管理（DeAngelo，1986；Jones，1991；Dechow 等，1995；McNichols，2002；Dechow 和 Dichev，2002；Roychowdhury，2006；Kothari 等，2005；McAnally 等，2008）以及盈余价值相关性（Easton 和 Harris，1991；Ohlson，1995；Kothari 和 Zimmerman，1995）。

进一步地，宇文晶等（2016）采用可操纵应计利润模型、业绩调整的截面琼斯模型、业绩调整的修正琼斯模型反映企业的盈余质量，并以上述变量的均值替代衡量财务报告质量。

（2）投资者对盈余信息的反应

投资者对盈余信息的反应包括盈余反应系数（Teoh 和 Wong，1993；Holthausen 和 Verrecchia，1988；Dechow 等，2010）、盈余反应系数与审计质量等其他指标之间的关系（Dechow 等，2010）。

（3）反映盈余错报的外部指标

反映盈余错报的外部指标主要包括监管机构发布的会计和审计处罚公告（王艳艳和陈汉文，2006；王守海等，2010）、财务重述（Agrawal 和 Chadha，2005）以及《萨班斯——奥克斯利法案》要求的内部控制缺陷报告（Doyle 等，2007；Ashbaugh - Skaife 等，2009；Lennox 和 Pittman，2010）。

2. 财务报告透明度及披露质量的度量

（1）信息披露透明度的度量

信息披露质量（信息披露透明度）的度量方法主要包括三种：

第一种，从权威机构测评的角度，主要包括国际财务分析和研究中心所发布的 CIFAR 指数、标准普尔公司发布的透明度和披露评价体系、普华永道发布的不透明指数、我国深市上市公司的年度评级等（谭劲松等，2010）；

第二种，从构建指标体系或模型的角度，现有研究将上市公司披露的临时报告数量、企业自愿性信息披露的数量作为信息披露透明度的替代，建立了公司自愿披露的评级体系（汪炜和蒋高峰，2004；崔学刚，2004）；

第三种，南开大学公司治理研究中心推出的南开治理指数从完整性、真实性、及时性三个方面对公司信息披露进行度量（南开大学公司治理评价组，2010）。

（2）会计信息透明度的度量

Bhattacharya 等（2003）将盈余不透明度作为会计信息透明度的替代变量，该研究采用盈余激进度、避免亏损、盈余平滑度的平均值来衡量。Burgstahler 等（2006）跨国盈余质量研究中采用并改进了 Bhattacharya 等（2003）研究中的指标。

我国经验研究中大多采用稳健性、及时性、盈余激进度和盈余平滑度作为会计信息透明度的替代变量（王艳艳和陈汉文，2006；周中胜和陈汉文，2008）。

2.2 财务总监财务执行力

2.2.1 财务总监财务执行力的影响因素

现有文献主要从财务总监薪酬、财务总监持股比例（杜胜利和周琪，2010；Beck 和 Mauldin，2014）、财务总监的会计经验（Li 等，2010；Beck 和 Mauldin，2014；Friedman，2014；Bishop 等，2017）、财务总监与总经理的关系（Matejka 和 Michal，2007；Mayhew 和 Murphy，2014；Friedman 等，2014；Khanna 等，2015；Bishop 等，2017）、财务总监与董事会的关系（Bedard 等，2014）、财务总监在上市公司年报中的排序（陈汉文和刘思义，2016）研究财务总监在上市公司中的权力和地位。向锐（2015）将财务总监进入董事会担任内部董事（Bedard 等，2014）定义为财务总监财务执行力。

Bedard 等（2014）实证检验了影响财务总监进入董事会担任内部董事的主要因素，研究发现，这些因素主要包括财务总监任期、财务总监外部董事、董事会独立性、内部控制重大缺陷、账面市值比率、公司规模、资产负债率、亏损年数比重、营业收入标准差、经营活动现金流量净额标准差、盈余管理柔性、无形资产、公司上市年数以及公司所选择的会计师事务所是否是国际四大。

杜胜利和赵柳婷（2005）研究发现，影响财务总监是否进入董事会担任内部董事的主要因素包括财务人员规模、董事会规模和公司规模，而公司业绩和公司治理结构尚未产生影响。

杜胜利和周琪（2010）研究发现，影响财务总监是否进入董事会的重要因素是财务总监年龄、财务总监持股比例、财务总监是否在股东公司任职。任期通常被解释为经理过度控制和董事会监督弱化的标志（Berger等，1997），但财务总监的任期越长，个人地位可能就越高，财务总监的财务执行力也就越高（杜胜利和赵柳婷，2005）。

2.2.2 财务总监财务执行力的经济后果

董事会是具有市场反映的机构，其最重要的任务是监督公司最高决策层（Fama，1980）。现有研究发现，内部董事主要履行咨询职能，独立董事主要履行监督职能。财务总监进入董事会担任内部董事能够更好地履行监督职能，同时使其免受总经理强权压力，帮助董事会获取更多的内部信息，以更好的履行咨询职能（孙光国和郭睿，2015）。

财务总监发挥作用的关键是处理好公司治理方面的关系（杜胜利，2004），财务总监的战略决策作用与监督作用尚待加强（杜胜利和周琪，2009）。Hommel等（2012）研究认为，财务总监能够助力企业在动态的市场环境中实现价值创造和价值增值，研究结论肯定了财务总监在企业中的战略作用。

薛爽等（2012）以组织影响力、专业影响力、声誉影响力和所有权影响力综合衡量财务总监的影响力,研究发现,财务总监的影响力能够显著降低企业实际税负水平,进而提升企业价值。Pu 等(2015)从专家权力和政治权力两个维度定义财务总监权力,研究发现,财务总监权力越高,公司实际税率越低。财务总监的管理能力主要包括组织能力、专业能力、政治能力以及所有权能力这四个维度,财务总监的组织能力、专业能力以及政治能力均显著提高了企业价值,而财务总监所有权能力显著损害了企业价值(权小锋和吴世农,2010;蒲丹琳等,2015)。Beck 等(2014)利用金融危机和经济衰退作为外生冲击,研究发现,相对于审计委员会,财务总监的权力越大,审计费用减少的越多。

毛新述等(2013)研究发现,财务总监兼任董秘能够更有效地传递信息,盈余公告后的漂移现象更低,且投资者不存在对盈余组成信息的错误定价,从而提高了资本市场效率。

Hiebl(2013)研究发现,非家族企业的财务总监能够在家族企业中充分发挥咨询职能和监督职能,降低家族企业的财务风险,提升家族企业的财务报告质量。龚辉锋和茅宁(2014)研究发现,咨询董事数量越多,董事会咨询绩效越高,且公司咨询需求越高、总经理接受咨询的意愿越强烈,上述正相关关系越显著;此外,咨询董事数量的增加不会削弱董事会的监督绩效;监督董事数量越多,董事会监督绩效越高,但对董事会咨询绩效产生一定负面影响。Field 等(2013)研究发现,繁忙的董事可能无法充分履行监督职能,但能够更有效的履行咨询职能,这种现象在 IPO 公司中尤为,表现在能够显著提升公司价值。

Francis 等(2011)研究发现,银行倾向于承认女性财务总监在事前提供更可靠的会计信息和减少违约风险的作用,并给予女性财务总监更低的贷款价格和更有利的合同条款。Wang 等

(2012)研究发现，财务总监做出的股票交易比总经理做出的股票交易更具有未来股票回报信息含量。

Duong 和 Evans（2015）研究发现，企业财务报告质量越低，财务总监的非现金报酬越高，进一步研究发现，进入董事会担任内部董事获得财务执行力的财务总监薪酬也越高。Loyeung 和 Matolcsy（2015）研究发现，财务总监的会计才能与财务总监薪酬显著正相关，财务总监的会计才能与财务总监变更显著负相关。Sun 和 Rakhman（2013）以财务总监实践经验（以财务总监任期和财务总监年龄衡量）、财务总监教育程度（以工商管理学历衡量）、专业经验（以拥有注册会计师衡量）这三个变量替代衡量财务总监财务专长，研究发现，仅财务总监实践经验与企业社会责任水平显著正相关，该研究结论提供了支持财务总监的角色从会计师转变为公司长期战略的共同推动者的实证证据。Sun 等（2015）进一步研究发现，财务总监专业经验越丰富，利益相关者对公司治理机制水平的忧虑越少，研究结论肯定了财务总监具备注册会计师证书的积极作用。Li 等（2010）研究发现，财务总监的专业能力越高，财务总监发生变更的可能性越低，企业内部控制水平越高，研究结论肯定了财务总监在对企业财务报告质量和内部控制质量的积极作用。Han 等（2015）研究发现，财务总监和总经理的战略合作伙伴关系能够显著提高公司的财务业绩，且财务总监和总经理的教育水平与任职年限越相似（即财务总监和总经理的职能背景差异越小），这种正向影响就越强，该研究结论肯定了财务总监在战略管理中的作用（Francis 等，2014）。

Hoitash 等（2012）研究发现，存在内部控制重大缺陷的企业，财务总监的薪酬下降幅度较大，研究结论有助于说明财务总监受托责任的重要性。Gurd 和 Thomas（2012）通过实地访谈澳大利亚财务总监、总经理，电话访谈澳大利亚财务总监，研究发现，家族对企业的承诺以及总经理的强力支持使得财务总监的工作更加容易。此外，由于专注领域不同，财务总监与外部会计师的冲突也被最小化。

张敦力和江新峰（2015）研究发现，管理者异质性特征影响企业的决策及其资源配置，管理者能力对企业投资的羊群行为具有显著抑制作用（Demerjian 等，2012），该作用还将随着管理者薪酬公平程度的提高而增强。向锐（2015）实证研究发现，财务总监进入董事会担任内部董事能够显著抑制企业过度投资，这表明，财务总监进入董事会能够提高其财务执行力，有效发挥治理作用，进而提高公司的资源配置效率和财务报告质量。

2.3 财务总监财务执行力与财务报告质量

财务总监个人哲学或风格是影响企业会计政策选择的重要因素，这种影响在财务总监自由裁量权以及财务总监工作需求较高的情况下更为显著，而财务总监的性别、年龄和教育背景等特征对企业会计政策选择的影响较小（Weili 等，2011）。

与财务总监相比，总经理的薪酬激励、舆论关注度较高（McAnally 等，2008），因而已有研究主要关注总经理的盈余管理动机，包括薪酬最大化和总经理变更等（Bergstresser 和 Philippon，2006；姜付秀等，2013）。但对于公司财务报告质量，财务总监起决定作用并承担主要责任（Chava 和 Purnanandam，2010）。财务总监财务报告的动机主要包括薪酬最大化（Grahama 等，2005）、迎合分析师预测（Jiang 等，2010）、财务政策最优化（李小荣等，2013；向锐，2015）以及规避法律责任和外部监管处罚（Burks，2010；Jiang 等，2010）。

上述这些不同的财务总监财务报告动机主要产生两种不同的影响：一方面，财务总监可能会基于自身利益最大化进行盈余操纵（Indjejikian 和 Matejka，2009；陈汉文和刘思义，2016）；另一方面，财务总监会在重视个人声誉的前提下提升财务报告质量，实现公司价值最大化（叶康涛等，2010）。基于此，从理论上讲，财务总监进入董事会担任内部董事，其财务执行力的提高对财务报告质量的影响也将存在正向影响和负向影响两个方面。这与国内外学者对财务总监财务执行力对财务报告质量的影响有两种不同的观点相一致（Bedard 等，2014；刘永丽，2015；俞雪莲和傅元略，2017）。

1. 财务总监财务执行力对财务报告质量的正向影响

Bedard 等（2014）在研究影响财务总监进入董事会担任内部董事的因素基础上，进一步研究了财务总监财务执行力对公司盈余管理（操纵性应计和应计质量）、财务重述、内部控制重大缺陷的影响。研究发现，财务总监进入董事会担任内部董事，将会有效降低公司盈余管理水平、降低企业发生内部控制重大缺陷和财务重述行为的可能性，即财务总监财务执行力有助于提升企业财务报告质量。

Krishnan 等（2011a）研究发现，财务总监—董事会社会关系能显著抑制盈余管理水平，进而提升企业财务报告质量。

此外，已有研究发现，财务总监的财务专业能力能够降低会计差错发生的概率，减少会计差错发生的频率，进而提升会计信息质量（Geiger 和 North，2006；Li 等，2010；何威风和刘启亮，2010；邱昱芳等，2011；王霞等，2011；何凡等，2015）。陈汉文和刘思义（2016）肯定了财务总监在上市公司中年报中排序靠前的作用，研究认为，提高财务总监在公司中的地位有助于赋予其充分的权力、保障其财务专长和行业专长的发挥，从而更好地实现管理职能。这在一定程度上支持了，财务总监财务执行力有助于改善企业财务报告质量。

刘永丽（2015）基于管理者权力理论，以财务总监内部权力（任期差异、学历差异、年龄差异、兼任董事情况、提拔方式这五个维度）和财务总监外部权力（治理结构完善程度、薪酬差距、持股情况、董事会规模、财务总监与总经理的权力距离这五个维度）综合定义财务总监权力（刘永丽，2014），研究发现，财务总监权力越大，会计稳健性越高。

此外，现有文献从财务总监兼任董秘视角，研究发现，财务总监兼任董秘，不仅可以提高信息披露质量（张成，2010），还能够显著提高盈余价值相关性（毛新述等，2013），进而提升了企业财务报告质量。

2. 财务总监财务执行力对财务报告质量的负向影响

根据 Beasley（1996）和 Klein（2002），公司高管进入董事会担任内部董事将会损害财务报告质量。据此，代理理论认为，作为公司高管之一的财务总监进入董事会担任内部董事，更有可能出现内部控制重大缺陷、财务重述行为和更低的应计质量，其财务执行力的提高损害了企业财务报告质量。

此外，俞雪莲和傅元略（2017）以财务总监进入董事会度量财务总监的职位权力，研究发现，财务总监的职位权力越大，公司财务违规现象越严重，进而财务报告质量也就越低。

2.4 文献述评

通过综述财务报告质量、财务总监财务执行力、财务总监财务执行力与财务报告质量这三大领域的文献，结合中国目前财务报告相关准则的要求，本书认为，现有研究成果颇丰，但仍存在值得重视的研究空间。

第一，从史证角度，对中国本土化财务报告质量演进规律的研究。本章运用 CiteSpace 对 Web of Science 数据库（包括 SCI 和 SSCI）收录的 120 篇财务报告质量研究领域的文献进行可视化分析，研究发现，美国在该领域的研究处于领先地位，其对外交流较多，发文影响力也较高；该领域的关键代表人物形成了以美国为中心的核心学术群体，该领域的关键节点文献 Farber（2005）、Agrawal 和 Chadha（2005）、Wilson（2008）、Hennes 等（2008）、Abbott 等（2004）、DeAngelo（1981）、Krishnan（2005）、Kinney 等（2004）和 Doyle 等（2007）主要研究了美国财务报告质量的演进规律；研究热点主要包括内部控制、公司治理、财务重述以及盈余管理；研究前沿则主要聚焦于内部控制质量、盈余质量、财务报告质量、公司治理和审计费用。而鲜有研究中国财务报告质量演变规律的文献。而基于我国独特的制度背景和特殊国情，我国会计准则的制定与财务报告质量的供给与美国等发达国家可能存在很大差异，因此，从我国独特的制度背景和特殊国情出发深入分析我国本土化财务报告质量的演进逻辑将具有重要的理论意义和实践意义。

第二，我国独特制度背景下，异质性的财务总监财务执行力对上市公司财务报告质量的作用方向的研究。首先，国内外文献主要是从会计准则（赵西卜等，2012；Barth，2015）、内部环境（Dhaliwal 等，2011；姜付秀等，2013）、外部环境（Lennox 和 Pittman，2010；Ghosh 和 Tang，2015）等角度研究财务报告质量的影响因素，而鲜有研究基于财务总监财务执行力角度研究财务报告质量的影响因素。其次，现有研究关于财务总监财务执行力对企业财务报告质量的作用方向尚未形成一致结论:一种观点认为,财务总监进入董事会担任内部董事,其财务执行力的提高有助于提升财务报告质量(Bedard 等,2014);而另一种观点认为,财务总监进入董事会担任内部董事,其财务执行力的提高损害了公司财务报告质量(俞雪莲和傅元略,2017)。究竟为什么财务总监财务执行力的财务报告质量效应会存在截然不同的两种观点呢?本书认为,出现上述不同观点的原因是忽视了内部董事的异质性,即财务总监财务执行力的异质性。董事会中的每一名董事都身兼监督职能和咨询职能(Jensen,1993),并将精力和时间在这两种职能上进行权衡分配(Brickley 和 Zimmerman,2010),内部董事主要发挥咨询职能(Duchin 等,2010;Kimbrough 和 Wang,2014)。因而,本书认为,检验财务总监财务执行力的经济后果时,需要对异质性的财务总监财务执行力进行合理分类,以检验异质性的财务总监财务执行力的财务报告质量效应,以使研究结论更加稳健。

第三,我国独特制度背景下,财务总监财务执行力对财务报告质量作用机制的研究。现有研究已经表明财务总监财务执行力并不是同质的(Brickley 和 Zimmerman,2010;Masulis 和 Mobbs,2011;Bedard 等,2014),这也是财务总监财务执行力对企业财务报告质量的作用方向尚未形成一致结论的重要原因。虽然 Bedard 等(2014)考察了财务总监财务执行力对财务报告质量的影响,但并未探究财务总监财务执行力对企业财务报告质量的作用机制。鉴于财务总监财务执行力对企业财务报告质量可能的作用方向,有必要在 Bedard 等(2014)和向锐(2015)等研究的基础上,综合考虑财务总监财务执行力异质性的利弊,权衡上市公司需要供给的财务报告质量最优区间,进而探究财务总监财务执行力作用于企业财务报告质量的潜在机制。

第四，我国独特制度背景下，财务总监财务执行力与财务报告质量间关系的影响因素研究。现有研究已经证实了内部环境（Dhaliwal 等，2011）和外部环境（Ghosh 和 Tang，2015）对财务报告质量的显著影响，那么，内部环境与外部环境是否也会对财务总监财务执行力对财务报告质量的作用方向以及作用大小产生影响呢？基于此，结合我国独特的制度背景和特殊国情以及现有研究可能存在的研究空间，一方面，有必要从静态的资源异质性视角（企业性质、财务总监变更、融资需求和企业生命周期）研究内部环境对财务总监财务执行力与财务报告质量之间关系的影响；另一方面，有必要从动态的社会网络视角（上市公司网络中心度、网络结构洞）以及外部法律环境研究外部环境对财务总监财务执行力与财务报告质量之间关系的影响，以期拓宽和深化财务报告质量影响因素和财务总监财务执行力经济后果的研究领域。

第3章

制度背景与理论基础

随着资本市场的发展,上市公司的财务报告环境围绕着公司与利益相关者的信息不对称程度和信息披露行为而呈现动态复杂性变化(吴溪,2012)。由于上市公司的财务报告质量环境对公司财务报告质量影响较为重大,基于此,如何从微观层面(企业内部环境)和宏观层面(企业外部环境)提升上市公司财务报告质量则成为会计准则制定者、资本市场监管者以及利益相关者关注的焦点。本章系统梳理了美国财务报告质量的制度背景、我国财务报告制度的演变历程、国内外财务总监制度的差异以及财务总监制度在我国的发展历程,并对其制度背景的演变进行总结,在此基础上,本章进一步对财务报告质量制度以及财务总监制度演变背后的逻辑进行了理论分析,最后得出本章的研究结论。

本章对财务报告质量制度背景与财务总监制度背景的梳理,主要具有以下两方面的作用：

第一，本章从史证角度阐述并分析了财务报告质量相关制度的演进历程以及其内在逻辑，为理解财务报告质量的影响因素与财务总监财务执行力的经济后果提供了新的视角，也为评价现有我国财务总监制度的合理性和有效性奠定了理论基础；

第二，本章从史证角度阐述财务报告质量和财务总监制度的制度背景，为后文财务总监财务执行力经济后果与财务报告质量影响因素的实证检验奠定了理论基础。

3.1 制度背景

3.1.1 财务报告质量的制度背景

1. 历史观点与启示

会计有着悠久的历史，从历史观点看，财务报告质量的影响因素与经济后果也随着制度背景的变化而发生变化。1844年的《公司法》首次在法律中要求向投资者提供经审计的资产负债表，但由于缺乏会计准则管制，自愿披露收效甚微。1909年美国开征公司所得税，推动了收入计量。1929年股市崩盘，其直接原因是财务报表的操纵与滥用，其部分原因是收入确认规则的模糊性与普遍性（Palmrose 和 Scholz，2004），导致被频繁评估的资本资产的价值毁于一旦，结果是强化了历史成本会计。股市崩盘的一个贡献就是揭露了无数的财务报告监管漏洞。1934年的《证券法》创设了证券交易委员会（SEC），旨在通过以披露为基础的管制结构为投资者提供更高质量信息，以此控制财务报表操纵来保护投资者的利益。为了应对盈余操纵，提升财务报告质量，1999年2月，由纽约证券交易所（New York Stock Exchange，NYSE）与全美证券交易商协会（National Association of Securities Dealers）共同成立的蓝带委员会（Blue Ribbon Committee）出台《蓝带报告》，并发表《关于改进公司审计委员会效果》，强调了审计委员会在选聘、评估是否胜任以及更迭外部审计人员方面的权威与主要责任（吴建友，2001）。

20世纪20年代至20世纪60年代末，会计理论研究核心是探究最佳会计准则，在这期间，有效证券市场理论、资本市场中信息的意义以及阿罗可能性定理出现在财务会计学中。阿罗可能性定理表明，由于投资者与管理者偏好的会计概念不同，因而也就无所谓最佳会计准则。20世纪60年代后半期，财务报告信息决策有用性取代了真实反映。20世纪70年代末80年代初，美国经济陷入滞胀，企业财务状况和经营成果较差，为节省审计费用，企业倾向选择收费较低的会计师事务所，这使得竞争激烈的会计事务所采用低价竞争（low balling）策略招揽审计业务。在此背景下，DeAngelo（1981）首次研究了低价竞争策略对审计师独立性和信息披露监管的影响。

20世纪80年代，美国对天然气市场大量放松管制，安然建立了各种特殊目的实体（SPE），但并没有把SPE与安然的财务报告按原本应该采用的方式进行合并，当面临SEC强制要求合并时，安然在债务大幅增加、股东权益和盈利大幅下降的境况下不得不申请破产。另一个财务报表操纵案例是世通公司虚构了大约110亿美元的收入，滥用行为被曝光后不得不申请破产。这些财务报表操纵行为极大打击了公众对财务报告及资本市场运行的信心，公众信心降低的一个结果就是监管的增加。为此，在2001年美国安然（Enron）和世通（Worldcom）等知名公司发生会计丑闻后，美国对公司治理制度进行了彻底改革：最典型的是

2002年国会通过的《萨班斯——奥克斯利法案》(Sarbanes - Oxley Act),其重要条款是建立公众公司会计监管委员会 (Public Company Accounting Oversight Board, PCAOB),审计师向客户的董事会进行报告,审计委员会必须有公司的独立董事构成,公司财务报告包含所有重大的纠错调整,并披露所有重大的表外债务及与未合并实体的其他关系。紧接着在2003年底,纽约证券交易所 (New York Stock Exchange, NYSE)、纳斯达克证券交易所 (National Association of Securities Dealers Automated Quotation, NASDAQ) 和美国证券交易所 (American Stock Exchange, AMEX) 都采用了新的公司治理制度,即公司董事会中拥有绝大多数独立董事,董事会的审计委员会全部由独立董事组成,且至少有一名具有财务专长的成员;限制外部审计师可以提供的非审计服务类型。尽管有这些监管措施及会计准则的约束,SPE的使用并没有减少,由此证券化形成的资产抵押证券或担保债务凭证由于缺乏透明度而产生了高合约方风险,导致2007~2008年的股市崩盘。

随着财务报告质量制度背景的变迁,财务报告质量的评价标准也相应发生了变化。美国财务报告质量评估的两大模式包括FASB (Financial Accounting Standards Board, FASB) 模式和SEC (Securities and Exchange Commission, SEC) 模式。

FASB模式下的用户需求观主要基于会计信息含量低的背景提出,认为财务报告质量主要取决于由资源配置或计价决策等财务信息对投资者和信贷者的有用性 (例如,FASB概念框架第2号)。SEC模式下的投资者保护观,主要基于资本市场中盈余管理行为盛行的背景提出,认为财务报告质量主要取决于财务报告向投资者充分而公允的披露。两大财务报告质量评估模式在基于的背景、关注的焦点、财务报告质量的评价标准、对信息披露的具体要求、两者所站立场及其代表的利益团体等方面存在不同之处，但这两者从根本上说是一致的，都致力于向投资主体提供高质量的、有助于投资决策的信息（葛家澍和陈守德，2001；裘宗舜和吴清华，2004）。王跃堂和张祖国（2001）认为准则制订机构和市场监管机构树立投资者保护观。葛家澍和陈守德（2001）认为，财务报告质量的评价标准应包括两部分：财务信息内容的质量（可依据FASB模式）和财务报表表述的质量（可依据SEC模式），因而，一种整合FASB模式和SEC模式的财务报告质量评估标准体系更适合我国的现实经济环境和企业会计实务（裘宗舜和吴清华，2004）。这与Beaver（1989）论述的财务报告应当具备政策作用和决策作用一致。

2. 现行制度背景

我国资本市场上市公司中存在国有股权占主导和一股独大的现象，导致出现所有者缺位和中小股东利益受损等问题。2005年之前A股市场长期处于股权分置的状态，这种制度背景下我国形成了独特的股利政策。经济新常态下，我国各种规章制度变迁较快，因而研究我国的财务报告质量，必须首先梳理各种法律法规以及会计准则的变迁。

20世纪70年代末80年代初，我国明确提出会计准则的概念。至此，我国会计准则经历了改革初期市场经济会计的探索阶段（1978~1992年）、会计制度与会计准则"双轨制"阶段（1993~1999年）、会计准则的国际协调阶段（2000~2006年）、会计准则的国际趋同阶段（2006年至今）。具体地，1993年7月1日起，我国正式实施《企业会计准则第1号——基本准则》。至1996年，我国完成了30多个具体会计准则征求意见稿。到2001年，我国先后修订并颁发了16项具体会计准则。2006年2月15日，我国颁发38项具体准则形成企业会计准则体系，逐步实现了国际趋同。这些具体准则的制定颁布和实施显著提高了我国企业的会计信息质量和企业财务状况的透明度进而提高财务报告质量、规范中国会计实务核算进而保护投资者和社会公众利益，这是适应经济发展进程、实现社会资源优化配置、维护社会公众利益以及加强政府对市场监管的需要。

现有研究主要从盈余管理、财务重述、内部控制信息披露质量三个方面定义财务报告质量，按照此逻辑，本章梳理了盈余管理制度背景、财务重述制度背景以及内部控制信息披露制度背景来阐述财务报告质量的制度背景。

（1）盈余管理制度背景

盈余管理可以从财务报告和契约两个方面来看。从契约角度看，当合同是严格的且不完全时，盈余管理是一种低成本的方法，用以保护公司免受未预测到的现实状态结果的影响（Scott，2012）。稳健性会计通过提高损失确认及时性，可以加强债务契约的保护力度并降低投资者的潜在损失，进而提高契约的有效性（Khan和Watts，2009）。从财务报告的角度来看，财务报告要同时满足投资者信息需求和有效契约的需求，管理者可以利用盈余管理来达到分析师的盈利预测预期，由此避免未能满足投资者预期而招致的声誉损失以及强烈的负向股价波动（Zhang，2008；Scott，2012）。

从管理层的内部信息优势角度看，基于信息不对称和契约摩擦，企业管理层会出于资本市场动机、税务动机、债务契约动机、薪酬契约动机与政治成本动机等进行盈余操纵（Badertscher等，2009；林大庞和苏冬蔚，2012；叶青等，2012）。为了应对盈余操纵，提升财务报告质量，我国采取了一系列上市公司年报会计监管对策。例如，为规范琼民源欺诈数十亿A股最大骗局等财务操纵案，我国制定了《企业会计准则——关联方关系及其交易的披露》具体准则。为规范"诚成文化"案，我国制定了《企业会计准则——非货币性交易》具体准则。可见，应对盈余操纵是财务报告质量产生的重要原因。

从公司治理角度看，我国大多数上市公司股权结构不合理（股权集中度较高，股权制衡度较小），治理结构不合理（股东大会成为大股东会，董事会权力较为集中，监事会监督作用很小），导致公司治理环境较为薄弱，更容易发生盈余管理问题，为此我国加强了监管力度，并强化了信息披露制度。

从审计制度背景来看，我国证监会规定上市公司披露的财务会计信息必须经注册会计师审计，这在一定程度上降低了管理层盈余管理的可能性。Kellogg（1984）认为，公司可能因为夸大财务数据而被起诉并将承担相关成本，审计师事务所也将会通过增加审计费用、出具非标准审计意见或终止与高风险审计客户的业务关系等方式将诉讼成本转嫁给企业，基于此，企业管理层可能出于避免诉讼而进行盈余操纵。

会计信息的公共产品性质（包括外部性、搭便车以及信息不对称等），使得仅靠市场力量无法实现信息最优数量，因而急需对财务呈报进行监管以应对市场失灵（Lambert 等，2007；Bushman 等，2011）。准则制定者必须在各方利益的冲突之间寻求一种妥协以降低政治成本，财务报告质量就是按照有利于达成这种妥协的原则设计的。

（2）财务重述制度背景

财务重述通常被认为是低质量的会计制度和会计实践的函数（GAO，2002）。我国财务重述制度至今已经历了三次变革。

第一次变革，1999 年 1 月 1 日实施且经 2001 年修订的《企业会计准则——会计政策、会计估计变更和会计差错更正》。该准则首次提出了会计差错的定义，并对会计差错的会计处理进行了详细规定。但该准则仅要求上市公司在其会计报表附注中披露重大会计差错的内容以及更正金额，使得会计差错信息披露质量较差，导致许多上市公司利用会计差错更正进行盈余管理。研究显示，1999~2001年，我国上市公司发生会计差错更正的比例分别为32.88%、32.10%、47.21%。2003年4月TCL通讯利用重大会计差错追溯调整虚增收入，这一财务造假事件推动了我国财务重述制度的整改力度。

第二次变革，2003年12月1日，证监会发布《公开发行证券的公司信息披露编报规则第19号——财务信息的更正及相关披露》（证监会计字〔2003〕16号），旨在规范公开发行证券的公司披露其更正后财务信息的行为，保护投资者的合法权益。该准则首次提出了公司应当以重大事项临时公告的方式及时披露更正后的财务信息，但未上升到准则高度的财务重述制度仍然广泛存在会计处理模糊、信息披露滞后等问题，导致许多上市公司利用前期会计差错变更虚增利润等盈余管理的现象仍然较为普遍（朱莲美，2006）。

第三次变革，2006年发布、2007年1月1日实施的《企业会计准则第28号——会计政策、会计估计变更和会计差错更正》，标志着我国财务重述制度的正式建立。该准则首次正式提出了"追溯重述"的定义以及相应的会计处理，明确要求前期差错应当采用追溯重述法进行更正，突破了追溯调整法不要求重新编制以前年度会计报表的弊端，有助于为投资者提供决策支持。

（3）内部控制信息披露质量制度背景

2001年1月，普华永道发布了一份关于35个国家（地区）的"不透明指数"（The Opacity Index）的调查报告，从腐败指数（C）、法律和司法不透明（包括股东权利）指数（L）、财经政策不透明指数（E）、会计和公司治理不透明指数（A）、政府管制不透明、不确定性和随意性指数（R）这五个方面对综合不透明指数（O）进行评分（各项满分均为 100 分）和排序。

调查报告显示，我国腐败指数（C）62 分，排名第 33；法律和司法不透明（包括股东权利）指数（L）100 分，排名第 35；财经政策不透明指数（E）87 分，排名第 34；会计和公司治理不透明指数（A）86 分，排名第 34；政府管制不透明、不确定性和随意性指数（R）100 分，排名第 35；综合不透明指数（O）87 分，综合排名第 35（垫底），远高于最低的新加坡综合不透明指数（29 分）和美国综合不透明指数（36 分），这表明我国内部控制信息披露质量较低。

Piotroski 和 Wong（2011）对全球 14 个国家和地区的会计、审计以及信息披露状况进行了详细打分和综合排名，研究发现，中国信息不透明指数得分 2001 年为 86 分，排名第 13；2004 年为 56 分，排名第 14；2008 年为 41 分，排名第 14；2009 年为 40 分，排名第 14；这表明，尽管随着时间发展我国内部控制信息披露质量有所改善，但仍处于垫底位置。以 2009 年为例，中国信息不透明指数（40 分）远低于同期的香港（1 分）、德国（10 分）、英国（11 分）以及美国（20 分）。此外，从全球 134 个国家竞争力排名来看，我国 2011 年审计与财务报告要求标准的严格程度排名第 61 名（相较于 2008 年的第 86 名，名次提升 29.07%），但仍然与新加坡（第 3 名）、香港（第 12 名）和台湾（第 30 名）有较大的差距。

我国上市公司信息披露质量在很大程度上受制于制度变迁。为保障内部控制信息披露质量，我国先后颁布了十余部法律法规。例如，1999 年证监会颁布的《关于提高上市公司财务信息披露质量的通知》（证监会计字［1999］17 号），明确要求应当对各项损失准备计提、关联交易公允性、审计受限范围、未决诉讼等重大不确定性以及审计报告的使用责任等内容进行充分披露。2003年12月1日，证监会发布《公开发行证券的公司信息披露编报规则第19号——财务信息的更正及相关披露》（证监会计字［2003］16号），旨在提高财务信息披露的可靠性和及时性，保护投资者的合法权益。

例如，2006年发布、2007年1月1日实施的《企业会计准则第28号——会计政策、会计估计变更和会计差错更正》，明确规定，应当对前期差错及更正的财务报表相关项目进行重新列示和披露。2006年12月13日发布施行的《上市公司信息披露管理办法》，全面涵盖了上市公司应当进行信息披露的内容以及方式，明确年度报告中应当记载董事、监事、高级管理人员的任职情况、持股变动情况、年度报酬情况；董事会报告以及管理层讨论与分析等。

例如，2013年12月28日第十二届全国人民代表大会常务委员会第六次会议通过修订，并于2014年3月1日起施行的《公司法》第一百二十三条明确要求上市公司设董事会秘书并负责公司股东大会和董事会会议的筹备、文件保管以及公司股东资料的管理，办理信息披露事务等事宜。2014年8月31日修订并生效的《证券法》，明确要求上市公司应当对首次公开发行股票、增发股票以及公开发行可转换公司债券等进行信息披露，并持续信息公开。

此外，2008年5月，财政部、证监会、审计署、银监会、保监会五部委联合发布了《企业内部控制基本规范》，明确内部控制是由企业董事会、监事会、经理层和全体员工实施的、旨在实现控制目标的过程，其重要目标之一是财务报告及相关信息真实完整目标，该目标是指内部控制要合理保证企业提供了真实可靠的财务信息及其他信息。

3.1.2 财务总监制度在我国的发展

要探究财务总监能否有效助力董事会履行监督职能和咨询职能，进而提高财务报告质量，首先需要明确财务总监的职责与定位。欧美市场机制下的财务总监是企业中的财务权威，有助于监督总经理完善公司的绩效评价体系，其职能包括战略支持和监督管理两个方面（Geiger 和 North，2006；Jiang 等，2010；Weili 等，2011；Kim 等，2011）。我国 1985 年《会计法》首次明确要求国企设置总会计师岗位，1990 年《总会计师条例》将其职能明确定位为财务部门负责人。我国企业财务总监主要包括总会计师和财务总监，总会计师主要存在于国有企业中，其由国家委任，并向国家和企业高层负责；而财务总监主要存在于非国有企业中，或对董事会负责、或对总经理负责（盛明泉和宋成，2012）。

我国至今尚未建立起完善的财务总监制度，这使得我国企业所有权相对集中、职业经理人市场不够完善，财务总监的权力较小且大多薪酬较低，其工作职责主要集中于记账。相比欧美国家的公司治理结构中财务总监进入董事会的比例，我国上市公司的财务总监进入董事会的比例较低，62.3%的董事会内部董事中没有财务专家（杜胜利和赵柳婷，2005）。

随着资本市场快速发展和市场环境复杂多变，公司核心竞争力的打造更加依赖于现代化管理，公司在投融资决策、战略决策和税收筹划等方面越来越需要财务总监的咨询职能。我国企业应使财务总监拥有独立性和资产配置权等财务权力，推动其向财务总监制度变迁（张原和赵勇，2016）。鉴于此，我国财务总监制度急需给予财务总监精确的定位，即，财务总监应当转型服务公司治理，提供战略、投资、融资、决策支持（杜胜利，2004；李蕊爱和段如水，2009；张大春，2009；秦荣生，2011；郭仕明，2012）。亦即，中国企业的财务总监应借助管理会计发展机遇，积极参与企业财务决策和经营决策，丰富自身财务运作经验，并成功角色定位为董事会的核心成员、总经理的战略合作伙伴（上海国家会计学院，2006；张先治，2009；Prince 和崔汝源，2010；朱顺章，2013；张日刚，2015；周方召等，2016）。

文佑云（2012）研究认为，推动财务总监成功转型，应在改善环境、提升地位、充分授权、明确职责、设立资格标准和加强行业管理方面作出努力。财务总监能否成功转型，在很大程度上受制于相对于总经理强权下财务总监自身在公司的地位（陈汉文和刘思义，2016）。而财务总监制度主张财务总监进入董事会担任内部董事（Bedard 等，2014），这大大提升了财务总监在公司的权力和地位。财务总监制度是由企业所有者在企业内部建立的战略决策和管理控制机制，这种机制以财务总监为核心，财务总监是一个同时进入董事决策层和经理执行层的重要职位，分别决定了财务总监在公司治理和公司管理中的地位和作用。在财务总监制度中，财务总监进入董事会是必要条件，这种财务人员的公司治理安排是最先进的，考虑了财务总监监督职能和咨询职能的最优化分配。从公司治理和企业制度建设角度看，我国迫切需要建立和完善财务总监制度及其功能和机制，推动财务总监进入董事会。

从公司治理角度看，董事会在公司治理中的重要作用是决策和监督。财务总监作为内部董事，首先是董事会成员，无论是股东委派，还是董事会任命，在公司治理中所特有的监督功能和参与决策功能，在客观上要求财务总监进入董事会。财务总监在董事会中的作用主要包括咨询作用（作为内部董事参与公司决策）

和监督作用（代表董事会监控公司内部财务）。这就要求财务总监独立于总经理等管理层，应由董事会直接任免（杜胜利，2004）。财务总监更具有信息优势，董事会的监督职能有助于财务总监更好的发挥咨询职能。

从企业制度建设角度看，根据《企业内部控制基本规范》和《会计法》，企业内部控制建设的实际推动者和责任者往往落在了更综合且更具推动力的财务总监身上。财务总监进入董事会担任内部董事能够显著提高财务报告内部控制的效果，提升企业内部控制水平（张成，2010）。

实践中，阿里巴巴、华为、万达等大型民营企业，其公司治理模式多数是董事会主导下的双轨制，财务总监通常是董事会的核心成员，财务总监的权力和地位也高，这些企业的巨大成功从实践角度肯定了运用财务总监制度中提升财务总监财务执行力的积极作用。

3.2 理论基础

本书的理论基础主要包括：信息不对称理论、委托代理理论、友好董事会理论、管家理论、社会网络理论、能力理论以及激励理论。

3.2.1 信息不对称理论和委托代理理论

1. 信息不对称理论

信息经济学认为，信息是决策中必须依赖的关键要素，信息成本的存在，使得信息分布存在不完全、不对称性，当商业交易中一些人更具有信息优势时，则该经济机制中存在着信息不对称

(information astmmetry),这将导致市场效率降低。信息的不对称性产生了逆向选择(adverse selection)和道德风险(moral hazard)两类代理人问题。信息经济学的核心在于通过机制设计来降低两类代理人问题对市场效率的影响(Rothschild 和 Stiglitz,1976)。第一类代理人问题是逆向选择,公司管理者通过扭曲或操纵提供给投资者信息的方式,以牺牲外部投资者的利益来谋取他们的信息优势利益。第二类代理人问题是道德风险,其产生源于企业所有权与经营权分离,股东和债权人无法直接衡量高层管理人员的努力程度和工作效率(Scott,2012)。信息不对称理论有助于解释信息风险导致的企业债务融资成本差异(蒋琰,2009)。

会计信息具有治理和定价功能,是缓解信息不对称的主要机制之一(Bushman 等,2011)。一方面,财务报告能够将企业的内部信息转化为企业的外部信息以控制逆向选择问题。另一方面,净收益可以衡量管理层受托责任,可以从以下两方面去控制道德风险问题:首先,净收益可作为雇佣合同的一个因素以激励管理者;其次,证券市场和劳动力市场可以从净收益中获取信息,从而使那些工作不努力的管理者在薪酬和声誉等方面遭受损失(Scott,2012)。

2. 委托代理理论

委托代理理论起源于公司所有权和控制权的两权分离。股东(委托人)与公司管理层(代理人)利益的目标不一致产生了委托代理问题。Jensen 和 Meckling(1976)最早提出委托代理理论,并认为,委托代理关系将导致委托人的监督成本、代理人的契约成本和剩余损失。Jensen 和 Meckling(1976)研究发现,由于股东与管理层之间存在信息不对称,管理层会发生以股东利益为代价谋取私利的行为,例如在职消费、懈怠、盲目扩张构建

"帝国"等，这些代理问题导致的委托人监督成本、代理人担保成本以及剩余损失被称为（股权）代理成本（Ang等，2000）。常见的债务代理成本包括过度投资、投资不足和资产转移。按照新古典主义经济学理论，为使利润最大化，当且仅当边际效益等于边际成本，企业才会投资。根据代理理论，道德风险、逆向选择及代理问题等都能导致企业偏离最佳投资水平，造成过度投资现象的发生（Biddle等，2009；赵卿和刘少波，2012）。由此，公司应选择股权代理成本与债务代理成本之和最低的债务比例。代理理论认为，公司价值与债务比例之间呈倒U形关系，公司存在最优的债务比例。

代理理论认为，企业由一系列契约组成。股东与管理层之间的代理问题、大股东和中小投资者之间的代理问题产生的基础是信息不对称，信息不对称容易导致管理层的道德风险，这也是企业不愿意提供高质量的财务信息的原因（白重恩等，2005）。而股东希望管理者始终秉承从股东利益最大化，监督和激励是解决上述代理问题的两个重要途径（王进朝等，2010）。

起源于Jensen和Meckling（1976）倡导的委托代理理论，审计需求的代理理论是目前审计需求理论中的主流理论。该理论认为，在自由市场环境下公司选择自愿接受审计，以及在自由或强制市场环境下公司选择高质量会计师事务所审计的动机在于缓解代理冲突，降低代理成本。公司的第一类代理成本，即股东与管理层之间的代理成本，通常用管理费用率作为替代变量（James等，2000；罗炜和朱春燕，2010）。公司的第二类代理成本，即债权人与管理层之间的代理成本，通常用财务杠杆作为替代变量（Francis和Wilson，1988）。除了上述两类代理问题，在我国，大股东与中小股东的代理问题和政府干预引发的政府与上市公司之间的代理问题十分突出。公司的第三类代理成本，即大股东与中小股东的代理成本，通常用大股东的资金占用作为替代变量（姜国华和岳衡，2005；Jiang 等，2010），或者使用控股股东现金流权与投票权之间的差额作为替代变量（Fan 和 Wong，2005）。公司的第四类代理成本，即政府干预引发的政府与上市公司之间的代理成本，通常用公司与政治人物的关系（Faccio，2006）、公司董事会成员或管理层的政府任职背景（Fan 等，2007）以及公司最终控制人是否为政府（Wang 等，2008）这三种方法进行替代衡量。

代理理论认为，公司治理主要讨论的是代理问题（Shleifer 和 Vishy，1997），公司治理的核心是权力制衡。董事会既能够代表股东利益，又能够有效监督并约束管理层。代理理论认为，董事会的主要职责是监督经营者，减轻经营者的代理问题，只有履行好监督控制职责（杨其静和杨继东，2008），董事会才是有效的。张泓和李从东（2004）认为，委派财务总监进入董事会是一种切实可行的解决国有企业代理人问题的监督机制，而且还可以财务专家的身份就项目的合理性和效益性提出战略建议。

此外，代理理论还认为，经理层与董事会决策分离有助于投资者利益保护（Fama 和 Jensen，1983）。据此，公司高管进入董事会担任内部董事将会损害财务报告质量（Beasley，1996；Dechow 等，1996；Klein，2002）。董事会可以为董事会成员提供一定的权利和影响力（Finkelstein 等，1992），基于此，财务总监进入董事会担任内部董事，这将损害董事会的形式独立性和实质独立性（Dechow 等，1996；Klein，2002），不利于投资者利益保护。财务总监进入董事会担任内部董事，其地位和权力将会显著提升，更有可能利用这种权力优势和信息优势进行盈余操纵（例如，洗大澡、收益最小化、收益最大化、收益平滑或对会计政策的选择），导致内部控制形同虚设，以损害投资者的利益来使个人利益最大化。因此，根据代理理论，已有研究发现，财务总监进入董事会担任内部董事，更有可能出现内部控制重大缺陷、财务重述行为和更高的盈余管理水平，进而损害了公司财务报告质量。

3.2.2 友好董事会理论和管家理论

1. 友好董事会理论

友好董事会理论认为，董事会的主要职能是向管理层提供建议咨询职能（Bedard 等，2014）。构建友好型董事会是企业最优的选择（Song 和 Thakor，2006；Adams 和 Ferreira，2007；Adams，2009），即，董事会将履行建议咨询职责，弱化监督控制职责。而 Westphal（1999）实证分析却表明，董事会与总经理之间的友谊关系不仅不会削弱董事会的监督活动水平，同时还会促进董事会加强建议咨询职能。公司治理的核心不是权力制衡，而是保证公司做出有效的决策，决策的有效性取决于管理层的决策动机和管理层的决策能力。董事会的监督职能主要通过审计、薪酬和提名等专业委员会履行，咨询职能则主要通过投资、战略等专业委员会履行（Adams 和 Ferreira，2007；Faleye，2011；Faleye 等，2013）。董事会的监督职能有助于降低代理冲突，董事会的咨询职能有助于提高决策的相关性和有用性，董事会的监督职能和建议咨询是相互补充的（蒋小敏，2011）。

2. 管家理论

在管家理论中，所有者和管理者的目标一致，所有者对管理者充分信任并充分授权，管理者会像管家一样经营好企业（Davis 等，1997）。管家理论表明，董事会主要履行咨询职能，充分运用各种资源、信息和经验等提升企业战略决策水平，进而提高公司的决策质量（Nutt，1998）。现有研究表明，董事会的认知能力（Rindova，1999）、政治法律背景（Agrawal 和 Knoeber，2001）、行业专长（Bushman 等，2004）、财务专长（Guner 等，2006）等专业背景优势和咨询职能可帮助企业做出有效的决策。

根据友好董事会理论和管家理论，财务总监进入董事会担任内部董事将更具有信息优势（Song 和 Thakor，2006；Adams 和 Ferreira，2007；Adams 等，2010），显著改善董事会成员的信息劣势（Ravina 和 Sapienza，2010），可以更好地支持董事会咨询功能。董事会投资、战略决策的成功将取决于财务信息的透明度和公司高管间的互动协作，财务总监进入董事会担任内部董事能够提高董事会的有效性（Fama 和 Jesen，1983；Klein，1998；Coles 等，2008），即可以利用其专业技能将其独特的信息分享给董事会，从而提高了财务信息的透明度，减少了代理问题（向锐，2015）。在这种情况下，财务总监便能更好的履行其财务职责，亦即提升财务报告质量（Faleye，2011；Faleye 等，2013）。

3.2.3 社会网络理论

Wellman（1988）认为，社会网络是社会个体成员之间基于一定的社会关系而形成的相对稳定的关系体系，是一种基于"网络"而非"群体"的社会组织形式。社会网络（Social Network）理论发端于20世纪30年代，成熟于20世纪70年代，是一种新的社会学研究范式。社会网络理论三大核心理论包括强弱连接（强连接、弱连接）、结构洞和社会资本。此外，社会网络分析方法（SNA）用整体的观点考察节点间的互动关系，是一种强有力的社会网络研究分析工具。

基于 CiteSpace 可视化分析下的社会网络研究知识图谱，社会网络理论的研究经历了四个阶段：社会网络理论研究阶段（1991～1997年）、社会网络分析方法研究阶段（1998～2002

年)、社会网络位置和知识吸收能力经济后果研究阶段(2003~2007年)、互联网和社交媒体研究阶段(2008~2016年)。此外,社会网络领域的研究前沿主要包括:网络能力(Chang等,2007)、意见领袖(Quercia等,2012)、网络位置(Mahmood等,2011)以及公共卫生防治(Perisse等,2007)。

具体地,Granovetter(1973)将"联结"定义为人与人、组织与组织之间因发生交流和接触而实际存在的一种纽带关系,主要包括强联结和弱联结两种类型。已有学者在研究找工作的过程中发现,提供工作信息的人往往是弱关系,通过强联结获得的信息往往是同质性的且冗余性较高,而弱联结更能够获得异质性信息和其他社会资源,更能够承担"信息桥"的作用。Freeman(1979)定义了社会网络中心度,Wasserman和Faust(1994)综述了社会网络分析方法,这些研究为社会网络的跨学科研究奠定了方法论基础。

Burt(1992)研究发现,处于网络关系稠密之间的节点(即处于网络结构洞位置的节点)能够将两个以上稠密关系地带联系起来,为各稠密地带带来新的资源,从而最有可能为组织带来创新,打造出独特的组织竞争优势。在Burt(1992)的基础上,Burt(2004)研究发现,好创意往往产生于组织内部,发展于组织间,进一步创新于组织外部。

根据社会网络理论,财务总监进入董事会担任内部董事,将会和董事会其他成员经常一起参加董事会会议等活动因此而形成弱关系(Guedj和Barnea.,2009),而这种弱联结比强联结更能跨越社会界限帮助财务总监获得信息和其他资源。同时,财务总监进入董事会担任内部董事形成社会网络更容易与董事会成员建立互相信任的友好关系(Mayer等,1995),也更容易获取权力、财富和声望等社会资源,大大提升了董事会成员加强财务总监的咨询职能的可能性（Westphal，1999）。如果财务总监向董事会分享了更有用的战略决策信息，财务总监在董事会中的地位和财务执行力将大大提升，董事会成员也因此将加强财务总监的建议咨询职能，从而得到董事会更多的支持，帮助他们抵御对其职业操守的潜在威胁。

在这种友好的社会网络下，财务总监内部董事的身份使其在公司中的地位和财务执行力大大提升，同时也会引起财务总监对自身角色的认知和认同发生改变，这种认知和认同有利于他们站在董事会的角度思考和实践（陶淑芳，2017）。即财务总监更愿意从董事会的视角履行内部董事的职责，董事会也更愿意向财务总监寻求财务专业建议和战略决策建议（Westphal，1999；杜胜利和周琪，2009）。

财务总监本身具有的信息优势意味着他们有为董事会提供咨询职能的能力，财务总监的职责和绩效考核指标意味着他们有帮助董事会更好履行监督职能的义务（孙光国等，2015；陶淑芳，2017）。即财务总监进入董事会担任内部董事，其向董事会提供的咨询职能和监督职能有助于充分发挥财务总监的财务决策能力和财务执行力，抑制总经理的机会主义，降低公司盈余管理水平，保证财务报表的合法性、真实性，从而更好地根据投资者的需求降低信息不确定性和不对称性，提高信息透明度，为公司提高财务报告质量引领正确的方向。

3.2.4 能力理论

企业能力理论是战略管理领域的新兴企业理论。通过运用企业能力理论，可以揭示影响及决定企业竞争优势的关键因素。战略能力是企业最高层的能力，它指导企业的一切能力。流程能力是企业的内在能力，它代表了企业的内部运作。市场能力是企

第3章 制度背景与理论基础

的外在能力，它是企业一切能力的最终体现。它们决定了三个主能力之间的相互关系，核心竞争能力由三个主能力共同决定。

企业能力理论可以分为资源学派和能力学派两大理论派别，他们既相互独立又互为补充[①]。资源基础学派认为，企业内部资源同外部资源相比，对获取竞争优势更具有重要意义。在企业内部，依赖于企业的异质性的、非常难以模仿的、效率高的专有资源；并且企业有不断产生这种资源的内在动力，保持企业的竞争优势在于不断的形成、利用这些专有的优势资源。企业在实施企业战略的时候，首先是确定公司的独特专有资源；而后，确定在何种市场上可使这些资源获得最优效益；最后，确认实施的方法，进入该领域或是出售这些专有资源给该领域的相关企业。能力学派认为，能力是企业拥有的关键技能和隐性知识，是企业拥有的一种智力资本，它是企业决策和创新的源泉。企业是一个能力体系或能力的集合。能力决定了企业的规模和边界，也决定了企业多元化战略和跨国经营战略的广度和深度。核心能力来自于组织内的集体学习。来自于经验规范和价值观的传递，来自于组织成员的相互交流和共同参与。现代市场竞争与其说是基于产品的竞争，不如说是基于核心能力的竞争。

根据能力理论，财务总监财务执行力会影响财务报告质量。已有研究表明，管理者执行力是有效利用资源高质量完成的能力，能够显著提升企业的核心竞争力，进而助力企业实现战略决策目标和企业价值最大化目标（Thomas 和 David，2003；魏中龙，2003；邓纯雅，2003；王珍，2006；Watson，2008；陶淑芳，2017）。财务总监是现代公司中最重要、最有价值的顶尖管

---

① 资料来源：http：//www.baike.com/wiki/%E4%BC%81%E4%B8%9A%E8%83%BD%E5%8A%9B%E7%90%86%E8%AE%BA。

理职位之一，拥有关键的专业技能和隐性知识，是掌握着企业的财务信息和现金资源的灵魂人物。财务总监进入董事会，通过组织成员之间的相互交流和共同参与决策，通过组织内的集体学习，通过组织内部经验规范和价值观的传递，进一步提升了自身核心能力，使得财务总监财务执行力成为企业拥有的一种智力资本和专有的优势资源，成为企业财务决策的源泉，能够推动财务总监更好的履行财务职责，提供高质量的财务报告。

3.2.5 激励理论

在经济发展的过程中，劳动分工与交易的出现带来了激励问题。激励理论（Incentive theory）[①] 是行为科学中用于处理需要、动机、目标和行为四者之间关系的核心理论。行为科学认为，人的动机来自需要，由需要确定人们的行为目标，激励则作用于人的内心活动，激发、驱动和强化人的行为。激励理论是业绩评价理论的重要依据，它说明了为什么业绩评价能够促进组织业绩的提高，以及什么样的业绩评价机制才能够促进业绩的提高。激励理论是关于如何满足人的各种需要、调动人的积极性的原则和方法的概括总结。激励的目的在于激发人的正确行为动机，调动人的积极性和创造性，以充分发挥人的智力效应，做出最大成绩。

激励理论主要包括三大类，分别为内容型激励理论、过程型激励理论和行为修正型激励理论。

1. 内容型激励理论。内容型激励理论是针对激励的原因与起激励作用的因素的具体内容进行研究的理论。

（1）马斯洛的需要层次理论在企业管理中的应用。①低层

---

① 资料来源：http://wiki.mbalib.com/wiki/%E6%BF%80%E5%8A%B1%E7%90%86%E8%AE%BA。

次的需要只有得到部分满足以后，高层次的需要才有可能成为行为的重要决定因素；②高层次的需要比低层次需要更有价值，人的需要结构是动态的、发展变化的。

（2）奥德弗的 ERG 理论。"ERG"理论是生存—相互关系—成长需要理论的简称。奥德弗认为，职工的需要有三类：生存的需要（E），相互关系需要（R），和成长发展需要（G）。该理论认为，各个层次的需要受到的满足越少，越为人们所渴望；较低层次的需要者越是能够得到较多的满足，则较高层次的需要就越渴望得到满足；如果较高层次的需要一再受挫者得不到满足，人们会重新追求较低层次需要的满足。这一理论不仅提出了需要层次上的满足到上升趋势，而且也指出了挫折到倒退的趋势，这在管理工作中很有启发意义。

（3）麦克利兰的成就需要理论。该理论认为，人的生存需要基本得到满足的前提下，成就需要、权利需要和合群需要是最主要的三种需要。成就需要的高低对一个人、一个企业发展起着特别重要的作用。该理论将成就需要定义为根据适当的目标追求卓越、争取成功的一种内驱力。该理论认为，成就需要强烈的人事业心强，喜欢那些能发挥其独立解决问题能力的环境。在管理中，只要对他提供合适的环境，它就会充分发挥发挥自己的能力。权利需要较强的人有责任感，愿意承担需要的竞争，并且能够取得较高的社会地位的工作，喜欢追求和影响别人。该理论还认为，合群需要是人们追求他人的接纳和友谊的欲望。合群需要欲望强烈的人渴望获得他人赞同，高度服从群体规范，忠实可靠。

（4）赫兹伯格的双因素理论。赫兹伯格认为职工非常不满意的原因，大都属于工作环境或工作关系方面的，如公司的政策、行政管理、职工与上级之间的关系、工资、工作安全、工作环境等。他发现上述条件如果达不到职工可接受的最低水平时，就会引发职工的不满情绪。但是，具备了这些条件并不能使职工感到激励。赫兹伯格把这些没有激励作用的外界因素称为"保健因素"。他还认为，能够使职工感到非常满意等因素，大都属于工作内容和工作本身三方面的，如工作的成就感、工作成绩得到上司的认可、工作本身具有挑战性，等等。这些因素的改善，能够激发职工的热情和积极性。赫兹伯格把这一因素成为"激励因素"。这就是"双因素理论"。这一理论告诉我们，管理者首先应该注意满足职工的"保健因素"，防止职工消极怠工，使职工不致产生不满情绪，同时还要注意利用"激励因素"，尽量使职工得到满足的机会。

2. 过程型激励理论。该理论是研究从人的动机产生到最终采取行动的心理过程的理论。它的主要任务是找出对行为起决定作用的某些关键因素，弄清它们之间的相互关系，以预测和控制人的行为。

（1）弗鲁姆的希望理论。该理论认为一种激励因素的作用大小取决于两个方面：①人对激励因素所能实现的可能性大小的期望；②激励因素对其本人效价的大小。激励力量等与期望值和效积的乘积，即激励力量 = 期望值 * 效价。所谓"希望"，就是指根据过去的经验，对获得某种结果概率的判断。所谓"效价"，就是指此人对这个激励因素的爱好程度，即对他所要达到目标的价值的估计。

（2）亚当斯的公平理论。"公平理论"是研究人的动机和知觉关系的一种理论。亚当斯认为，一个人对他所得到报酬是否满意，不是只看其绝对值，而是进行社会比较和历史比较，看其相对值。两种比较结果相等时，就公平，公平就能激励人；反之，就会使人感到不公平，不公平就产生紧张、不安和不满情绪，影响工作积极性的发挥。

3. 行为修正型激励理论。该理论是研究如何改造和转化人们的行为，使其达到目标的一种理论。

(1) 亚当斯的挫折理论。由于目标无法实现，动机和需要不能满足，就会导致产生一种情绪状态，这就是"挫折"。使人产生挫折心理的三个必备条件：①个人所得期望的目标是重要的、强烈的；②个人认为这种目标有可能达成；③在目标与现实中存在难以克服的障碍。根据不同人的心理特点，人受到挫折后的行为表现主要由两大类：①采取积极进取态度，采取减轻挫折和满足需要的积极适应的态度；②采取消极态度，甚至是对抗态度，诸如攻击、冷漠、幻想、退化、忧虑、固执和妥协等。

(2) 斯金纳的强化理论。心理学认为，人的行为的结果对动机有反作用。如果行为是好的结果，这就能对动机起正强化作用，即能使人的行为得到加强和重复；如果行为的结果使动机得到削弱，这就对动机其负强化作用，会使人的行为削弱或消失。运用强化理论来影响、加强或改变职工的行为时，要注意采用以下两个方法：①要按照职工的不同需要，采用不同的强化物；②奖惩结合，以正强化为主。

(3) 海德的归因理论。它是关于人的某种行为与其动机、目的和价值取向等属性之间逻辑结合的理论。归因可分为两类：①情境归因；②个性倾向归因。情境归因是把个人行为的根本原因归为外部力量，如环境条件、社会舆论、企业的设备、工作任务、天气的变化等。个人倾向归因是把个人行为的根本原因归结为个人的自身特点，如能力、兴趣、性格、努力程度等。

根据激励理论，财务总监财务执行力越高，财务决策能力越高，越有能力和动机更好的履行财务职责，规范财务报告编制流程，而规范的财务报告是高质量财务报告的体现。财务总监作为公司中最重要、最有价值的顶尖管理职位之一，位列于股东和经营管理者之间，可能会面临一些权衡妥协（陶淑芳，2017）。为此，财务总监进入公司董事会成为一种制度性要求（Bedard等，2014；向锐，2015；孙光国和郭睿，2015）。董事会可以为董事会成员提供一定的权利和影响力，财务总监进入公司董事会后，财务总监的权力和影响力将大大提升（Finkelstein等，1992），能够对企业的财务决策行为拥有更大的话语权，从而能够更好的进行投资者权益保护。

根据激励理论，财务总监进入董事会能够对其产生不同于总经理的声誉激励（向锐，2015）。公司针对财务总监的关键业绩考核指标包括：财务制度制定和执行，资金供应及时性，公司财务预算达成率，重要财务报表的合法性、真实性以及财务报告质量①。这些关键业绩考核指标促使财务总监更加关注财务制度制定和执行，重要财务报表的合法性、真实性以及财务报告质量。基于声誉激励的需求，财务总监进入公司董事会所带来的财务执行力的提升，会促使财务总监更有动机和能力对其关键业绩考核指标内的财务制度制定和执行，重要财务报表的合法性、真实性以及财务报告质量等事项进行投票表决，并遵循实现企业价值最大化目标的原则，严格执行财务制度，保证重要财务报表的合法性、真实性，切实提高财务报告质量，以增强投资者对公司的信任，实现公司更快、更好的发展，确保实现企业价值最大化。

Hennes等（2008）研究发现，上市公司因违反GAAP被SEC强制要求进行财务重述后，其财务总监（总经理）发生变更的可能性分别为64%（49%）。如果财务总监在总经理的压力下为达到企业目标而操纵财务报表，财务总监只能自己承担责任

---

① 资料来源：http://www.sohu.com/a/14344917_105462。

(Bishop 等，2017)。若财务总监与总经理合谋，将会严重损害财务总监的声誉，由此导致的财务总监变更是一种很高的人力资本风险，将对其未来职业生涯带来巨大的负面影响（Jian 和 Lee，2011；陶淑芳，2017）。由于声誉处罚机制，这些被辞退的高管（财务总监/总经理）很难再在劳动力市场上获得就业机会，尤其是财务总监，这是因为财务总监被认为应对企业财务报告和内部控制负主要责任（Haislip 等，2015）。因而，基于声誉保护的需要，财务总监向董事会直接汇报工作的可能性更大，以赢得董事会更多的支持，以此抵御其职业操守存在的潜在威胁（王福胜和程富，2014；陶淑芳，2017），降低人力资本风险，进而影响公司的重要财务报表的合法性、真实性并提高财务报告质量。

3.3 本章结论与启示

本章首先从史证角度对美国和中国上市公司财务报告质量相关制度的演进历程进行了梳理，在此基础上概括出我国上市公司财务报告质量的演变规律，即我国上市公司的财务报告环境围绕着公司与利益相关者的信息不对称程度和信息披露行为展开，我国上市公司供给的财务报告质量是企业内部环境以及资本市场外部环境所导致的需求变化的结果。其次，本章阐述并分析了信息不对称理论和委托代理理论，从理论层面探究了财务总监财务执行力对企业财务报告质量可能的负向影响。紧接着，本章阐述并分析了友好董事会理论、管家理论、社会网络理论、能力理论以及激励理论，从理论层面探究了财务总监财务执行力对企业财务报告质量可能的正向影响。

本章对财务报告质量制度背景与财务总监制度背景的梳理，主要具有以下两方面的作用：第一，本章从史证角度阐述并分析了财务报告质量相关制度的演进历程以及其内在逻辑，为理解财务报告质量的影响因素与财务总监财务执行力的经济后果提供了新的视角，也为评价现有我国财务总监制度的合理性和有效性奠定了理论基础；第二，本章从史证角度阐述财务报告质量和财务总监制度的制度背景，为后文财务总监财务执行力经济后果与财务报告质量影响因素的实证检验奠定了理论基础。

本章的研究结论具有较为重要的启示意义：第一，对财务总监而言，首先，财务报告必须透明，这样投资者才可以恰当地估计公司价值；其次，为减少资本市场中存在的信息不对称，提高财务报告的透明度，财务报告信息应当充分披露通过增加财务报告的信息内容，包括附注中的补充信息、表外事项以及 MD&A，财务总监不仅可以保持竞争优势，也能够通过减少内部信息所带来的负面影响以增进福利；第二，对企业董事会、监事会和管理层而言，应当充分关注内部环境对企业财务报告质量的影响，首先，应借鉴先进的财务总监制度，推动财务总监进入董事会担任内部董事，提高财务总监的话语权、财务决策权和财务执行力，进而促使财务总监更好的履行财务报告职责；其次，应根据企业内部环境异质性，确定企业财务总监财务执行力的最优区间以及由此带来的财务报告质量最优区间的影响；最后，对准则制定机构和监管者而言，应综合考虑上市公司财务报告内部环境和外部环境，有的放矢地制定适合我国独特制度背景的会计准则，加强对上市公司财务质量的监管和企业内部代理冲突的监管，以切实保护投资者利益。

第4章 财务总监财务执行力与财务报告质量的总体特征

4.1 引 言

认知观认为,财务重述以及盈余管理等行为本身不会必然导致经济配置效率损失,信息接收者不能看穿财务重述以及盈余管理等行为才会导致经济配置效率损失。许多管理者由于缺乏相关分析和判断能力,往往导致企业会计信息质量低下(krishnan,2014)。实践中,我国上市公司的财务报告质量良莠不齐,投资者难以有效辨别财务报告信息优劣,更难以据此进行有效决策和利益保护。基于此,研究如何提高上市公司的财务报告质量具有较强的现实意义。

此外,在理论界已有研究发现,公司治理

和公司战略（Cornett 等，2009；Bentley 等，2013）、内部控制和内部审计（Dhaliwal 等，2011；王守海等，2010）、外部监管和外部审计（金智，2013；Kim 等，2011）、盈余管理（苏文兵等，2010）、财务总监背景特征和总经理权力（Feng 等，2011；姜付秀等，2013）以及外部制度环境（Bushman 等，2011）是影响企业财务报告质量的重要因素。财务总监是财务报告质量的监管者（Feng 等，2011），而鲜有研究基于中国特殊的制度背景，将财务总监与公司治理结合起来研究企业财务报告质量的影响因素，即研究财务总监进入董事会担任内部董事所带来财务执行力的提升对企业财务报告质量的影响。

事实上，自 2000 年 7 月 1 日起施行的新《中华人民共和国会计法》第二十一条明确指出："财务会计报告应当由单位负责人和主管会计工作的负责人、会计机构负责人（会计主管人员）签名并盖章；设置总会计师的单位，还须由总会计师签名并盖章。单位负责人应当保证财务会计报告真实、完整。"由于本书所指财务总监是指公司的首席财务官、财务总监或总会计师，基于上述规定，财务总监承担着财务报告质量的终极责任。在声誉的激励下，财务总监有足够的动机去提升企业财务报告质量。然而由于代理冲突，财务总监的财务决策行为深受总经理强权压力（孟焰，2007），影响其财务执行力，致使企业财务报告质量受损。已有研究表明，财务总监能够提高董事会的效率和效果，财务总监进入董事会担任内部董事可以大大提升其财务执行力（Bedard 等，2014；向锐，2015）。然而根据友好董事会理论、管家理论以及代理理论，财务总监财务执行力对企业财务报告质量的作用方向并不一定：财务总监财务执行力有可能会给企业带来财务报告质量提升作用，也可能会给企业带来财务报告质量毁损后果。但如果财务总监财务执行力将带来巨大的财务报告质量

第 4 章 财务总监财务执行力与财务报告质量的总体特征

毁损后果，投资者将失去信心，这将严重影响资本市场的正常运作以及新常态下我国经济的稳健可持续发展。

基于上述分析以及中国特殊的制度背景，本章手工整理了财务总监财务执行力的数据，采用盈余管理标准差替代衡量财务报告质量，试图以中国 2008～2015 年全部 A 股非金融类上市公司作为研究样本，实证检验财务总监财务执行力对企业财务报告质量的作用方向上究竟是财务报告质量提升作用还是财务报告质量毁损后果。

本章的实证研究结果表明：财务总监进入董事会担任内部董事的企业，其盈余管理标准差显著较低，亦即，财务总监财务执行力显著提升了财务报告质量。在进行了一系列稳健性检验（财务报告质量的其他度量指标、财务总监财务执行力的其他度量指标、两阶段工具变量法内生性检验、进一步的证据以及其他估计方法）后，上述研究结论依然成立，这表明，财务总监财务执行力的财务报告质量提升作用具有较好的稳健性和可靠性。

本章可能的贡献主要体现在以下三个方面：第一，丰富了财务总监财务执行力的经济后果研究，现有文献主要集中关注于财务总监财务执行力在企业过度投资方面的作用，鲜有文献关注财务总监财务执行力对企业财务报告质量的影响。第二，丰富了财务报告质量影响因素方面的文献，以往成果主要研究了财务总监背景特征、总经理权力以及公司治理等对财务报告质量的影响，鲜有研究财务总监财务执行力对企业财务报告质量的公司治理效应，本章的研究提供了企业财务报告质量影响因素的增量经验证据。第三，丰富了公司治理方面的文献，本章从多角度证实财务总监财务执行力对财务报告质量的积极作用，财务总监进入董事会担任内部董事确实可以提升企业财务报告质量、发挥公司治理作用，本章的研究结论具有较为重要的政策含义，即为提升企业财务报告质量，董事会可以聘任财务总监担任内部董事，充分发挥财务总监财务执行力的积极作用。

本章的后续内容安排如下：第二部分为理论分析与研究假设；第三部分为研究设计，包括样本选择与数据来源、变量定义以及模型设定；第四部分为实证结果与分析，包括描述性统计、工具变量的选择及验证以及回归结果分析；第五部分为稳健性检验，主要从财务报告质量的其他度量指标（包括盈余管理的其他度量指标、财务重述、会计重述、内部控制信息披露质量）、财务总监财务执行力的其他度量指标、内生性检验、进一步的证据以及其他估计方法这五个方面进行稳健性检验；第六部分为本章结论与启示。

4.2 理论分析与研究假设

现有研究对财务总监财务执行力与财务报告质量之间的关系有两种不同的观点。一种观点认为，财务总监进入董事会担任内部董事，其财务执行力的提高有助于提升财务报告质量（Coles 等，2008；Bedard 等，2014）。另一种观点认为，从理论视角看，根据友好董事会理论和管家理论，董事会投资、战略决策的成功将取决于财务信息的透明度和公司高管间的互动协作，更具有信息优势的财务总监进入董事会担任内部董事参与公司决策，将显著改善董事会成员的信息劣势（Adams 等，2010；Ravina 和 Sapienza，2010），提高决策的相关性和有用性，从而可以更好地支持董事会咨询功能，提高了董事会的有效性（Coles 等，2008）。财务总监担任内部董事将其独特的信息分享给董事会，提高了财务信息的透明度，进而提高了财务报告质量（Faleye

等，2013）。

根据社会网络理论，财务总监进入董事会担任内部董事，将会和董事会其他成员经常一起参加董事会会议等活动因此而形成弱关系（Guedj和Barnea.，2009），而这种弱联结比强联结更能跨越社会界限帮助财务总监获得信息、权力、财富和声望等资源。同时，财务总监担任内部董事更容易与董事会成员建立互相信任的友好关系（Mayer等，1995），大大提升了董事会成员加强财务总监的咨询职能的可能性（Westphal，1999）。如果财务总监向董事会分享了更相关且有用的战略决策信息，财务总监将会得到董事会更多的信任和支持，帮助他们抵御对其职业操守的潜在威胁。在这种友好的社会网络下，财务总监内部董事的身份使其在公司中的财务执行力大大提升，同时也会引起财务总监对自身角色的认知和认同发生改变，这种认知和认同有利于他们站在董事会的角度思考和实践（陶淑芳，2017），即财务总监更愿意从董事会的视角履行内部董事的职责，董事会也更愿意向财务总监寻求财务专业建议和战略决策建议（Westphal，1999；杜胜利和周琪，2009）。财务总监本身具有的信息优势意味着他们有为董事会提供咨询职能的能力，财务总监的职责和绩效考核指标意味着他们有帮助董事会更好履行监督职能的义务（孙光国等，2015；陶淑芳，2017），即财务总监进入董事会担任内部董事，其向董事会提供的咨询职能和监督职能有助于充分发挥财务总监的财务执行力，抑制总经理的机会主义，降低公司盈余管理水平，保证财务报表的合法性、真实性，进而提高了财务报告质量。

根据能力理论，财务总监财务执行力会影响财务报告质量。已有研究表明，管理者执行力是有效利用资源高质量完成的能力，能够显著提升企业的核心竞争力，进而助力企业实现价值最大化目标（Watson，2008；陶淑芳，2017）。财务总监是现代公司中最重要、最有价值的顶尖管理职位之一，拥有关键的专业技能和隐性知识，是掌握着企业财务信息和现金资源的灵魂人物。财务总监进入董事会，通过组织成员之间的相互交流和共同参与决策，通过组织内的集体学习，通过组织内部经验规范和价值观的传递，进一步提升了自身核心能力，使得财务总监财务执行力成为企业拥有的一种智力资本和专有的优势资源，成为企业财务决策的源泉，能够推动财务总监更好的履行财务职责，提供高质量的财务报告。

根据激励理论，财务总监进入董事会能够对其产生不同于总经理的声誉激励（向锐，2015）。财务总监位列于股东和经营管理者之间，可能会面临一些权衡妥协（陶淑芳，2017）。为此，财务总监进入公司董事会成为一种制度性要求（孙光国和郭睿，2015）。董事会可以为董事会成员提供一定的权利和影响力，财务总监进入公司董事会后，财务总监的权力和影响力将大大提升（Finkelstein 等，1992）。公司针对财务总监的关键业绩考核指标主要包括重要财务报表的合法性、真实性以及财务报告质量。基于声誉激励的需要，财务总监进入公司董事会所带来的财务执行力的提升，会促使财务总监更有动机和能力对其关键业绩考核指标内的重要财务报表的合法性、真实性以及财务报告质量等事项进行投票表决，并遵循实现企业价值最大化目标的原则，严格执行财务制度，保证重要财务报表的合法性、真实性，切实提高财务报告质量，即财务总监财务执行力越高，越有能力和动机更好的履行财务职责，规范财务报告编制流程，而规范的财务报告是高质量财务报告的体现。

从反向激励视角，基于声誉保护的需求，财务总监兼任内部董事更有可能提升财务报告质量。这是由于因违规发生的高管变更，财务总监变更率显著高于总经理变更率（Hennes 等，2008）。由于声誉处罚机制，若财务总监与总经理合谋，或在总经理的压力下操纵财务报表，财务总监只能自己承担责任（Bishop 等，2017），因为财务总监被认为应当对企业财务报告和内部控制负主要责任（Haislip 等，2015），由此导致的财务总监变更是一种很高的人力资本风险，将对其未来职业生涯产生巨大的负面影响（Jian and Lee，2011；陶淑芳，2017）。基于声誉保护的需要，财务总监此时向董事会直接汇报工作的可能性更大，以赢得董事会更多的支持，以此抵御其职业操守存在的潜在威胁（王福胜和程富，2014；陶淑芳，2017），降低人力资本风险。在这种情况下，财务总监会更有动力和压力保证重要财务报表的合法性、真实性，并提供高质量的财务报告。

从财务总监的职责与定位角度看，财务总监进入董事会担任内部董事是多赢的选择。首先，财务总监进入董事会担任内部董事可以更好地支持董事会咨询功能。在实际工作中，财务总监的工作主要是管理会计与报告、财务计划与分析，其次是协调与投资者及银行的关系。这表明企业财务报告质量、战略决策水平的提升以及投资融资均与财务总监的咨询职能密切相关。由于财务总监的财务专长在于编制财务报告、公司治理等方面，财务总监直接参与公司战略制定、战略落实和重要经营事项决策，能够向董事会提供财务信息和专业知识以帮助董事会实现战略成功（杜胜利和周琪，2009）。其次，财务总监主要负责编制财务报告并在编制过程中对其进行监督，财务总监进入董事会担任内部董事可以更好地支持董事会监督职能。从公司治理视角，董事会本就能够发挥监督控制高管层的作用，但由于信息不对称，董事会被赋予的监督职能无法实现（孙光国和孙瑞琦，2018）。信息不对称容易导致高管层的道德风险和逆向选择，致使企业不愿意提供高质量的财务报告（李寿喜，2007）。委派财务总监进入董事会担任内部董事能够有效解决代理问题，提高公司内部治理机制的有效性，降低相关重大风险。财务总监进入董事会担任内部董事由于具备更高的信息优势，能够有效降低董事会与管理层之间的信息不对称（向锐，2015），进而为董事会有效发挥监督职能提供所依赖的信息，董事会的监督职能会得到加强（孙光国和郭睿，2015），从而帮助董事会更好地履行监督职能。

综上，财务总监进入董事会担任内部董事，其所提供的董事会咨询职能和监督职能有助于充分发挥财务总监的财务决策能力和财务执行力，不仅能够更好地解读投资者对盈余信息的反应、公司战略信息等（张成，2010；毛新述等，2013），而且还可以抑制公司盈余管理行为，提高财务报告质量。

而另一种观点认为，财务总监进入董事会担任内部董事，其财务执行力的提高损害了企业财务报告质量（俞雪莲和傅元略，2017）。代理理论认为，经理层与董事会决策分离有助于投资者利益保护（Fama 和 Jensen，1983）。大多数研究遵循代理理论的观点，研究认为，公司高管进入董事会担任内部董事将会损害财务报告质量（Beasley，1996；Dechow 等，1996；Klein，2002）。董事会可以为董事会成员提供一定的权利和影响力（Finkelstein 等，1992），基于此，财务总监进入董事会担任内部董事，这将损害董事会的形式独立性和实质独立性（Dechow 等，1996；Klein，2002）。财务总监进入董事会担任内部董事，其地位和权力将会显著提升，更有可能利用这种权力优势和信息优势进行盈余操纵，以损害投资者的利益来使个人利益最大化。因此，根据代理理论已有研究发现，财务总监进入董事会担任内部董事，更有可能出现内部控制重大缺陷、财务重述行为和更高的盈余管理水平，进而损害了公司财务报告质量。

根据友好董事会理论、管家理论、社会网络理论、能力理论和激励理论,财务总监进入董事会担任内部董事,其财务执行力的提高有助于提升财务报告质量。根据代理理论,财务总监进入董事会担任内部董事,其财务执行力的提高损害了财务报告质量。即,以往研究结果显示,财务总监财务执行力对财务报告质量存在正反两方面的影响。究竟何种影响占据主导?本章提出两个竞争性假说。

H4.1a:限定其他条件,财务总监进入董事会担任内部董事能够提高其财务执行力,显著提升财务报告质量。

H4.1b:限定其他条件,财务总监进入董事会担任内部董事能够提高其财务执行力,进而损害财务报告质量。

4.3 研究设计

4.3.1 样本选择与数据来源

由于《企业会计准则》(2006)于2007年1月1日起施行,考虑到会计准则制度效果的滞后性,故本章以2008～2015年全部A股非金融类上市公司作为研究样本,研究财务总监财务执行力对企业财务报告质量的影响。

本章样本筛选过程如下:(1)剔除主要变量数据缺失样本;(2)剔除ST、*ST类特殊处理公司;(3)剔除金融保险行业样本;(4)剔除当年上市的公司;(5)对所有的连续变量在1%和99%分位数上进行Winsorize处理,消除异常值对样本稳健性的影响。本章研究所需财务总监财务执行力数据和财务总监排名数据来自上市公司年报手工收集获取。此外,本章财务重述数据和内部控制信息披露质量数据来自 DIB 内部控制与风险管理数据库，其他数据来自 CSMAR 数据库。本研究所使用的统计以及数据处理软件为 Stata13.0。

4.3.2 变量定义

1. 财务报告质量

借鉴金智（2013）和 Bedard 等（2014）等研究，本章采用操纵性应计标准差（$StdDA$）和应计质量标准差（$StdAQ$）的平均值，即盈余管理标准差（$StdEM$）替代衡量财务报告质量。盈余管理标准差越大，财务报告质量越低。

（1）操纵性应计标准差（$StdDA$）

现有研究常用的盈余管理衡量指标包括操纵性应计和应计质量。应计盈余管理研究的基本思想是区分并识别总应计利润中的非操纵性应计利润和操纵性应计利润，并用操纵性应计利润反映盈余管理水平。常见的盈余管理估计模型主要包括 Jones 模型、修正的 Jones 模型、DD 模型等。

借鉴 Dechow 等（1995），操纵性应计 DA 由横截面修正的 Jones（1991）模型计算得出。Jones（1991）模型如下：

$$\frac{TA_t}{A_{t-1}} = \alpha_1 \frac{1}{A_{t-1}} + \alpha_2 \frac{\Delta REV_t}{A_{t-1}} + \alpha_3 \frac{PPE_t}{A_{t-1}} + \varepsilon_t$$

式中，TA_t 是公司 t 期总应计利润（$TA_t = NI_t - CFO_t$）；A_{t-1} 是公司 $t-1$ 期期末总资产；ΔREV_t 是公司 t 期主营业务收入和 $t-1$ 期主营业务收入的差额；PPE_t 是公司 t 期期末厂房、设备等固定资产原值。

当收入确认收到操纵时，Jones（1991）模型会出现偏误。因此，Dechow 等（1995）在 Jones（1991）模型的基础上提出了修正的 Jones 模型：

第4章 财务总监财务执行力与财务报告质量的总体特征

$$NDA_t = \hat{\alpha}_1 \frac{1}{A_{t-1}} + \hat{\alpha}_2 \frac{\Delta REV_t - \Delta REC_t}{A_{t-1}} + \hat{\alpha}_3 \frac{PPE_t}{A_{t-1}}$$

式中，NDA_t 是正常性应计利润；ΔREC_t 是公司 t 期期末应收账款和 $t-1$ 期期末应收账款的差额；估计系数 $\hat{\alpha}_1$、$\hat{\alpha}_2$、$\hat{\alpha}_3$ 是对 Jones（1991）模型分行业进行回归而得到。DA_t 为模型拟合后的残差项。

则操控性应计利润 $DA_t = \dfrac{TA_t}{A_{t-1}} - NDA_t$

借鉴金智（2013）的研究方法，考虑到残差项操控性应计利润（DA）忽正忽负时变化很大，但操控性应计利润的绝对值难以反映这种变化，而前向多期操控性应计利润则可反映这种变化，并且前向多期的操控性应计利润标准差还有利于控制样本自选择偏差。基于此，借鉴金智（2013），根据前向三年操纵性应计（DA）滚动计算出操纵性应计的标准差（$StdDA$）。操纵性应计的标准差越大，企业财务报告质量越低。

（2）应计质量标准差（$StdAQ$）

借鉴 Dechow 和 Dichev（2002）、Barua 等（2010）、Dhaliwal 等（2010）、Bedard 等（2014）和余怒涛等（2017）的研究，以应计质量作为衡量财务报告质量的代理变量。应计质量 AQ 由 DD 模型计算得出，DD 模型如下：

$$\Delta WC_t = \alpha_0 + \alpha_1 CFO_{t-1} + \alpha_2 CFO_t + \alpha_3 CFO_{t+1} + \varepsilon_t$$

式中，ΔWC_t 为营运资本变动额，ΔWC = (Δ流动资产 - Δ货币资金) - (Δ流动负债 - Δ短期借款) - 折旧和摊销；CFO 为经营活动现金流量净额。所有变量均除以总资产。对上述模型按同年同行业公司进行回归，用得到的参数估计 $\hat{\alpha}_0$、$\hat{\alpha}_1$、$\hat{\alpha}_2$、$\hat{\alpha}_3$ 来估计正常的应计利润水平，再用 ΔWC 的实际值与预期值之差作为盈余管理的衡量指标。即模型的残差为异常

营运性应计 AQ 的经验估计量。

借鉴金智（2013）的研究方法，考虑到应计质量（AQ）忽正忽负时变化很大，但应计质量的绝对值难以反映这种变化，而前向多期应计质量的标准差则可反映这种变化，并且前向多期的应计质量标准差还有利于控制样本自选择偏差。基于此，借鉴金智（2013），根据前向三年应计质量（AQ）滚动计算出应计质量的标准差（$StdAQ$）。应计质量的标准差越大，企业财务报告质量越低。

同时，由于盈余管理指标的衡量方法众多，为防止单一方法给出的结果有失偏颇（宇文晶等，2016）；且根据未列示的描述性统计结果，操纵性应计标准差（$StdDA$）和应计质量标准差（$StdAQ$），其平均值（中位数）分别为 0.067（0.048）和 0.073（0.056）可以看出这两类不同的盈余管理指标之间的差异不大。为使得被解释变量盈余管理指标能够更加准确的衡量财务报告质量，本章以前向三年操纵性应计标准差（$StdDA$）和应计质量标准差（$StdAQ$）的平均值，即盈余管理标准差（$StdEM$）来定义财务报告质量。本章使用盈余管理标准差（$StdEM$）作为财务报告质量的代理变量，盈余管理标准差越大，财务报告质量越低。

2. 财务总监财务执行力

借鉴 Bedard 等（2014）和向锐（2015）等已有研究文献，以财务总监进入董事会担任内部董事作为财务总监具有财务执行力的度量。即本章关注的主要解释变量是财务总监是否进入董事会担任内部董事的虚拟变量，用 $CFOownbd$ 表示：若财务总监进入上市公司董事会担任内部董事，定义为 1，否则为 0。

3. 控制变量

借鉴 Dhaliwal 等（2010）、毛新述等（2013）和 Bedard 等

(2014) 等已有研究文献，对因变量为盈余管理标准差（$StdEM$）的模型，本章设置了 $Indep$、Mw、MB、$Size$、Lev、$Proploss$、$Stdsales$、$Stdocf$、Inv_Rec、$Intangible$、Age、$Big4$、Roa、$Industry$、$Year$ 等控制变量。

其中，$Indep$ 为董事会独立性，定义为独立董事人数/董事总人数；Mw 为内部控制重大缺陷，若上市公司披露内部控制重大缺陷，定义为1，否则为0；MB 为账面市值比率，定义为权益的市场价值/普通股的账面价值；$Size$ 为公司规模，定义为总资产的自然对数；Lev 为资产负债率，定义为总负债/总资产；$Proploss$ 为亏损年数比重，定义为公司前3年中亏损年数所占的比重；$Stdsales$ 为营业收入标准差，定义为公司前3年营业收入占总资产比例的标准差；$Stdocf$ 为经营现金流标准差，定义为公司前3年经营活动现金流量净额占总资产比例的标准差；Inv_Rec 为盈余管理柔性，定义为（存货+应收账款）/总资产；$Intangible$ 为无形资产，若公司有无形资产，定义为1，否则为0；Age 为公司上市年数，定义为公司自上市至研究年度时间的自然对数；$Big4$ 为国际四大，若公司的会计师事务所为国际四大，定义为1，否则为0；Roa 为总资产报酬率，定义为净利润/平均资产总额；$Industry$ 为行业变量，定义为行业虚拟变量；$Year$ 为年度变量，定义为年度虚拟变量。

4.3.3 模型设定

财务总监财务执行力与财务报告质量之间的关系可能会受到自选择导致的内生性问题的干扰。这是因为，财务报告质量较高的公司可能更倾向于选择财务执行力强的财务总监（比如，进入董事会担任内部董事的财务总监）。财务总监兼任内部董事可能并不是外生的，并且公司财务报告质量可能会影响公司财务总监兼任内部董事会的决策。财务总监进入董事会担任内部董事由此带来的财务执行力的提升本质上是一个公司治理问题，公司治理环境可能会对财务总监财务执行力产生一定的影响。当上述情况出现时，模型设定就会出现内生性。内生性的出现会导致模型参数估计出现偏误（毛新述等，2013）。

基于此，研究财务总监财务执行力对财务报告质量的作用方向以及作用机制时，必须要考虑自选择问题导致的内生性对回归结果的影响。对于自（样本）选择问题，常用的解决办法是采用 Heckman（1979）提出的两阶段方法，第一阶段采用 Probit 回归计算逆米尔斯比（Inverse Mills Ratio）[①]，在第二阶段回归中加入逆米尔斯比进行控制，这也是工具变量的一种（吴溪，2012）。

基于此，为了研究财务总监财务执行力对财务报告质量（其代理变量为盈余管理标准差 $StdEM$）的作用方向以及作用机制，且为了控制内生性问题对研究结论的影响，本章借鉴 Bedard 等（2014）和向锐（2015）等研究，采用财务总监任期（$CFOtenure$）和财务总监外部董事（$CFOotherbd$）作为工具变量，并运用 Heckman（1979）两阶段自选择矫正模型进行回归。

第一阶段 Probit 模型如下：

$$\Pr(CFOownbd=1) = \alpha_0 + \alpha_1 CFOtenure + \alpha_2 CFOotherbd + \alpha_i Controls + \varepsilon \quad (\text{I})$$

其中，被解释变量 $CFOownbd$ 为财务总监财务执行力，定义为若财务总监进入公司董事会担任内部董事，定义为1，否则为

[①] 逆米尔斯比（Inverse Mills Ratio）的详细计算过程烦请参见 Heckman（1979）。

第4章 财务总监财务执行力与财务报告质量的总体特征

0;$CFOtenure$ 和 $CFOotherbd$ 为外生工具变量;$Controls$ 为控制变量,即影响财务总监财务执行力($CFOownbd$)的变量。

本章首先根据第一阶段 Probit 模型(Ⅰ)对财务总监进入董事会担任内部董事的概率进行回归,并计算得到逆米尔斯比(Inverse Mills Ratio,简称为 IMR),然后将该逆米尔斯比(IMR)代入主回归模型(Ⅱ)进行第二阶段回归,以修正自选择偏差。

第二阶段模型如下:

$$StdEM = \alpha_0 + \alpha_1 CFOownbd + \alpha_2 IMR + \alpha_i Controls + \varepsilon \quad (Ⅱ)$$

其中,被解释变量 $StdEM$ 为盈余管理标准差,定义为操纵性应计标准差和应计质量标准差的平均值;内生解释变量 $CFOownbd$ 为财务总监财务执行力,定义为若财务总监进入公司董事会担任内部董事,定义为 1,否则为 0;IMR 为第一阶段回归得到的逆米尔斯比;$Controls$ 为控制变量,包括财务状况、审计质量和公司治理等各方面的因素,具体定义详见表 4-1。

本书中所涉及的变量及其定义参见表 4-1:

表 4-1　　　　　　　主要变量的定义及计算

	变量符号	变量名称	变量定义
因变量	$StdEM$	盈余管理标准差	前向三年操纵性应计标准差和应计质量标准差的平均值
	FR	财务重述	若公司当年发生财务重述,定义为 1,否则为 0
	IC	内部控制信息披露质量	迪博·内部控制信息披露指数的自然对数
自变量	$CFOownbd$	财务总监财务执行力	若财务总监进入公司董事会担任内部董事,定义为 1,否则为 0

续表

	变量符号	变量名称	变量定义
	Indep	董事会独立性	独立董事人数／董事总人数
	Mw	内部控制重大缺陷	若上市公司披露内部控制重大缺陷,定义为1,否则为0
	Size	公司规模	总资产的自然对数
	Loss	企业亏损状态	若公司当年发生亏损(净利润小于0),定义为1,否则为0
	Big4	国际四大	若公司的会计师事务所为国际四大,定义为1,否则为0
	Mb	账面市值比率	权益的市场价值／普通股的账面价值
	Proploss	亏损年数比重	公司前3年中亏损年数所占的比重
	Stdsales	营业收入标准差	公司前3年营业收入占总资产比例的标准差
控制变量	Stdocf	经营现金流标准差	公司前3年经营活动现金流量净额占总资产比例的标准差
	Inv_Rec	盈余管理柔性	(存货+应收账款)／总资产
	Intangible	无形资产	若公司有无形资产,定义为1,否则为0
	CFOtenure	财务总监任期	工具变量,财务总监任职年限的自然对数
	CFOotherbd	财务总监外部董事	工具变量,若财务总监在其他公司董事会担任董事为1,否则为0
	Lev	资产负债率	总负债／总资产
	Growth	成长性	若公司当年经行业调整的营业收入增长率大于中位数,定义为1,否则为0
	Age	公司上市年数	公司自上市至研究年度时间的自然对数
	Tophold	股权集中度	公司第一大股东的持股比例
	Roa	总资产报酬率	净利润／平均资产总额
	Industry	行业变量	行业虚拟变量
	Year	年度变量	年度虚拟变量

续表

变量符号	变量名称	变量定义
Analyst	分析师跟踪	Ln（公司分析师跟踪人数 +1）
CFOrank	财务总监排名	（董监高总人数 - 财务总监位次 +1）/董监高总人数
Soe	企业性质	若上市公司最终控制人为政府时，定义为1，否则为0
CFOchange	财务总监变更	若公司当年财务总监发生变更，定义为1，否则为0
Fn（调节变量）	融资需求	总资产增长率/[t年净资产收益率/（1 - t年净资产收益率）]（据此设虚拟变量）
Lifecycle	企业生命周期	借鉴 Anthony 和 Ramesh（1992），分为成长期、成熟期、衰退期
Cen_b	上市公司网络中心度	借鉴 Freeman（1979）、谢德仁和陈运森（2012），详见本书
CI	上市公司网络结构洞	借鉴 Burt（1992，1998）、Zaheer 和 Bell（2005）和陈运森（2015），详见本书
LE	法律环境	如果公司所在省份当年法律环境指数大于中位数，定义为1，否则为0

4.4 实证结果与分析

4.4.1 描述性统计

1. 财务总监兼任内部董事的行业分布的描述性统计

表4-2列示了2008~2015年上市公司财务总监兼任内部董事的分行业描述性统计，主要报告了不同行业中区分财务总监是

否兼任内部董事的观测数以及在该行业样本中所占的频数。从表 4-2 可以看出,在 13614 个样本观测值中,各个行业财务总监财务执行力差异较大。我国目前财务总监进入董事会担任内部董事的上市公司主要集中在科学研究和技术服务业,其次是批发和零售业、综合类和制造业。具体地,科学研究和技术服务业中,财务总监进入董事会担任内部董事的样本占总样本数的 30.8%,表明科学研究和技术服务业中的财务总监财务执行力在行业中排名最大。但该行业的观测数仅占全行业观测数的 0.19%(26/13614),且其本行业内财务总监财务执行力的差异较大,这表明该行业财务执行力的高低可能不具有一定的代表性。

表 4-2　2008~2015 年上市公司财务总监兼任内部董事的分行业描述性统计

行业代码	行业名称	CFOownbd 观测数	频率	Non-CFOownbd 观测数	频率	合计
A	农、林、牧、渔业	69	26.8%	188	73.2%	257
B	采矿业	97	25.9%	278	74.1%	375
C	制造业	2344	27.0%	6333	73.0%	8677
D	电力、热力、燃气及水生产和供应业	83	16.1%	431	83.9%	514
E	建筑业	88	25.4%	258	74.6%	346
F	批发和零售业	241	28.5%	605	71.5%	846
G	交通运输、仓储和邮政业	104	21.4%	382	78.6%	486
H	住宿和餐饮业	7	17.1%	34	82.9%	41
I	信息传输、软件和信息技术服务业	147	24.5%	454	75.5%	601
K	房地产业	214	24.8%	649	75.2%	863
L	租赁和商务服务业	30	21.3%	111	78.7%	141
M	科学研究和技术服务业	8	30.8%	18	69.2%	26

第 4 章　财务总监财务执行力与财务报告质量的总体特征

续表

行业代码	行业名称	CFOownbd 观测数	CFOownbd 频率	Non-CFOownbd 观测数	Non-CFOownbd 频率	合计
N	水利、环境和公共设施管理业	16	17.8%	74	82.2%	90
O	居民服务、修理和其他服务业	0	0.0%	1	100.0%	1
R	文化、体育和娱乐业	25	26.3%	70	73.7%	95
S	综合类	69	27.1%	186	72.9%	255
合计	—	3542	—	10072	—	13614

注：行业分类依据于中国证监会 2012 年 10 月 26 日颁布的《上市公司行业分类指引》（证监会公告〔2012〕31 号）。

财务总监进入董事会担任内部董事的样本占总样本数排名第二、第三、第四的分别为批发和零售业（均值 28.5%，该行业观测数占全行业样本比重 6.21%）、综合（均值 27.1%，该行业观测数占全行业样本比重 1.87%）、制造业（均值 27.0%，该行业观测数占全行业样本比重 63.74%）。这表明占全行业观测数最高的制造业，其财务总监财务执行力更接近于财务总监财务执行力行业均值（26.0%），亦即，全行业中，财务总监进入董事会担任内部董事的样本占总样本数的 26.0%。

上述描述性统计结果表明，我国上市公司财务总监财务执行力最强的主要集中在科学研究和技术服务业，其次是批发和零售业、综合类和制造业。这可能是因为，科学研究和技术服务业、批发和零售业、综合类和制造业这些行业财务报告信息的生成和解读更加复杂所致，信息不透明度也可能更高，因而需要财务总监进入董事会担任内部董事以提升其财务执行力，以充分发挥其咨询职能和监督职能。

2. 财务总监兼任内部董事比例的分年度描述性统计

表 4-3 列示了财务总监兼任内部董事比例的分年度描述性

统计，主要报告了不同年度中区分财务总监是否兼任内部董事的观测数以及在该年度样本中所占的频数。从表4-3可以看出，自2009年以来，我国上市公司中财务总监进入董事会担任内部董事（CFOownbd）的比重呈逐年上升趋势，从2009年的23.2%上升至2015年的28.9%。这说明，一方面，上市公司越来越重视财务总监的财务专业背景以及咨询职能；另一方面，财务总监除了负责财务报告的编制外，对董事会的监督职能贡献开始发挥越来越重要的作用。

表4-3　2008~2015年上市公司财务总监兼任内部董事的分年度描述性统计

年度	CFOownbd		Non-CFOownbd		合计
	观测数	频率	观测数	频率	
2008年	273	24.0%	866	76.0%	1139
2009年	303	23.2%	1001	76.8%	1304
2010年	329	24.2%	1029	75.8%	1358
2011年	372	24.5%	1144	75.5%	1516
2012年	496	26.0%	1409	74.0%	1905
2013年	560	26.4%	1564	73.6%	2124
2014年	605	27.8%	1572	72.2%	2177
2015年	604	28.9%	1487	71.1%	2091
合计	3542	—	10072	—	13614

此外，2008~2009年间，财务总监进入公司董事会担任内部董事的比例从24.0%下降至23.2%，这可能是公司应对金融危机后越发严峻的竞争环境的一种自我调整（孙光国等，2015）。

3. 主要变量的描述性统计

第4章 财务总监财务执行力与财务报告质量的总体特征

表4-4列示了因变量为盈余管理标准差时主要变量的描述性统计结果。其中 Panel A 列示了全样本的描述性统计,主要报告了总样本数以及各变量的平均值、中位数、标准差、最小值和最大值。进一步地,本章根据财务总监财务执行力对研究样本进行区分,以初步观察财务总监进入董事会担任内部董事的企业与财务总监未进入董事会担任内部董事的企业的特征差异,结果如表4-4中 Panel B 所示。

表4-4　　　　　　主要变量描述性统计

Panel A:全样本						
Variable	N	Mean	Median	Sd	Min	Max
StdEM	13614	0.070	0.055	0.051	0.000	0.456
CFOownbd	13614	0.260	0.000	0.439	0.000	1.000
CFOotherbd	13614	0.017	0.000	0.127	0.000	1.000
CFOtenure	13614	1.441	1.466	0.480	0.288	2.351
Indep	13614	0.370	0.333	0.052	0.300	0.571
Mw	13614	0.005	0.000	0.071	0.000	1.000
Mb	13614	0.529	0.506	0.252	0.073	1.100
Size	13614	21.945	21.797	1.284	19.120	25.800
Lev	13614	0.475	0.477	0.218	0.054	0.999
Proploss	13614	0.099	0.000	0.197	0.000	0.667
Stdsales	13614	0.108	0.071	0.116	0.005	0.709
Stdocf	13614	0.052	0.039	0.045	0.003	0.254
Inv_Rec	13614	0.273	0.246	0.180	0.004	0.788
Intangible	13614	0.971	1.000	0.169	0.000	1.000
Age	13614	2.241	2.398	0.629	0.693	3.135
Big4	13614	0.059	0.000	0.236	0.000	1.000
Roa	13614	0.038	0.034	0.063	-0.218	0.232

续表

Panel B: 区分财务总监财务执行力					
	$CFOownbd$		$Non-CFOownbd$		Diff.
	Mean	Sd	Mean	Sd	Mean
$StdEM$	0.072	0.001	0.069	0.001	0.004***
$CFOotherbd$	0.021	0.144	0.015	0.121	0.006**
$CFOtenure$	1.520	0.477	1.413	0.478	0.107***
$Indep$	0.365	0.047	0.372	0.054	-0.007***
Mw	0.005	0.067	0.005	0.072	-0.001
Mb	0.515	0.248	0.534	0.254	-0.019***
$Size$	21.857	1.206	21.976	1.309	-0.119***
Lev	0.467	0.219	0.478	0.218	-0.011***
$Proploss$	0.106	0.202	0.096	0.195	0.009**
$Stdsales$	0.107	0.113	0.108	0.117	-0.001***
$Stdocf$	0.055	0.046	0.051	0.045	0.003***
Inv_Rec	0.270	0.182	0.274	0.18	-0.004
$Intangible$	0.970	0.172	0.971	0.168	-0.001
Age	2.224	0.646	2.246	0.622	-0.022*
$Big4$	0.051	0.220	0.062	0.241	-0.011**
Roa	0.038	0.065	0.038	0.063	0.000

注：***、**、*分别表示在1%、5%以及10%水平上显著。

从表4-4中Panel A可以看出，财务总监财务执行力（$CFOownbd$）的平均值为0.260，即财务总监进入董事会担任内部董事的样本占总样本数的26.0%，表明我国2008~2015年全部A股上市公司中74.0%的董事会内部董事中没有财务专家，这比杜胜利和赵柳婷（2005）研究中62.3%的董事会内部董事中没有财务专家高了11.7%，这表明我国上市公司治理结构中

第 4 章 财务总监财务执行力与财务报告质量的总体特征

财务总监进入董事会担任内部董事的比例较低,而且呈现下降趋势。

被解释变量盈余管理标准差（StdEM）,其平均值（中位数）分别为 0.070（0.055）,标准差为 0.051。财务总监外部董事（CFOotherbd）的平均值为 0.017,即有 1.7% 的样本公司（238 家）中的财务总监在其他上市公司担任董事,这表明我国财务总监形成的连锁董事网络规模较小。财务总监任职年限的自然对数（CFOtenure）的平均值（中位数）为 1.441（1.466）,最小值（最大值）为 0.288（2.351）,标准差为 0.480,表明财务总监任职年限的平均值（中位数）为 4.225（4.332）,最小值（最大值）为 1.334（10.496）,表明我国财务总监的任期差异较大。董事会独立性（Indep）的平均值（中位数）为 0.370（0.333）,表明独立董事人数占董事会总人数的 37%,符合我国上市公司独立董事制度关于上市公司董事会成员中应当至少包括 1/3 的独立董事的规定。公司规模（Size）的平均值（中位数）为 21.945（21.797）,标准差为 1.284。资产负债率（Lev）的平均值（中位数）为 0.475（0.477）,标准差为 0.218,说明样本公司的负债水平较为适中。其他变量都分布在合理区间。

进一步地,从表 4-4 中 Panel B 可以看出,在区分财务总监财务执行力后,本章初步发现,相比财务总监未进入董事会担任内部董事的企业,财务总监进入董事会担任内部董事的企业的董事会独立性显著较低、成长性显著较小、公司规模显著较小、资产负债率显著较低、亏损年数比重显著较大、营业收入标准差显著较小、经营活动现金流量净额标准差显著较大、公司上市时间显著较短、会计师事务所为国际四大的可能性显著较小。

此外,当因变量为盈余管理标准差（StdEM）时,相比财务总监未进入董事会担任内部董事的企业,财务总监进入董事会担任内部董事的企业盈余管理水平相对较高,且在 1% 的水平上显著。该结果可能与研究预期存在差异,但考虑到结果没有控制其他因素和内生性问题的影响,仅仅是单变量的分析结果,更为稳健的结果有待表 4-5 的回归分析。

4.4.2 工具变量的选择及验证

Larcker 和 Rusticus (2010) 和吴溪 (2012) 研究认为,研究者必须从经济理论角度阐述工具变量的选择,即验证选取的工具变量只与内生解释变量相关,与被解释变量及其误差项不相关。只有研究者从理论证据角度和经验证据角度阐述清楚工具变量的选择之后,才能进入回归估计阶段。

前已述及,研究财务总监财务执行力对财务报告质量的作用方向以及作用机制时,为了控制内生性问题对回归结果的影响,本章借鉴 Bedard 等 (2014) 和向锐 (2015) 等研究,采用财务总监外部董事 ($CFOotherbd$) 和财务总监任期 ($CFOtenure$) 作为工具变量,并运用 Heckman (1979) 两阶段自选择矫正模型进行回归。借鉴 Larcker 和 Rusticus (2010) 和吴溪 (2012) 的做法,本部分进一步验证财务总监任期 ($CFOtenure$) 和财务总监外部董事 ($CFOotherbd$) 这两个工具变量选择的适当性。

本书将财务总监外部董事 ($CFOotherbd$) 和财务总监任期 ($CFOtenure$) 作为财务总监财务执行力 ($CFOownbd$) 的解释变量进行第一阶段回归,同时分别检验其与被解释变量盈余管理标准差 ($StdEM$) 及其误差项的关系。回归结果如后文表 4-5 所示。从表 4-5 的回归 (1) 可以看出,财务总监任期 ($CFOtenure$) 的回归系数为 0.317,且在 1% 的水平上显著,表明财务总监任期 ($CFOtenure$) 每提高 1 个单位,财务总监财务执行力 ($CFOtenure$) 就会提高 0.317 个单位。类似的,财务总监外部董事（*CFOotherbd*）的回归系数为 0.286，且在 1% 的水平上显著，表明财务总监外部董事（*CFOotherbd*）每提高 1 个单位，财务总监财务执行力（*CFOtenure*）就会提高 0.286 个单位。也就是说，工具变量财务总监任期（*CFOtenure*）与内生解释变量财务总监财务执行力（*CFOtenure*）存在显著的正相关关系；工具变量财务总监外部董事（*CFOotherbd*）内生解释变量财务总监财务执行力（*CFOtenure*）也存在显著的正相关关系。而在未列示的回归结果中，财务总监外部董事（*CFOotherbd*）和财务总监任期（*CFOtenure*）均与被解释变量盈余管理标准差（*StdEM*）及其误差项均不存在显著的相关关系。

单变量分析结果也支持了上述研究结论。从表 4-4 中 Panel B 可以看出，相比财务总监未进入董事会担任内部董事的企业，财务总监进入董事会担任内部董事的企业的财务总监任期（*CFOtenure*）更长，且在 5% 的水平上显著，表明在公司管理层任职时间较长的财务总监，其被任命为董事会内部董事的可能性显著提升，进而显著提升了其财务执行力。相比财务总监未进入董事会担任内部董事的企业，财务总监进入董事会担任内部董事的企业的财务总监外部董事（*CFOotherbd*）更多，且在 1% 的水平上显著，表明因市场价值创造力强而获得外部董事会席位的财务总监（Fama 和 Jensen，1983），其进入本公司董事会担任内部董事的可能性显著提升，进而显著提升了其财务执行力。此外，作为董事会成员从另一家公司招聘高管是由高管自己公司以外的个人作出的决策，这进一步支持了财务总监外部董事（*CFOotherbd*）变量的外生性。

因此，本书认为，财务总监外部董事（*CFOotherbd*）和财务总监任期（*CFOtenure*）均是有效的影响财务总监财务执行力（*CFOownbd*）的外生工具变量。

4.4.3 回归结果分析

表 4-5 使用盈余管理标准差（$StdEM$）作为财务报告质量的衡量指标，报告了模型（Ⅰ）和模型（Ⅱ）的 Heckman 两阶段回归结果。从表 4-5 可以看出，在第一阶段模型（Ⅰ）的 Probit 回归（1）中，本章把财务总监外部董事（$CFOotherbd$）和财务总监任期（$CFOtenure$）作为影响财务总监财务执行力（$CFOownbd$）的外生变量，同时控制其他影响财务总监财务执行力的因素，包括董事会独立性（$Indep$）、内部控制重大缺陷（Mw）、账面市值比率（Mb）等变量。第二阶段模型（Ⅱ）的回归（2）结果显示，IMR 显著为正，说明存在自选择问题，控制自选择效应后，财务总监财务执行力（$CFOownbd$）的系数为 -0.038，且在 1% 的水平上显著，说明相比财务总监未进入董事会担任内部董事的企业，财务总监进入董事会担任内部董事的企业的盈余管理水平显著较低，财务报告质量显著较高，支持了假说 H4.1a：限定其他条件，财务总监进入董事会担任内部董事能够提高其财务执行力，显著提升企业财务报告质量。

表 4-5　财务总监财务执行力与财务报告质量：盈余管理视角

	(1) 第一阶段 DV = $CFOownbd$	(2) 第二阶段 DV = $StdEM$
$CFOownbd$		-0.038***
		(-4.77)
$Indep$	-1.764***	0.003
	(-7.56)	(0.33)

续表

	（1）第一阶段 DV = *CFOownbd*	（2）第二阶段 DV = *StdEM*
Mw	-0.183	-0.002
	(-1.09)	(-0.35)
Mb	0.033	-0.020***
	(0.43)	(-7.63)
Size	-0.045***	-0.000
	(-2.92)	(-0.47)
Lev	0.028	0.031***
	(0.37)	(9.35)
Proploss	0.146*	0.035***
	(1.91)	(10.28)
Stdsales	-0.141	0.030***
	(-1.28)	(5.82)
Stdocf	1.326***	0.871***
	(4.69)	(60.16)
Inv_Rec	-0.246***	0.004
	(-2.95)	(1.19)
Intangible	-0.012	-0.003
	(-0.16)	(-1.00)
Age	-0.039*	0.003***
	(-1.79)	(4.01)
Big4	0.002	-0.009***
	(0.04)	(-6.94)
Roa	0.169	0.071***
	(0.68)	(4.82)

续表

	（1）第一阶段 DV = CFOownbd	（2）第二阶段 DV = StdEM
Intercept	0.688**	0.021
	(2.15)	(1.64)
CFOotherbd	0.286***	
	(3.26)	
CFOtenure	0.317***	
	(11.11)	
IMR		0.023***
		(4.88)
Year	控制	控制
Industry	控制	控制
N	13613	13613
调整的 R^2		0.560
F 值		184.25***

注：***、**、* 分别表示在1%、5%、10%水平上显著；回归（1）括号中的值为经过稳健性修正的 Z 统计量，回归（2）括号中的值为经过稳健性修正的 T 统计量；表中回归结果的模型分别如下：

(1) $\Pr(CFOownbd = 1) = \alpha_0 + \alpha_1 CFOtenure + \alpha_2 CFOotherbd + \alpha_i Controls + \varepsilon$ （Ⅰ）

(2) $StdEM = \alpha_0 + \alpha_1 CFOownbd + \alpha_2 IMR + \alpha_i Controls + \varepsilon$ （Ⅱ）

其中，CFOownbd 为财务总监财务执行力，若财务总监进入公司董事会担任内部董事，定义为1，否则为0；CFOtenure 财务总监任期为工具变量，定义为财务总监任职年限的自然对数；CFOotherbd 财务总监外部董事为工具变量，若财务总监在其他公司董事会担任董事为1，否则为0；StdEM 为盈余管理标准差，定义为操纵性应计标准差和应计质量标准差的平均值；IMR 为逆米尔斯比。Controls 为各控制变量，定义如下：Indep 为董事会独立性，定义为独立董事人数/董事总人数；Mw 为内部控制重大缺陷，若上市公司披露内部控制重大缺陷，定义为1，否则为0；Mb 为账面市值比率，定义为权益的市场价值/普通股的账面价值；Size 为公司规模，定义为总资产

第4章　财务总监财务执行力与财务报告质量的总体特征

的自然对数；Lev 为资产负债率，定义为总负债／总资产；$Proploss$ 为亏损年数比重，定义为公司前3年中亏损年数所占的比重；$Stdsales$ 为营业收入标准差，定义为公司前3年营业收入占总资产比例的标准差；$Stdocf$ 为经营现金流标准差，定义为公司前3年经营活动现金流量净额占总资产比例的标准差；Inv_Rec 为盈余管理柔性，定义为（存货＋应收账款）／总资产；$Intangible$ 为无形资产，若公司有无形资产，定义为1，否则为0；Age 为公司上市年数，定义为公司自上市至研究年度时间的自然对数；$Big4$ 为国际四大，若公司的会计师事务所为国际四大，定义为1，否则为0；Roa 为总资产报酬率，定义为净利润／平均资产总额；$Industry$ 为行业变量，定义为行业虚拟变量；$Year$ 为年度变量，定义为年度虚拟变量。

从控制变量上看，$Indep$、$Size$、$Big4$ 与财务报告质量负相关，$Proploss$、$Stdocf$、$Stdsales$ 与财务报告质量显著正相关，与现有研究一致（Bedard 等，2014；向锐，2015），这表明本章的研究具有较高的可靠性。

进一步，表4－6报告了区分盈余管理分正负向后模型（Ⅰ）和模型（Ⅱ）的 Heckman 两阶段回归结果。回归（2）中正向盈余管理 $EM+$、回归（4）中负向盈余管理 $EM-$ 分别作为财务报告质量的衡量指标（需要说明的是，$EM+$ 为正向盈余管理，定义为操纵性应计和应计质量的平均值大于0的观测值；类似的，$EM-$ 为负向盈余管理，在回归时取其前向三年的标准差）。

表4－6　　财务总监财务执行力与财务报告质量：
盈余管理分正负向视角

	（1）	（2）	（3）	（4）
	第一阶段	第二阶段	第一阶段	第二阶段
	DV = $CFOownbd$	DV = $EM+$	DV = $CFOownbd$	DV = $EM-$
$CFOownbd$		－0.031**		－0.021*
		(－2.19)		(－1.76)

续表

	（1）第一阶段 DV = CFOownbd	（2）第二阶段 DV = EM +	（3）第一阶段 DV = CFOownbd	（4）第二阶段 DV = EM -
Indep	-1.701***	0.031**	-1.877***	0.001
	(-5.31)	(2.02)	(-5.48)	(0.10)
Mw	-0.178	-0.014	-0.226	-0.001
	(-0.74)	(-1.50)	(-0.97)	(-0.21)
Mb	0.166	0.006	-0.056	-0.031***
	(1.49)	(1.08)	(-0.49)	(-8.96)
Size	-0.054**	-0.000	-0.038	0.003***
	(-2.54)	(-0.28)	(-1.64)	(4.16)
Lev	-0.166	0.034***	0.204*	0.016***
	(-1.53)	(5.48)	(1.87)	(3.73)
Proploss	0.334***	0.044***	-0.038	-0.003
	(2.95)	(6.47)	(-0.34)	(-0.88)
Stdsales	-0.117	0.017*	-0.182	0.026***
	(-0.75)	(1.75)	(-1.17)	(3.72)
Stdocf	1.223***	0.641***	1.434***	0.862***
	(3.06)	(20.21)	(3.53)	(41.26)
Inv_Rec	-0.112	0.049***	-0.403***	0.008*
	(-0.99)	(7.95)	(-3.16)	(1.77)
Intangible	-0.142	-0.021***	0.143	0.001
	(-1.45)	(-3.02)	(1.32)	(0.19)
Age	-0.017	-0.002	-0.072**	0.001
	(-0.59)	(-1.19)	(-2.21)	(0.78)
Big4	-0.035	-0.015***	0.031	-0.008***
	(-0.44)	(-4.99)	(0.39)	(-4.22)

第4章 财务总监财务执行力与财务报告质量的总体特征

续表

	（1）第一阶段 DV = CFOownbd	（2）第二阶段 DV = EM +	（3）第一阶段 DV = CFOownbd	（4）第二阶段 DV = EM -
Roa	0.572	0.433***	-0.316	-0.132***
	(1.50)	(15.60)	(-0.89)	(-8.45)
Intercept	0.799*	0.003	0.591	-0.032*
	(1.80)	(0.11)	(1.25)	(-1.89)
CFOotherbd	0.279**		0.287**	
	(2.39)		(2.12)	
CFOtenure	0.366***		0.272***	
	(9.22)		(6.53)	
IMR		0.020**		0.012*
		(2.43)		(1.69)
Year	控制	控制	控制	控制
Industry	控制	控制	控制	控制
N	7224	7218	6389	6389
调整的 R^2		0.315		0.571
F 值		37.24***		91.00***

注：***、**、*分别表示在1%、5%、10%水平上显著；回归（1）和回归（3）括号中的值为经过稳健性修正的 Z 统计量，回归（2）和回归（4）括号中的值为经过稳健性修正的 T 统计量；表中回归结果的模型分别如下：

(1) $\Pr(CFOownbd = 1) = \alpha_0 + \alpha_1 CFOtenure + \alpha_2 CFOotherbd + \alpha_i Controls + \varepsilon$

(2) $EM + = \alpha_0 + \alpha_1 CFOownbd + \alpha_2 IMR + \alpha_i Controls + \varepsilon$

(3) $\Pr(CFOownbd = 1) = \alpha_0 + \alpha_1 CFOtenure + \alpha_2 CFOotherbd + \alpha_i Controls + \varepsilon$

(4) $EM - = \alpha_0 + \alpha_1 CFOownbd + \alpha_2 IMR + \alpha_i Controls + \varepsilon$

其中，CFOownbd 为财务总监财务执行力，若财务总监进入公司董事会担任内部董事，定义为1，否则为0；CFOtenure 财务总监任期为工具变量，定义为财务总监任职年限的自然对数；CFOotherbd 财务总监外部董事为工具变量，若财务总监在其他公司董事会担任董事为1，否则为0；*EM* + 为正向盈余管理，定义为操纵性应计和应计质量的平均值大于0的观测值；类似的，*EM* – 为负向盈余管理，在回归时取其前向三年的标准差；*IMR* 为逆米尔斯比。*Controls* 为各控制变量，定义如下：*Indep* 为董事会独立性，定义为独立董事人数/董事总人数；*Mw* 为内部控制重大缺陷，若上市公司披露内部控制重大缺陷，定义为1，否则为0；*Mb* 为账面市值比率，定义为权益的市场价值/普通股的账面价值；*Size* 为公司规模，定义为总资产的自然对数；*Lev* 为资产负债率，定义为总负债/总资产；*Proploss* 为亏损年数比重，定义为公司前3年中亏损年数所占的比重；*Stdsales* 为营业收入标准差，定义为公司前3年营业收入占总资产比例的标准差；*Stdocf* 为经营现金流标准差，定义为公司前3年经营活动现金流量净额占总资产比例的标准差；*Inv_Rec* 为盈余管理柔性，定义为（存货 + 应收账款）/总资产；*Intangible* 为无形资产，若公司有无形资产，定义为1，否则为0；*Age* 为公司上市年数，定义为公司自上市至研究年度时间的自然对数；*Big4* 为国际四大，若公司的会计师事务所为国际四大，定义为1，否则为0；*Roa* 为总资产报酬率，定义为净利润/平均资产总额；*Industry* 为行业变量，定义为行业虚拟变量；*Year* 为年度变量，定义为年度虚拟变量。

从表4-6可以看出，回归（1）和回归（2）报告了因变量为正向盈余管理 *EM* + 时的 Heckman 两阶段回归结果。第一阶段回归（1）把财务总监外部董事（*CFOotherbd*）和财务总监任期（*CFOtenure*）作为影响财务总监财务执行力（*CFOownbd*）的外生变量，同时控制其他影响财务总监财务执行力的因素。第二阶段回归（2）的结果显示，*IMR* 显著为正，说明存在自选择问题，控制自选择效应后，财务总监财务执行力的指标 *CFOownbd* 与 *EM* + 的回归系数为 – 0.031，且在5%的水平上显著，这表明，相比财务总监未进入董事会担任内部董事的企业，财务总监进入董事会担任内部董事的企业正向盈余管理水平更低，其财务报告质量更高，进一步支持了假说 H4.1a。

回归（3）和回归（4）报告了因变量为负向盈余管理 *EM* – 时的 Heckman 两阶段回归结果。第一阶段回归（3）把财务总监外部董事（*CFOotherbd*）和财务总监任期（*CFOtenure*）作为影响财务总监财务执行力（*CFOownbd*）的外生变量，同时控制其他影响财务总监财务执行力的因素。第二阶段回归（4）的结果显示，*IMR* 显著为正，说明存在自选择问题，控制自选择效应后以及董事会独立性等因素的影响后，财务总监财务执行力的指标 *CFOownbd* 与 *EM* 的回归系数为 -0.021，且在10%的水平上显著，这表明，相比财务总监未进入董事会担任内部董事的企业，财务总监进入董事会担任内部董事的企业负向盈余管理水平更低，其财务报告质量更高，进一步支持了假说 H4.1a。

综合表 4-6 的回归（1）至回归（4），本章发现，财务总监财务执行力是具有价值的，无论对于正向的盈余管理还是负向的盈余管理，财务总监财务执行力均能够显著抑制企业的盈余管理水平，即财务总监进入董事会担任内部董事能够提高其财务执行力，显著提升财务报告质量。对财务总监财务执行力更加重视的上市公司，其财务报告质量更高。

4.5 稳健性检验

变量的选择和取值可能对研究结论的稳健性和可靠性产生影响，为使本章研究结论更加稳健可靠，本章进行了如下稳健性测试：

4.5.1 财务报告质量的其他度量指标

1. 盈余管理的其他度量指标（*StdDa*2005、*StdAcc*2005）

借鉴 Kothari 等（2005）和金智（2013），本章使用 KLW 模型重新计算因变量盈余管理指标异常营运性应计 *Da*2005、操纵性应计 *Acc*2005，并分别使用前向三年盈余管理指标 *Da*2005 的

标准差 $StdDa2005$、前向三年盈余管理指标 $Acc2005$ 的标准差 $StdAcc2005$ 作为财务报告质量的衡量指标，重新对模型（Ⅰ）和模型（Ⅱ）回归，回归结果如表 4-7 所示。需要说明的是，上市公司异常营运性应计的标准差越大，财务报告质量越低；上市公司操纵性应计的标准差越大，财务报告质量越低。

表 4-7 财务总监财务执行力与财务报告质量：KLW 模型

	（1）第一阶段 $DV=CFOownbd$	（2）第二阶段 $DV=StdDa2005$	（3）第一阶段 $DV=CFOownbd$	（4）第二阶段 $DV=StdAcc2005$
$CFOownbd$		-0.027***		-0.032***
		(-4.26)		(-5.22)
$Indep$	-1.764***	-0.009	-1.764***	-0.009
	(-7.56)	(-1.36)	(-7.56)	(-1.48)
Mw	-0.183	0.001	-0.183	-0.001
	(-1.09)	(0.25)	(-1.09)	(-0.26)
Mb	0.033	-0.009***	0.033	-0.010***
	(0.43)	(-4.55)	(0.43)	(-5.29)
$Size$	-0.045***	0.001**	-0.045***	0.002***
	(-2.92)	(2.21)	(-2.92)	(4.44)
Lev	0.028	0.019***	0.028	0.018***
	(0.37)	(7.06)	(0.37)	(7.80)
$Proploss$	0.146*	0.005**	0.146*	0.004*
	(1.91)	(2.10)	(1.91)	(1.75)
$Stdsales$	-0.141	0.013***	-0.141	0.014***
	(-1.28)	(3.15)	(-1.28)	(3.57)
$Stdocf$	1.326***	0.809***	1.326***	0.856***
	(4.69)	(63.54)	(4.69)	(69.07)

续表

	（1）第一阶段 DV=CFOownbd	（2）第二阶段 DV=StdDa2005	（3）第一阶段 DV=CFOownbd	（4）第二阶段 DV=StdAcc2005
Inv_Rec	-0.246***	0.003	-0.246***	0.003
	(-2.95)	(1.02)	(-2.95)	(1.21)
Intangible	-0.012	-0.003	-0.012	-0.001
	(-0.16)	(-1.16)	(-0.16)	(-0.21)
Age	-0.039*	0.001**	-0.039*	0.002***
	(-1.79)	(2.47)	(-1.79)	(3.35)
Big4	0.002	-0.007***	0.002	-0.009***
	(0.04)	(-6.15)	(0.04)	(-8.33)
Roa	0.169	0.051***	0.169	0.054***
	(0.68)	(4.97)	(0.68)	(5.89)
Intercept	0.688**	-0.001	0.683**	-0.028***
	(2.15)	(-0.14)	(2.15)	(-2.88)
CFOotherbd	0.286***		0.286***	
	(3.26)		(3.26)	
CFOtenure	0.317***		0.317***	
	(11.11)		(11.11)	
IMR		0.017***		0.020***
		(4.36)		(5.31)
Year	控制	控制	控制	控制
Industry	控制	控制	控制	控制
N	13613	13613	13613	13613
调整的 R^2		0.577		0.620
F 值		181.24***		198.93***

注：***、**、* 分别表示在 1%、5%、10% 水平上显著；回归（1）和回归（3）

括号中的值为经过稳健性修正的 Z 统计量，回归（2）和回归（4）括号中的值为经过稳健性修正的 T 统计量；表中回归结果的模型分别如下：

（1）$\Pr(CFOownbd = 1) = \alpha_0 + \alpha_1 CFOtenure + \alpha_2 CFOotherbd + \alpha_i Controls + \varepsilon$

（2）$StdDa2005 = \alpha_0 + \alpha_1 CFOownbd + \alpha_2 IMR + \alpha_i Controls + \varepsilon$

（3）$\Pr(CFOownbd = 1) = \alpha_0 + \alpha_1 CFOtenure + \alpha_2 CFOotherbd + \alpha_i Controls + \varepsilon$

（4）$StdAcc2005 = \alpha_0 + \alpha_1 CFOownbd + \alpha_2 IMR + \alpha_i Controls + \varepsilon$

其中，CFOownbd 为财务总监财务执行力，若财务总监进入公司董事会担任内部董事，定义为1，否则为0；CFOtenure 财务总监任期为工具变量，定义为财务总监任职年限的自然对数；CFOotherbd 财务总监外部董事为工具变量，若财务总监在其他公司董事会担任董事为1，否则为0；StdDa2005 为异常营运性应计的标准差；StdAcc2005 为操纵性应计的标准差；IMR 为逆米尔斯比。Controls 为各控制变量，定义如下：Indep 为董事会独立性，定义为独立董事人数/董事总人数；Mw 为内部控制重大缺陷，若上市公司披露内部控制重大缺陷，定义为1，否则为0；Mb 为账面市值比率，定义为权益的市场价值/普通股的账面价值；Size 为公司规模，定义为总资产的自然对数；Lev 为资产负债率，定义为总负债/总资产；Proploss 为亏损年数比重，定义为公司前3年中亏损年数所占的比重；Stdsales 为营业收入标准差，定义为公司前3年营业收入占总资产比例的标准差；Stdocf 为经营现金流标准差，定义为公司前3年经营活动现金流量净额占总资产比例的标准差；Inv_Rec 为盈余管理柔性，定义为（存货+应收账款）/总资产；Intangible 为无形资产，若公司有无形资产，定义为1，否则为0；Age 为公司上市年数，定义为公司自上市至研究年度时间的自然对数；Big4 为国际四大，若公司的会计师事务所为国际四大，定义为1，否则为0；Roa 为总资产报酬率，定义为净利润／平均资产总额；Industry 为行业变量，定义为行业虚拟变量；Year 为年度变量，定义为年度虚拟变量。

表4-7报告了使用KLW模型进行盈余管理指标敏感性的Heckman两阶段回归结果。回归（1）和回归（2）报告了因变量为异常营运性应计的标准差（StdDa2005）时的Heckman两阶段回归结果。从表4-7可以看出，在第一阶段模型（Ⅰ）的Probit回归（1）中，本章控制了外生变量CFOotherbd、CFOtenure以及董事会独立性等因素的影响。第二阶段回归（2）结果显示，IMR 显著为正，说明存在自选择问题，控制自选择效应

后,财务总监财务执行力($CFOownbd$)的系数为-0.027,且在1%的水平上显著,说明相比财务总监未进入董事会担任内部董事的企业,财务总监进入董事会担任内部董事的企业的盈余管理水平显著更低,企业财务报告质量显著更高,进一步支持了假说H4.1a。

回归(3)和回归(4)报告了因变量为操纵性应计的标准差($StdAcc2005$)时的Heckman两阶段回归结果。从表4-7可以看出,第一阶段模型(Ⅰ)的Probit回归(3)把财务总监外部董事($CFOotherbd$)和财务总监任期($CFOtenure$)作为影响财务总监财务执行力($CFOownbd$)的外生变量,同时控制其他影响财务总监财务执行力的因素。第二阶段回归(4)结果显示,IMR显著为正,说明存在自选择问题,控制自选择效应后,财务总监财务执行力($CFOownbd$)的系数为-0.032,且在1%的水平上显著,说明相比财务总监未进入董事会担任内部董事的企业,财务总监进入董事会担任内部董事的企业的盈余管理水平显著更低,企业财务报告质量显著更高。

综合表4-7的回归(1)和回归(4),本章发现,财务总监进入董事会担任内部董事的企业,其异常营运性应计的标准差显著较低、操纵性应计的标准差显著较低,财务报告质量显著较高,即财务总监进入董事会担任内部董事能够提高其财务执行力,显著提升财务报告质量,进一步支持了假说H4.1a。

2. 财务重述(FR)

财务重述是上市公司发现并纠正前期财务报告差错的过程(Skinner,1997;GAO,2002;Palmrose和Scholz,2004;何威风和刘启亮,2010)。财务重述作为衡量财务报告质量的一个指标,其优点是研究者不必再使用模型把低质量的上市公司区分开来;其缺点是受到上市公司财务重述公告的信息披露完整性的较大限制。本章采用财务重述作为上市公司财务报告质量的代理变量,若上市公司存在财务重述,则其财务报告质量较低。

借鉴 Hennes 等 (2008)、李小荣和刘行 (2012) 以及孙光国和郭睿 (2015),本章采用财务重述作为财务报告质量的代理变量,若上市公司存在财务重述,则财务报告质量越低。若上市公司发生财务重述,定义 FR 为 1,否则为 0。

尽管盈余管理标准差 ($StdEM$) 和财务重述 (FR) 均度量了财务报告质量,但是这些因变量的影响因素并不完全相同。基于此,本章对因变量为盈余管理标准差 ($StdEM$) 和财务重述 (FR) 模型分别设计控制变量。

借鉴 Ashbaugh-Skaife 等 (2009)、Hoitash 等 (2009) 和 Bedard 等 (2014) 等已有研究文献,对因变量为财务重述 (FR) 的模型,本章设置了 $Indep$、$Size$、$Big4$、$Growth$、$Loss$、$Industry$、$Year$ 等控制变量。其中,$Indep$ 为董事会独立性,定义为独立董事人数/董事总人数;$Size$ 为公司规模,定义为总资产的自然对数;$Big4$ 为国际四大,若公司的会计师事务所为国际四大,定义为 1,否则为 0;$Growth$ 为成长性,定义为若公司当年经行业调整的营业收入增长率大于中位数,定义为 1,否则为 0;$Loss$ 为企业亏损状态,若公司当年发生亏损 (净利润小于 0),定义为 1,否则为 0;$Industry$ 为行业变量,定义为行业虚拟变量;$Year$ 为年度变量,定义为年度虚拟变量。

为了研究财务总监财务执行力对财务报告质量 (其代理变量为财务重述 FR) 的影响,且为了控制内生性问题对研究结论的影响,本章借鉴 Bedard 等 (2014) 和向锐 (2015) 等研究,采用财务总监外部董事 ($CFOotherbd$) 和财务总监任期 ($CFOtenure$) 作为工具变量,并运用 Heckman (1979) 两阶段自选择矫正模型进行回归。

第4章 财务总监财务执行力与财务报告质量的总体特征

第一阶段 Probit 模型如下：

$$\Pr(CFOownbd = 1) = \alpha_0 + \alpha_1 CFOtenure + \alpha_2 CFOotherbd + \alpha_i Controls + \varepsilon \quad (\text{I})$$

其中，被解释变量 $CFOownbd$ 为财务总监财务执行力，定义为若财务总监进入公司董事会担任内部董事，定义为 1，否则为 0；$CFOtenure$ 和 $CFOotherbd$ 为外生工具变量；$Controls$ 为控制变量，即影响财务总监财务执行力的变量。

第二阶段 Logit 模型如下：

$$\text{Logit}(FR) = \alpha_0 + \alpha_1 CFOownbd + \alpha_2 IMR + \alpha_i Controls + \varepsilon \quad (\text{III})$$

其中，FR 为被解释变量，定义为若上市公司发生财务重述，定义 FR 为 1，否则为 0；$CFOownbd$ 为财务总监财务执行力，定义为若财务总监进入公司董事会担任内部董事，定义为 1，否则为 0；IMR 为第一阶段回归得到的逆米尔斯比；$Controls$ 为控制变量，包括财务状况、审计质量和公司治理等各方面因素，具体定义详见表 4-1。

表 4-8 使用财务重述 FR 作为财务报告质量的衡量指标，报告了模型（Ⅰ）和模型（Ⅲ）的 Heckman 两阶段回归结果。从表 4-8 可以看出，在第一阶段模型（Ⅰ）的 Probit 回归（1）中，本章把财务总监外部董事（$CFOotherbd$）和财务总监任期（$CFOtenure$）作为影响财务总监财务执行力（$CFOownbd$）的外生变量，同时控制其他影响财务总监财务执行力的因素，包括董事会独立性（$Indep$）、公司规模（$Size$）、企业亏损状态（$Loss$）等变量。第二阶段模型（Ⅲ）的回归（2）结果显示，IMR 显著为正，说明存在自选择问题，控制自选择效应后，财务总监财务执行力 $CFOownbd$ 的系数为 -1.408，且在 1% 的水平上显著，说明相比财务总监未进入董事会担任内部董事的企业，财务总监进入董事会担任内部董事的企业发生财务重述的可能性显著更低，

财务报告质量显著更高，进一步支持了假说 H4.1a：限定其他条件，财务总监进入董事会担任内部董事能够提高其财务执行力，显著提升企业财务报告质量。

表 4-8 财务总监财务执行力与财务报告质量：财务重述视角

	（1）第一阶段 DV = $CFOownbd$	（2）第二阶段 DV = FR
$CFOownbd$		-1.408***
		(-3.06)
$Indep$	-1.811***	-0.674
	(-8.30)	(-1.39)
$Size$	-0.057***	-0.085***
	(-5.73)	(-4.09)
$Big4$	0.018	-0.512***
	(0.34)	(-4.03)
$Growth$	-0.041*	0.100**
	(-1.85)	(2.22)
$Loss$	0.019	0.296***
	(0.52)	(4.37)
$Intercept$	0.963***	0.961
	(3.99)	(1.61)
$CFOotherbd$	0.301***	
	(3.62)	
$CFOtenure$	0.320***	
	(11.97)	
IMR		0.837***
		(3.06)

续表

	（1）	（2）
	第一阶段	第二阶段
	DV = CFOownbd	DV = FR
Year	控制	控制
Industry	控制	控制
N	15386	15386

注：***、**、* 分别表示在1%、5%、10%水平上显著；括号中的值为经过稳健性修正的Z统计量；表中回归结果的模型分别如下：

(1) $\Pr(CFOownbd = 1) = \alpha_0 + \alpha_1 CFOtenure + \alpha_2 CFOotherbd + \alpha_i Controls + \varepsilon$ （Ⅰ）

(2) $\text{Logit}(FR) = \alpha_0 + \alpha_1 CFOownbd + \alpha_2 IMR + \alpha_i Controls + \varepsilon$ （Ⅲ）

其中，CFOownbd 为财务总监财务执行力，若财务总监进入公司董事会担任内部董事，定义为1，否则为0；CFOtenure 财务总监任期为工具变量，定义为财务总监任职年限的自然对数；CFOotherbd 财务总监外部董事为工具变量，若财务总监在其他公司董事会担任董事为1，否则为0；FR 为财务重述，若公司当年发生财务重述，定义为1，否则为0；IMR 为逆米尔斯比。Controls 为各控制变量，定义如下：Indep 为董事会独立性，定义为独立董事人数/董事总人数；Size 为公司规模，定义为总资产的自然对数；Big4 为国际四大，若公司的会计师事务所为国际四大，定义为1，否则为0；Growth 为成长性，若公司当年经行业调整的营业收入增长率大于中位数，定义为1，否则为0；Loss 为企业亏损状态，若公司当年发生亏损（净利润小于0），定义为1，否则为0；Industry 为行业变量，定义为行业虚拟变量；Year 为年度变量，定义为年度虚拟变量。

从控制变量上看，Big4 与财务报告质量负相关，Loss、Growth 与财务报告质量显著正相关，与现有研究一致（Bedard 等，2014；叶康涛等，2015），这表明本章的研究具有较高的可靠性。

3. 会计重述（FR）

我国财务重述的类型主要包括技术问题重述、应法律法规或交易所要求重述、敏感问题重述和会计重述。已有研究发现，发生会计重述的公司财务报告质量更差（贺建刚等，2013）。为此，本章重新定义财务重述 FR，即若上市公司发生会计重述，定义 FR 为 1，否则为 0，并用重新定义的 FR 对模型（Ⅰ）和模型（Ⅲ）进行回归。

表 4-9 报告了基于会计重述视角的财务重述指标敏感性的 Heckman 两阶段回归结果。从表 4-9 可以看出，在第一阶段模型（Ⅰ）的 Probit 回归（1）中，本章控制了外生变量 $CFOotherbd$、$CFOtenure$ 以及董事会独立性等因素的影响。第二阶段模型（Ⅲ）的回归（2）结果显示，IMR 显著为正，说明存在自选择问题，控制自选择效应后，财务总监财务执行力（$CFOownbd$）的系数为 -2.356，且在 5% 的水平上显著，这表明，财务总监财务执行力每提高 1 个单位，会计重述发生的可能性就显著降低 2.356 个单位，财务报告质量就会显著提高 2.356 个单位。

表 4-9　财务总监财务执行力与财务报告质量：会计重述视角

	（1）第一阶段 DV = $CFOownbd$	（2）第二阶段 DV = FR
$CFOownbd$		-2.356**
		(-2.08)
$Indep$	-1.811***	1.201
	(-8.30)	(1.02)
$Size$	-0.057***	-0.008
	(-5.73)	(-0.16)
$Big4$	0.018	-1.359***
	(0.34)	(-2.87)

第4章 财务总监财务执行力与财务报告质量的总体特征

续表

	（1）第一阶段 DV = $CFOownbd$	（2）第二阶段 DV = FR
$Growth$	-0.041*	0.020
	(-1.85)	(0.17)
$Loss$	0.019	0.288*
	(0.52)	(1.70)
$Intercept$	0.963***	-3.592**
	(3.99)	(-2.45)
$CFOotherbd$	0.301***	
	(3.62)	
$CFOtenure$	0.320***	
	(11.97)	
IMR		1.341**
		(2.00)
$Year$	控制	控制
$Industry$	控制	控制
N	15386	14943

注：***、**、* 分别表示在1%、5%、10%水平上显著；括号中的值为经过稳健性修正的Z统计量；表中回归结果的模型分别如下：

（1） $\Pr(CFOownbd=1) = \alpha_0 + \alpha_1 CFOtenure + \alpha_2 CFOotherbd + \alpha_i Controls + \varepsilon$ （Ⅰ）

（2） $\text{Logit}(FR) = \alpha_0 + \alpha_1 CFOownbd + \alpha_2 IMR + \alpha_i Controls + \varepsilon$ （Ⅲ）

其中，$CFOownbd$ 为财务总监财务执行力，若财务总监进入公司董事会担任内部董事，定义为1，否则为0；$CFOtenure$ 财务总监任期为工具变量，定义为财务总监任职年限的自然对数；$CFOotherbd$ 财务总监外部董事为工具变量，若财务总监在其他公司董事会担任董事为1，否则为0；FR 为财务重述，若公司当年发生财务重述，定义为1，否则为0；IMR 为逆米尔斯比。$Controls$ 为各控制变量，定义如下：$Indep$ 为董事会独立性，定义为独立董事人数/董事总人数；$Size$ 为公司规模，定义为总资产的自然对数;*Big*4 为国际四大,若公司的会计师事务所为国际四大,定义为 1,否则为 0;*Growth* 为成长性,若公司当年经行业调整的营业收入增长率大于中位数,定义为 1,否则为 0;*Loss* 为企业亏损状态,若公司当年发生亏损(净利润小于 0),定义为 1,否则为 0;*Industry* 为行业变量,定义为行业虚拟变量;*Year* 为年度变量,定义为年度虚拟变量。

而从表 4-8 可以看出,财务总监财务执行力每提高 1 个单位,财务重述发生的可能性就显著降低 1.408 个单位,财务报告质量就会显著提高 1.408 个单位,即财务总监财务执行力降低会计重述的可能性(2.356),比降低财务重述的可能性(1.408)显著提升了 67.33% [(2.356-1.408)/1.408],对财务报告质量提升的作用也显著提高了 67.33%。这表明,表 4-9 的回归结果进一步支持了假说 H4.1a。即财务总监进入董事会担任内部董事能够提高其财务执行力,显著提升企业财务报告质量。

4. 内部控制信息披露质量(*IC*)

借鉴杨有红和毛新述(2011)和叶康涛等(2015),本章使用内部控制信息披露指数作为上市公司财务报告质量的代理变量。上市公司内部控制信息披露指数越高,则财务报告质量越高。内部控制信息披露质量指数来源于"迪博·内部控制指数",在会计学术界有较高的运用度(佟岩和徐峰,2013)。内部控制信息披露质量指数设计基于 C-SOX 体系五要素,包含 5 个一级指标(即,内部环境、风险评估、控制活动、信息与沟通、内部监督)来衡量公司内部控制信息披露质量情况,一级指标下面共设置了 65 个二级指标,若在公司披露的内部控制文件中包含其中的某一项,则将该指标设置为 1,否则为 0;然后,将对应的二级指标加总得到一级指标的得分(叶康涛等,2015)。

尽管盈余管理标准差(*StdEM*)、财务重述(*FR*)和内部控制信息披露质量（IC）均度量了财务报告质量，但是这些因变量的影响因素并不完全相同。基于此，本章对因变量为盈余管理标准差（StdEM）、财务重述（FR）和内部控制信息披露质量（IC）的模型分别设计控制变量。

借鉴杨有红和毛新述（2011）、叶康涛等（2015）、陆瑶和胡江燕（2016）等已有研究文献，对因变量为内部控制信息披露质量（IC）的模型，本章设置了 Indep、Size、Big4、Growth、Tophold、Industry、Year 等控制变量。其中，Indep 为董事会独立性，定义为独立董事人数/董事总人数；Size 为公司规模，定义为总资产的自然对数；Big4 为国际四大，若公司的会计师事务所为国际四大，定义为1，否则为0；Growth 为成长性，定义为若公司当年经行业调整的营业收入增长率大于中位数，定义为1，否则为0；Tophold 为股权集中度，定义为公司第一大股东的持股比例；Industry 为行业变量，定义为行业虚拟变量；Year 为年度变量，定义为年度虚拟变量。

为了研究财务总监财务执行力对财务报告质量（其代理变量为内部控制信息披露质量 IC）的影响，且为了控制内生性问题对研究结论的影响，本章借鉴 Bedard 等（2014）和向锐（2015）等研究，采用财务总监外部董事（CFOotherbd）和财务总监任期（CFOtenure）作为工具变量，并运用 Heckman（1979）两阶段自选择矫正模型进行回归，重新检验财务总监财务执行力对财务报告质量的作用方向。

第一阶段 Probit 模型如下：

$$\Pr(CFOownbd = 1) = \alpha_0 + \alpha_1 CFOtenure + \alpha_2 CFOotherbd + \alpha_i Controls + \varepsilon \qquad (\text{I})$$

其中，被解释变量 CFOownbd 为财务总监财务执行力，定义为若财务总监进入公司董事会担任内部董事，定义为1，否则为

0；$CFOtenure$ 和 $CFOotherbd$ 为外生工具变量；$Controls$ 为控制变量，即影响财务总监财务执行力的变量。

第二阶段 OLS 模型如下：

$$IC = \alpha_0 + \alpha_1 CFOownbd + \alpha_2 IMR + \alpha_i Controls + \varepsilon \qquad (Ⅳ)$$

其中，被解释变量 IC 为内部控制信息披露质量，定义为迪博·内部控制信息披露指数的自然对数；$CFOownbd$ 为财务总监财务执行力，定义为若财务总监进入公司董事会担任内部董事，定义为 1，否则为 0；IMR 为第一阶段回归得到的逆米尔斯比；$Controls$ 为控制变量，包括财务状况、审计质量和公司治理等各方面因素，具体定义详见表 4-1。

表 4-10 使用内部控制信息披露质量 IC 作为财务报告质量的衡量指标，报告了模型（Ⅰ）和模型（Ⅳ）的 Heckman 两阶段回归结果。从表 4-10 可以看出，在第一阶段模型（Ⅰ）的 Probit 回归（1）中，本章把财务总监外部董事（$CFOotherbd$）和财务总监任期（$CFOtenure$）作为影响财务总监财务执行力（$CFOownbd$）的外生变量，同时控制其他影响财务总监财务执行力的因素，包括董事会独立性（$Indep$）、公司规模（$Size$）、股权集中度（$Tophold$）等变量。第二阶段模型（Ⅳ）的回归（2）结果显示，IMR 显著为负，说明存在自选择问题，控制自选择效应后，财务总监财务执行力 $CFOownbd$ 的系数为 1.087，且在 1% 的水平上显著，这表明，相比财务总监未进入董事会担任内部董事的企业，财务总监进入董事会担任内部董事的企业的内部控制信息披露质量显著更高，财务报告质量显著更高，进一步支持了假说 H4.1a：限定其他条件，财务总监进入董事会担任内部董事能够提高其财务执行力，显著提升财务报告质量。

第4章 财务总监财务执行力与财务报告质量的总体特征

表 4-10　财务总监财务执行力与财务报告质量：内控信息披露视角

	(1) 第一阶段 DV = *CFOownbd*	(2) 第二阶段 DV = *IC*
CFOownbd		1.087***
		(5.26)
Indep	-1.858***	0.616***
	(-8.43)	(2.85)
Size	-0.039***	0.209***
	(-3.79)	(17.29)
Big4	0.035	-0.155***
	(0.65)	(-4.04)
Growth	-0.060***	0.244***
	(-2.69)	(12.33)
Intercept	0.633***	1.166***
	(2.58)	(3.72)
Tophold	-0.496***	0.131**
	(-7.11)	(2.20)
CFOotherbd	0.307***	
	(3.67)	
CFOtenure	0.342***	
	(12.52)	
IMR		-0.676***
		(-5.43)
Year	控制	控制
Industry	控制	控制
N	15167	15167
调整的 R^2		0.061

注：***、**、* 分别表示在 1%、5%、10% 水平上显著；回归（1）括号中的值为经过稳健性修正的 Z 统计量，回归（2）括号中的值为经过稳健性修正的 T 统计量；表中回归结果的模型分别如下：

(1) $\Pr(CFOownbd = 1) = \alpha_0 + \alpha_1 CFOtenure + \alpha_2 CFOotherbd + \alpha_i Controls + \varepsilon$ （Ⅰ）

(2) $IC = \alpha_0 + \alpha_1 CFOownbd + \alpha_2 IMR + \alpha_i Controls + \varepsilon$ （Ⅳ）

其中，$CFOownbd$ 为财务总监财务执行力，若财务总监进入公司董事会担任内部董事，定义为 1，否则为 0；$CFOtenure$ 财务总监任期为工具变量，定义为财务总监任职年限的自然对数；$CFOotherbd$ 财务总监外部董事为工具变量，若财务总监在其他公司董事会担任董事为 1，否则为 0；IC 为内部控制信息披露质量，定义为迪博·内部控制信息披露指数的自然对数；IMR 为逆米尔斯比。$Controls$ 为各控制变量，定义如下：$Indep$ 为董事会独立性，定义为独立董事人数/董事总人数；$Size$ 为公司规模，定义为总资产的自然对数；$Big4$ 为国际四大，若公司的会计师事务所为国际四大，定义为 1，否则为 0；$Growth$ 为成长性，若公司当年经行业调整的营业收入增长率大于中位数，定义为 1，否则为 0；$Tophold$ 为股权集中度，定义为公司第一大股东的持股比例；$Industry$ 为行业变量，定义为行业虚拟变量；$Year$ 为年度变量，定义为年度虚拟变量。

从控制变量上看，$Big4$ 与财务报告质量负相关，$Loss$、$Growth$ 与财务报告质量显著正相关，与现有研究一致（Bedard 等，2014；叶康涛等，2015），这表明本章的研究具有较高的可靠性。

综合表 4-7、表 4-8、表 4-9 以及表 4-10，本章发现，财务总监进入董事会担任内部董事的企业，其盈余管理标准差显著较低（表现为异常营运性应计的标准差显著较低、操纵性应计的标准差也显著较低）、发生财务重述的可能性显著较小、发生会计重述的可能性显著较小、内部控制信息披露质量显著较高，即财务总监进入董事会担任内部董事能够提高其财务执行力，显著提升了企业财务报告质量，进一步支持了假说 H4.1a。

4.5.2 财务总监财务执行力的其他度量指标

借鉴 Beck 和 Mauldin（2014），财务总监薪酬越高，财务总监的权力越大、财务总监的财务执行力越高。基于此，本章使用财务总监薪酬的自然对数作为财务总监财务执行力（$CFOownbd$）的替代衡量指标，重新进行回归以检验财务总监财务执行力对财务报告质量的作用方向，回归结果如表 4-11 所示。

表 4-11　财务总监财务执行力与财务报告质量：财务总监财务执行力的其他度量指标

	（1）第一阶段 DV = $CFOownbd$	（2）第二阶段 DV = $StdEM$
$CFOownbd$		-0.003***
		(-3.50)
$Indep$	-0.364***	0.018**
	(-3.82)	(2.07)
Mw	-0.038	-0.000
	(-0.51)	(-0.03)
Mb	-0.514***	-0.013***
	(-15.25)	(-4.39)
$Size$	0.302***	-0.007***
	(43.73)	(-9.65)
Lev	-0.259***	0.040***
	(-7.67)	(9.89)
$Proploss$	-0.305***	0.028***
	(-8.88)	(7.45)
$Stdsales$	0.109**	0.032***
	(2.05)	(5.86)

续表

	（1） 第一阶段 DV = CFOownbd	（2） 第二阶段 DV = StdEM
Stdocf	-0.353**	0.407***
	(-2.55)	(26.31)
Inv_Rec	0.264***	-0.029***
	(7.02)	(-7.54)
Intangible	0.068**	-0.010***
	(2.01)	(-2.65)
Age	-0.003	0.009***
	(-0.38)	(11.33)
Big4	0.172***	-0.002
	(6.96)	(-1.18)
Roa	1.530***	0.042***
	(12.70)	(2.84)
Intercept	7.308***	0.205***
	(51.13)	(13.96)
CFOotherbd	0.065	
	(1.56)	
CFOtenure	-0.029**	
	(-2.40)	
IMR		0.000*
		(1.69)
Year	控制	控制
Industry	控制	控制
N	13594	13594
调整的 R^2	0.380	0.244

注：***、**、* 分别表示在1%、5%、10%水平上显著；回归（1）括号中的值为经过稳健性修正的 Z 统计量，回归（2）括号中的值为经过稳健性修正的 T 统计量；

第 4 章　财务总监财务执行力与财务报告质量的总体特征

表中回归结果的模型分别如下：

(1) $\Pr(CFOownbd = 1) = \alpha_0 + \alpha_1 CFOtenure + \alpha_2 CFOotherbd + \alpha_i Controls + \varepsilon$ （Ⅰ）

(2) $StdEM = \alpha_0 + \alpha_1 CFOownbd + \alpha_2 IMR + \alpha_i Controls + \varepsilon$ （Ⅱ）

其中，$CFOownbd$ 为财务总监财务执行力，若财务总监进入公司董事会担任内部董事，定义为 1，否则为 0；$CFOtenure$ 财务总监任期为工具变量，定义为财务总监任职年限的自然对数；$CFOotherbd$ 财务总监外部董事为工具变量，若财务总监在其他公司董事会担任董事为 1，否则为 0；$StdEM$ 为盈余管理标准差，定义为操纵性应计标准差和应计质量标准差的平均值；IMR 为逆米尔斯比。$Controls$ 为各控制变量，定义如下：$Indep$ 为董事会独立性，定义为独立董事人数/董事总人数；Mw 为内部控制重大缺陷，若上市公司披露内部控制重大缺陷，定义为 1，否则为 0；Mb 为账面市值比率，定义为权益的市场价值/普通股的账面价值；$Size$ 为公司规模，定义为总资产的自然对数；Lev 为资产负债率，定义为总负债/总资产；$Proploss$ 为亏损年数比重，定义为公司前 3 年中亏损年数所占的比重；$Stdsales$ 为营业收入标准差，定义为公司前 3 年营业收入占总资产比例的标准差；$Stdocf$ 为经营现金流标准差，定义为公司前 3 年经营活动现金流量净额占总资产比例的标准差；Inv_Rec 为盈余管理柔性，定义为（存货＋应收账款）／总资产；$Intangible$ 为无形资产，若公司有无形资产，定义为 1，否则为 0；Age 为公司上市年数，定义为公司自上市至研究年度时间的自然对数；$Big4$ 为国际四大，若公司的会计师事务所为国际四大，定义为 1，否则为 0；Roa 为总资产报酬率，定义为净利润／平均资产总额；$Industry$ 为行业变量，定义为行业虚拟变量；$Year$ 为年度变量，定义为年度虚拟变量。

表 4－11 使用盈余管理标准差（$StdEM$）作为财务报告质量的衡量指标，报告了模型（Ⅰ）和模型（Ⅱ）的 Heckman 两阶段回归结果。从表 4－11 可以看出，第一阶段模型（1）的被解释变量为财务总监薪酬的自然对数替代衡量的财务总监财务执行力（$CFOownbd$）指标。第一阶段回归（1）把财务总监外部董事（$CFOotherbd$）和财务总监任期（$CFOtenure$）作为影响财务总监财务执行力（$CFOownbd$）的外生变量，同时控制其他影响财务总监财务执行力的因素。第二阶段回归（2）中 $CFOownbd$ 的系数为 －0.003，且在 1% 的水平上显著，这表明，财务总监

进入董事会担任内部董事的企业,其盈余管理标准差显著较低,即财务总监进入董事会担任内部董事能够提高其财务执行力,显著提升企业财务报告质量,进一步支持假说 H4.1a。

4.5.3 内生性检验

财务总监财务执行力与财务报告质量二者之间还有可能存在着反向因果关系,即财务报告质量的改善是由于财务总监财务执行力的提升,而财务报告质量的改善也将使得财务总监的声誉、地位和权力得以提升,在这种情况下,财务总监更有可能获得董事会的信任,从而获得董事会的任命而担任内部董事。因此,两者可能是一个均衡机制共同作用的结果。

为了使研究结论更加稳健,借鉴 Bedard 等(2014)和江轩宇(2016),本章在选取合适工具变量的基础上,采用另外一种克服内生性问题的方法——两阶段工具变量法(2SLS),即选取影响财务总监财务执行力(*CFOownbd*)的外生变量财务总监外部董事(*CFOotherbd*)和财务总监任期(*CFOtenure*),控制潜在的内生性。工具变量法下两阶段最小二乘法(2SLS)的具体应用步骤如下:第一阶段,内生解释变量(*CFOownbd*,财务总监的财务执行力)对选取的工具变量回归得到拟合值;第二阶段,将主回归中内生解释变量用第一阶段的拟合值代替进行回归分析(Wooldridge,2002;吴溪,2012)。

表 4-12 使用盈余管理标准差(*StdEM*)作为财务报告质量的衡量指标,报告了盈余管理视角下的 2SLS 估计结果。表 4-12 的第一阶段 Probit 回归(1)对外生工具变量 *CFOotherbd*、*CFOtenure* 以及董事会独立性等因素进行回归得到内生解释变量 *CFOownbd*(财务总监的财务执行力)的拟合值。第二阶段将主回归中内生解释变量 *CFOownbd*(财务总监的财务执行力)用第

第4章 财务总监财务执行力与财务报告质量的总体特征

一阶段的拟合值代替进行回归分析。第二阶段回归（2）的结果显示，财务总监财务执行力的指标 *CFOownbd* 的回归系数为 -0.042，且在 1% 的水平上显著，说明相比财务总监未进入董事会担任内部董事的企业，财务总监进入董事会担任内部董事的企业的盈余管理水平更低，财务报告质量显著更高，进一步支持了假说 H4.1a。

表 4-12　　　　2SLS 估计结果：盈余管理视角

	（1） 第一阶段 DV = *CFOownbd*	（2） 第二阶段（2SLS） DV = *StdEM*
CFOownbd		-0.042***
		(-5.09)
Indep	-1.764***	0.000
	(-7.56)	(0.05)
Mw	-0.183	-0.002
	(-1.09)	(-0.40)
Mb	0.033	-0.020***
	(0.43)	(-7.61)
Size	-0.045***	-0.000
	(-2.92)	(-0.56)
Lev	0.028	0.031***
	(0.37)	(9.36)
Proploss	0.146*	0.035***
	(1.91)	(10.34)
Stdsales	-0.141	0.030***
	(-1.28)	(5.76)
Stdocf	1.326***	0.872***
	(4.69)	(60.08)

续表

	（1） 第一阶段 DV = $CFOownbd$	（2） 第二阶段（2SLS） DV = $StdEM$
Inv_Rec	-0.246***	0.003
	(-2.95)	(1.13)
$Intangible$	-0.012	-0.003
	(-0.16)	(-1.02)
Age	-0.039*	0.003***
	(-1.79)	(3.99)
$Big4$	0.002	-0.009***
	(0.04)	(-6.89)
Roa	0.169	0.071***
	(0.68)	(4.84)
$Intercept$	0.688**	0.024*
	(2.15)	(1.86)
$CFOotherbd$	0.286***	
	(3.26)	
$CFOtenure$	0.317***	
	(11.11)	
Year	控制	控制
Industry	控制	控制
N	13613	13613
调整的 R^2		0.560
F 值		188.90***

注：***、**、* 分别表示在1%、5%、10%水平上显著；回归（1）括号中的值为经过稳健性修正的 Z 统计量，回归（2）括号中的值为经过稳健性修正的 T 统计量；表中回归结果的模型分别如下：

(1) $\Pr(CFOownbd=1) = \alpha_0 + \alpha_1 CFOtenure + \alpha_2 CFOotherbd + \alpha_i Controls + \varepsilon$

(2) $StdEM = \alpha_0 + \alpha_1 CFOownbd + \alpha_i Controls + \varepsilon$

第4章 财务总监财务执行力与财务报告质量的总体特征

其中，*CFOownbd* 为财务总监财务执行力，若财务总监进入公司董事会担任内部董事，定义为1，否则为0；*CFOtenure* 财务总监任期为工具变量，定义为财务总监任职年限的自然对数；*CFOotherbd* 财务总监外部董事为工具变量，若财务总监在其他公司董事会担任董事为1，否则为0；*StdEM* 为盈余管理标准差，定义为操纵性应计标准差和应计质量标准差的平均值。*Controls* 为各控制变量，定义如下：*Indep* 为董事会独立性，定义为独立董事人数/董事总人数；*Mw* 为内部控制重大缺陷，若上市公司披露内部控制重大缺陷，定义为1，否则为0；*Mb* 为账面市值比率，定义为权益的市场价值/普通股的账面价值；*Size* 为公司规模，定义为总资产的自然对数；*Lev* 为资产负债率，定义为总负债/总资产；*Proploss* 为亏损年数比重，定义为公司前3年中亏损年数所占的比重；*Stdsales* 为营业收入标准差，定义为公司前3年营业收入占总资产比例的标准差；*Stdocf* 为经营现金流标准差，定义为公司前3年经营活动现金流量净额占总资产比例的标准差；*Inv_Rec* 为盈余管理柔性，定义为（存货+应收账款）/总资产；*Intangible* 为无形资产，若公司有无形资产，定义为1，否则为0；*Age* 为公司上市年数，定义为公司自上市至研究年度时间的自然对数；*Big4* 为国际四大，若公司的会计师事务所为国际四大，定义为1，否则为0；*Roa* 为总资产报酬率，定义为净利润/平均资产总额；*Industry* 为行业变量，定义为行业虚拟变量；*Year* 为年度变量，定义为年度虚拟变量。

表4-13报告了财务重述、内部控制信息披露质量视角下的2SLS估计结果。

表4-13　2SLS估计结果：财务重述、内控信息披露质量视角

	(1) 第一阶段 DV = *CFOownbd*	(2) 第二阶段 (2SLS) DV = *FR*	(3) 第一阶段 DV = *CFOownbd*	(4) 第二阶段 (2SLS) DV = *IC*
CFOownbd		-1.503***		1.055***
		(-3.08)		(4.76)
Indep	-1.811***	-0.721	-1.858***	0.593***
	(-8.30)	(-1.46)	(-8.43)	(2.66)

续表

	(1) 第一阶段 DV = *CFOownbd*	(2) 第二阶段（2SLS） DV = *FR*	(3) 第一阶段 DV = *CFOownbd*	(4) 第二阶段（2SLS） DV = *IC*
Size	-0.057***	-0.087***	-0.039***	0.209***
	(-5.73)	(-4.14)	(-3.79)	(17.24)
Big4	0.018	-0.509***	0.035	-0.157***
	(0.34)	(-4.01)	(0.65)	(-4.08)
Growth	-0.041*	0.099**	-0.060***	0.243***
	(-1.85)	(2.20)	(-2.69)	(12.32)
Intercept	0.963***	1.033*	0.633***	1.183***
	(3.99)	(1.70)	(2.58)	(3.70)
Loss	0.019	0.298***		
	(0.52)	(4.41)		
Tophold			-0.496***	0.125**
			(-7.11)	(2.09)
CFOotherbd	0.301***		0.307***	
	(3.62)		(3.67)	
CFOtenure	0.320***		0.342***	
	(11.97)		(12.52)	
Year	控制	控制	控制	控制
Industry	控制	控制	控制	控制
N	15386	15386	15167	15167
调整的 R^2				0.060

注：***、**、* 分别表示在 1%、5%、10% 水平上显著；回归（1）至回归（3）括号中的值为经过稳健性修正的 Z 统计量，回归（4）括号中的值为经过稳健性修正的 T 统计量；表中回归结果的模型分别如下：

(1) $\Pr(CFOownbd = 1) = \alpha_0 + \alpha_1 CFOtenure + \alpha_2 CFOotherbd + \alpha_i Controls + \varepsilon$

(2) $\text{Logit}(FR) = \alpha_0 + \alpha_1 CFOownbd + \alpha_i Controls + \varepsilon$

第 4 章 财务总监财务执行力与财务报告质量的总体特征

(3) $\Pr(CFOownbd=1) = \alpha_0 + \alpha_1 CFOtenure + \alpha_2 CFOotherbd + \alpha_i Controls + \varepsilon$

(4) $IC = \alpha_0 + \alpha_1 CFOownbd + \alpha_i Controls + \varepsilon$

其中，$CFOownbd$ 为财务总监财务执行力，若财务总监进入公司董事会担任内部董事，定义为 1，否则为 0；$CFOtenure$ 财务总监任期为工具变量，定义为财务总监任职年限的自然对数；$CFOotherbd$ 财务总监外部董事为工具变量，若财务总监在其他公司董事会担任董事为 1，否则为 0；FR 为财务重述，若公司当年发生财务重述，定义为 1，否则为 0；IC 为内部控制信息披露质量，定义为迪博·内部控制信息披露指数的自然对数。$Controls$ 为各控制变量，定义如下：$Indep$ 为董事会独立性，定义为独立董事人数/董事总人数；$Size$ 为公司规模，定义为总资产的自然对数；$Big4$ 为国际四大，若公司的会计师事务所为国际四大，定义为 1，否则为 0；$Growth$ 为成长性，若公司当年经行业调整的营业收入增长率大于中位数，定义为 1，否则为 0；$Loss$ 为企业亏损状态，若公司当年发生亏损（净利润小于 0），定义为 1，否则为 0；$Tophold$ 为股权集中度，定义为公司第一大股东的持股比例；$Industry$ 为行业变量，定义为行业虚拟变量；$Year$ 为年度变量，定义为年度虚拟变量。

表 4-13 的回归（1）和回归（2）中使用财务重述 FR 作为财务报告质量的衡量指标，报告了 2SLS 估计结果。从表 4-13 可以看出，第一阶段 Probit 回归（1）对外生工具变量 $CFOotherbd$、$CFOtenure$ 以及董事会独立性等因素进行回归得到内生解释变量 $CFOownbd$（财务总监的财务执行力）的拟合值。第二阶段将主回归中内生解释变量 $CFOownbd$（财务总监的财务执行力）用第一阶段的拟合值代替进行回归分析。第二阶段回归（2）的结果显示，财务总监财务执行力的指标 $CFOownbd$ 的系数为 -1.503，且在 1% 的水平上显著，说明相比财务总监未进入董事会担任内部董事的企业，财务总监进入董事会担任内部董事的企业发生财务重述的可能性更低，财务报告质量显著更高，进一步支持了假说 H4.1a。

表 4-13 的回归（3）和回归（4）中使用内部控制信息披露质量 IC 作为财务报告质量的衡量指标，报告了 2SLS 估计结

果。从表4-13可以看出,第一阶段Probit回归(3)对外生工具变量 *CFOotherbd*、*CFOtenure* 以及董事会独立性等因素进行回归得到内生解释变量 *CFOownbd*(财务总监的财务执行力)的拟合值。第二阶段将主回归中内生解释变量 *CFOownbd*(财务总监的财务执行力)用第一阶段的拟合值代替进行回归分析。第二阶段回归(4)的结果显示,财务总监财务执行力的指标 *CFOownbd* 的系数为1.055,且在1%的水平上显著,说明相比财务总监未进入董事会担任内部董事的企业,财务总监进入董事会担任内部董事的企业的内部控制信息披露质量显著更高,进而财务报告质量显著更高,进一步支持了假说H4.1a。

综合表4-12和表4-13,本章发现,财务总监进入董事会担任内部董事的企业,其盈余管理标准差显著较低、财务重述发生的可能性显著较小、内部控制信息披露质量显著较高。即财务总监财务执行力能够显著提升企业财务报告质量,进一步支持了假说H4.1a。

4.5.4 进一步的证据

借鉴Roychowdhury(2006),剔除年度了行业样本数不足15家的样本,重新进行回归,以进一步检验财务总监财务执行力对财务报告质量的作用方向,寻求更进一步的经验证据。

表4-14使用盈余管理标准差(*StdEM*)作为财务报告质量的衡量指标,报告了模型(Ⅰ)和模型(Ⅱ)的Heckman两阶段回归结果。从表4-14可以看出,在第一阶段模型(Ⅰ)的Probit回归(1)中,本章控制了外生变量 *CFOotherbd*、*CFOtenure* 以及董事会独立性等因素的影响。第二阶段模型(Ⅱ)回归(2)的结果显示,*IMR* 显著为正,说明存在自选择问题,控制自选择效应后,财务总监财务执行力(*CFOownbd*)的系数为

−0.038，且在1％的水平上显著，这表明，相比财务总监未进入董事会担任内部董事的企业，财务总监进入董事会担任内部董事的企业的盈余管理水平显著较低，财务报告质量显著较高，进一步支持了假说H4.1a。

表4-14 进一步控制其他因素的影响：盈余管理视角

	（1） 第一阶段 DV = *CFOownbd*	（2） 第二阶段 DV = *StdEM*
CFOownbd		−0.038***
		(−4.89)
Indep	−1.758***	0.002
	(−7.51)	(0.23)
Mw	−0.183	−0.002
	(−1.09)	(−0.36)
Mb	0.033	−0.020***
	(0.43)	(−7.64)
Size	−0.046***	−0.000
	(−2.98)	(−0.46)
Lev	0.027	0.031***
	(0.36)	(9.31)
Proploss	0.155**	0.035***
	(2.01)	(10.25)
Stdsales	−0.146	0.030***
	(−1.32)	(5.76)
Stdocf	1.351***	0.871***
	(4.75)	(59.71)
Inv_Rec	−0.243***	0.004
	(−2.92)	(1.22)

续表

	(1) 第一阶段 DV = $CFOownbd$	(2) 第二阶段 DV = $StdEM$
Intangible	-0.010 (-0.14)	-0.003 (-1.02)
Age	-0.038* (-1.77)	0.003*** (3.88)
Big4	-0.007 (-0.13)	-0.009*** (-7.11)
Roa	0.209 (0.85)	0.071*** (4.76)
Intercept	0.697** (2.17)	0.021* (1.70)
CFOotherbd	0.286*** (3.26)	
CFOtenure	0.324*** (11.25)	
IMR		0.023*** (5.02)
Year	控制	控制
Industry	控制	控制
N	13520	13520
调整的 R^2		0.559
F 值		193.17***

注：***、**、* 分别表示在1％、5％、10％水平上显著；回归（1）括号中的值为经过稳健性修正的 Z 统计量，回归（2）括号中的值为经过稳健性修正的 T 统计量；表中回归结果的模型分别如下：

（1）$\Pr(CFOownbd = 1) = \alpha_0 + \alpha_1 CFOtenure + \alpha_2 CFOotherbd + \alpha_i Controls + \varepsilon$ （Ⅰ）

（2）$StdEM = \alpha_0 + \alpha_1 CFOownbd + \alpha_2 IMR + \alpha_i Controls + \varepsilon$ （Ⅱ）

第4章 财务总监财务执行力与财务报告质量的总体特征

其中，CFOownbd 为财务总监财务执行力，若财务总监进入公司董事会担任内部董事，定义为1，否则为0；CFOtenure 财务总监任期为工具变量，定义为财务总监任职年限的自然对数；CFOotherbd 财务总监外部董事为工具变量，若财务总监在其他公司董事会担任董事为1，否则为0；StdEM 为盈余管理标准差，定义为操纵性应计标准差和应计质量标准差的平均值；IMR 为逆米尔斯比。Controls 为各控制变量，定义如下：Indep 为董事会独立性，定义为独立董事人数/董事总人数；Mw 为内部控制重大缺陷，若上市公司披露内部控制重大缺陷，定义为1，否则为0；Mb 为账面市值比率，定义为权益的市场价值/普通股的账面价值；Size 为公司规模，定义为总资产的自然对数；Lev 为资产负债率，定义为总负债/总资产；Proploss 为亏损年数比重，定义为公司前3年中亏损年数所占的比重；Stdsales 为营业收入标准差，定义为公司前3年营业收入占总资产比例的标准差；Stdocf 为经营现金流标准差，定义为公司前3年经营活动现金流量净额占总资产比例的标准差；Inv_Rec 为盈余管理柔性，定义为（存货+应收账款）/总资产；Intangible 为无形资产，若公司有无形资产，定义为1，否则为0；Age 为公司上市年数，定义为公司自上市至研究年度时间的自然对数；Big4 为国际四大，若公司的会计师事务所为国际四大，定义为1，否则为0；Roa 为总资产报酬率，定义为净利润/平均资产总额；Industry 为行业变量，定义为行业虚拟变量；Year 为年度变量，定义为年度虚拟变量。

表4-15分别报告了模型（Ⅰ）和模型（Ⅲ）、模型（Ⅰ）和模型（Ⅳ）的 Heckman 两阶段回归结果。

表4-15 进一步控制其他因素的影响：财务重述、内控信息披露质量视角

	（1）第一阶段 DV = CFOownbd	（2）第二阶段 DV = FR	（3）第一阶段 DV = CFOownbd	（4）第二阶段 DV = IC
CFOownbd		-1.317***		1.071***
		(-2.89)		(5.24)
Indep	-1.777***	-0.639	-1.827***	0.584***
	(-8.11)	(-1.31)	(-8.25)	(2.72)

续表

	(1) 第一阶段 DV = CFOownbd	(2) 第二阶段 DV = FR	(3) 第一阶段 DV = CFOownbd	(4) 第二阶段 DV = IC
Size	-0.059***	-0.086***	-0.040***	0.208***
	(-5.90)	(-4.10)	(-3.93)	(17.16)
Big4	0.001	-0.510***	0.017	-0.150***
	(0.02)	(-4.00)	(0.32)	(-3.87)
Growth	-0.042*	0.099**	-0.062***	0.246***
	(-1.88)	(2.19)	(-2.77)	(12.37)
Intercept	0.992***	0.930	0.656***	1.190***
	(4.09)	(1.55)	(2.66)	(3.79)
Loss	0.018	0.291***		
	(0.50)	(4.28)		
Tophold			-0.497***	0.119**
			(-7.09)	(1.99)
CFOotherbd	0.311***		0.314***	
	(3.72)		(3.74)	
CFOtenure	0.325***		0.347***	
	(12.09)		(12.63)	
IMR		0.779***		-0.667***
		(2.88)		(-5.42)
Year	控制	控制	控制	控制
Industry	控制	控制	控制	控制
N	15232	15232	15030	15030
调整的 R^2				0.060

注：***、**、*分别表示在1%、5%、10%水平上显著；回归(1)至回归(3)括号中的值为经过稳健性修正的Z统计量，回归(4)括号中的值为经过稳健性修正的T统计量；表中回归结果的模型分别如下：

第 4 章 财务总监财务执行力与财务报告质量的总体特征

(1) $\Pr(CFOownbd = 1) = \alpha_0 + \alpha_1 CFOtenure + \alpha_2 CFOotherbd + \alpha_i Controls + \varepsilon$ （Ⅰ）

(2) $\text{Logit}(FR) = \alpha_0 + \alpha_1 CFOownbd + \alpha_2 IMR + \alpha_i Controls + \varepsilon$ （Ⅲ）

(3) $\Pr(CFOownbd = 1) = \alpha_0 + \alpha_1 CFOtenure + \alpha_2 CFOotherbd + \alpha_i Controls + \varepsilon$ （Ⅰ）

(4) $IC = \alpha_0 + \alpha_1 CFOownbd + \alpha_2 IMR + \alpha_i Controls + \varepsilon$ （Ⅳ）

其中，$CFOownbd$ 为财务总监财务执行力，若财务总监进入公司董事会担任内部董事，定义为 1，否则为 0；$CFOtenure$ 财务总监任期为工具变量，定义为财务总监任职年限的自然对数；$CFOotherbd$ 财务总监外部董事为工具变量，若财务总监在其他公司董事会担任董事为 1，否则为 0；FR 为财务重述，若公司当年发生财务重述，定义为 1，否则为 0；IC 为内部控制信息披露质量，定义为迪博·内部控制信息披露指数的自然对数；IMR 为逆米尔斯比。$Controls$ 为各控制变量，定义如下：$Indep$ 为董事会独立性，定义为独立董事人数/董事总人数；$Size$ 为公司规模，定义为总资产的自然对数；$Big4$ 为国际四大，若公司的会计师事务所为国际四大，定义为 1，否则为 0；$Growth$ 为成长性，若公司当年经行业调整的营业收入增长率大于中位数，定义为 1，否则为 0；$Loss$ 为企业亏损状态，若公司当年发生亏损（净利润小于 0），定义为 1，否则为 0；$Tophold$ 为股权集中度，定义为公司第一大股东的持股比例；$Industry$ 为行业变量，定义为行业虚拟变量；$Year$ 为年度变量，定义为年度虚拟变量。

表 4-15 的回归（1）和回归（2）中使用财务重述 FR 作为财务报告质量的衡量指标，报告了模型（Ⅰ）和模型（Ⅲ）的 Heckman 两阶段回归结果。从表 4-15 可以看出，在第一阶段模型（Ⅰ）的 Probit 回归（1）中，本章控制了外生变量 $CFOotherbd$、$CFOtenure$ 以及董事会独立性等因素的影响。第二阶段模型（Ⅲ）的回归（2）结果显示，IMR 显著为正，说明存在自选择问题，控制自选择效应后，财务总监财务执行力 $CFOownbd$ 的系数为 -1.317，且在 1% 的水平上显著，这表明相比财务总监未进入董事会担任内部董事的企业，财务总监进入董事会担任内部董事的企业的发生财务重述的可能性显著更低，财务报告质量显著更高，进一步支持了假说 H4.1a。

表 4-15 的回归（3）和回归（4）中使用内部控制信息披露质量 IC 作为财务报告质量的衡量指标，报告了模型（Ⅰ）和

模型（Ⅳ）的 Heckman 两阶段回归结果。从表 4-15 可以看出，在第一阶段模型（Ⅰ）的 Probit 回归（3）中，本章控制了外生变量 *CFOotherbd*、*CFOtenure* 以及董事会独立性等因素的影响。第二阶段模型（Ⅳ）的回归（4）结果显示，*IMR* 显著为负，说明存在自选择问题，控制自选择效应后，财务总监财务执行力（*CFOownbd*）的系数为 1.071，且在 1% 的水平上显著，这表明，相比财务总监未进入董事会担任内部董事的企业，财务总监进入董事会担任内部董事的企业的内部控制信息披露质量显著更高，财务报告质量显著更高，进一步支持了假说 H4.1a。

综合表 4-14 和表 4-15，本章发现，财务总监进入董事会担任内部董事的企业，其盈余管理标准差显著较低、财务重述发生的可能性显著较小、内部控制信息披露质量显著较高。即财务总监财务执行力能够显著提升企业财务报告质量。

4.5.5 其他估计方法

在此前的主回归中，本章对所有回归结果均进行了 Robust 稳健性修正。借鉴 Petersen（2009）和吴溪（2012），本章尝试按公司维度进行群（Cluster）调整的估计方法，对所有回归结果均在公司层面对标准误进行聚类处理，以进一步检验财务总监财务执行力对财务报告质量的作用方向。

表 4-16 使用盈余管理标准差（*StdEM*）作为财务报告质量的衡量指标，报告了模型（Ⅰ）和模型（Ⅱ）的 Heckman 两阶段回归结果。从表 4-16 可以看出，在第一阶段模型（Ⅰ）的 Probit 回归（1）中，把财务总监外部董事（*CFOotherbd*）和财务总监任期（*CFOtenure*）作为影响财务总监财务执行力（*CFOownbd*）的外生变量，同时控制其他影响财务总监财务执行力的因素，包括董事会独立性（*Indep*）、内部控制重大缺陷（*Mw*）、

第4章 财务总监财务执行力与财务报告质量的总体特征

账面市值比率（Mb）等变量。第二阶段模型（Ⅱ）的回归（2）结果显示，IMR 显著为正，说明存在自选择问题，控制自选择效应后，财务总监财务执行力（$CFOownbd$）的系数为 -0.038，且在1%的水平上显著，说明相比财务总监未进入董事会担任内部董事的企业，财务总监进入董事会担任内部董事的企业的盈余管理水平显著较低，财务报告质量显著较高，进一步支持了假说 H4.1a：限定其他条件，财务总监进入董事会担任内部董事能够提高其财务执行力，显著提升企业财务报告质量。

表 4 - 16　　　其他估计方法：盈余管理视角

	（1） 第一阶段 DV = $CFOownbd$	（2） 第二阶段 DV = $StdEM$
$CFOownbd$		-0.038***
		(-3.75)
$Indep$	-1.764***	0.003
	(-4.49)	(0.24)
Mw	-0.183	-0.002
	(-1.03)	(-0.34)
Mb	0.033	-0.020***
	(0.25)	(-6.11)
$Size$	-0.045	-0.000
	(-1.54)	(-0.34)
Lev	0.028	0.031***
	(0.20)	(6.35)
$Proploss$	0.146	0.035***
	(1.26)	(8.48)
$Stdsales$	-0.141	0.030***
	(-0.87)	(4.34)

续表

	(1) 第一阶段 DV = $CFOownbd$	(2) 第二阶段 DV = $StdEM$
$Stdocf$	1.326***	0.871***
	(3.10)	(42.82)
Inv_Rec	-0.246	0.004
	(-1.59)	(0.85)
$Intangible$	-0.012	-0.003
	(-0.10)	(-0.80)
Age	-0.039	0.003***
	(-0.96)	(2.92)
$Big4$	0.002	-0.009***
	(0.02)	(-4.67)
Roa	0.169	0.071***
	(0.53)	(4.66)
$Intercept$	0.688	0.021
	(1.13)	(1.18)
$CFOotherbd$	0.286*	
	(1.82)	
$CFOtenure$	0.317***	
	(6.97)	
IMR		0.023***
		(3.80)
$Year$	控制	控制
$Industry$	控制	控制
N	13613	13613
调整的 R^2		0.560
F 值		89.580***

注：***、**、*分别表示在1%、5%、10%水平上显著；回归（1）括号中的值为

第4章 财务总监财务执行力与财务报告质量的总体特征

经过群调整的 Z 统计量,回归(2)括号中的值为经过群调整的 T 统计量;表中回归结果的模型分别如下:

(1) $\Pr(CFOownbd = 1) = \alpha_0 + \alpha_1 CFOtenure + \alpha_2 CFOotherbd + \alpha_i Controls + \varepsilon$ (I)

(2) $StdEM = \alpha_0 + \alpha_1 CFOownbd + \alpha_2 IMR + \alpha_i Controls + \varepsilon$ (II)

其中,$CFOownbd$ 为财务总监财务执行力,若财务总监进入公司董事会担任内部董事,定义为1,否则为0;$CFOtenure$ 财务总监任期为工具变量,定义为财务总监任职年限的自然对数;$CFOotherbd$ 财务总监外部董事为工具变量,若财务总监在其他公司董事会担任董事为1,否则为0;$StdEM$ 为盈余管理标准差,定义为操纵性应计标准差和应计质量标准差的平均值;IMR 为逆米尔斯比。$Controls$ 为各控制变量,定义如下:$Indep$ 为董事会独立性,定义为独立董事人数/董事总人数;Mw 为内部控制重大缺陷,若上市公司披露内部控制重大缺陷,定义为1,否则为0;Mb 为账面市值比率,定义为权益的市场价值/普通股的账面价值;$Size$ 为公司规模,定义为总资产的自然对数;Lev 为资产负债率,定义为总负债/总资产;$Proploss$ 为亏损年数比重,定义为公司前3年中亏损年数所占的比重;$Stdsales$ 为营业收入标准差,定义为公司前3年营业收入占总资产比例的标准差;$Stdocf$ 为经营现金流标准差,定义为公司前3年经营活动现金流量净额占总资产比例的标准差;Inv_Rec 为盈余管理柔性,定义为(存货+应收账款)/总资产;$Intangible$ 为无形资产,若公司有无形资产,定义为1,否则为0;Age 为公司上市年数,定义为公司自上市至研究年度时间的自然对数;$Big4$ 为国际四大,若公司的会计师事务所为国际四大,定义为1,否则为0;Roa 为总资产报酬率,定义为净利润/平均资产总额;$Industry$ 为行业变量,定义为行业虚拟变量;$Year$ 为年度变量,定义为年度虚拟变量。

表 4 - 17 分别报告了模型(I)和模型(III)、模型(I)和模型(IV)的 Heckman 两阶段回归结果。

表 4 - 17 的回归(1)和回归(2)中使用财务重述 FR 作为财务报告质量的衡量指标,报告了模型(I)和模型(III)的 Heckman 两阶段回归结果。从表 4 - 17 可以看出,在第一阶段模型(I)的 Probit 回归(1)中,本章控制了外生变量 $CFOotherbd$、$CFOtenure$ 以及董事会独立性等因素的影响。第二阶段模型(III)的回归(2)结果显示,IMR 显著为正,说明存在自选

表 4-17 其他估计方法：财务重述、内控信息披露质量视角

	(1) 第一阶段 DV = CFOownbd	(2) 第二阶段 DV = FR	(3) 第一阶段 DV = CFOownbd	(4) 第二阶段 DV = IC
CFOownbd		-1.408***		1.087***
		(-2.74)		(4.35)
Indep	-1.811***	-0.674	-1.858***	0.616**
	(-4.84)	(-1.24)	(-4.91)	(2.40)
Size	-0.057***	-0.085***	-0.039*	0.209***
	(-2.90)	(-3.58)	(-1.92)	(11.44)
Big4	0.018	-0.512***	0.035	-0.155***
	(0.16)	(-3.31)	(0.32)	(-3.15)
Growth	-0.041*	0.100**	-0.060**	0.244***
	(-1.66)	(2.18)	(-2.39)	(12.08)
Intercept	0.963**	0.961	0.633	1.166***
	(2.07)	(1.44)	(1.34)	(2.59)
Loss	0.019	0.296***		
	(0.43)	(4.16)		
Tophold			-0.496***	0.131*
			(-4.15)	(1.76)
CFOotherbd	0.301**		0.307**	
	(1.99)		(2.02)	
CFOtenure	0.320***		0.342***	
	(7.39)		(7.74)	
IMR		0.837***		-0.676***
		(2.74)		(-4.56)
Year	控制	控制	控制	控制
Industry	控制	控制	控制	控制
N	15386	15386	15167	15167
调整的 R^2				0.061

第4章 财务总监财务执行力与财务报告质量的总体特征

注:***、**、* 分别表示在1%、5%、10% 水平上显著;回归(1)至回归(3)括号中的值为经过群调整的Z统计量,回归(4)括号中的值为经过群调整的T统计量;表中回归结果的模型分别如下:

(1) $\Pr(CFOownbd = 1) = \alpha_0 + \alpha_1 CFOtenure + \alpha_2 CFOotherbd + \alpha_i Controls + \varepsilon$　　(I)

(2) $\mathrm{Logit}(FR) = \alpha_0 + \alpha_1 CFOownbd + \alpha_2 IMR + \alpha_i Controls + \varepsilon$　　(III)

(3) $\Pr(CFOownbd = 1) = \alpha_0 + \alpha_1 CFOtenure + \alpha_2 CFOotherbd + \alpha_i Controls + \varepsilon$　　(I)

(4) $IC = \alpha_0 + \alpha_1 CFOownbd + \alpha_2 IMR + \alpha_i Controls + \varepsilon$　　(IV)

其中,CFOownbd 为财务总监财务执行力,若财务总监进入公司董事会担任内部董事,定义为1,否则为0;CFOtenure 财务总监任期为工具变量,定义为财务总监任职年限的自然对数;CFOotherbd 财务总监外部董事为工具变量,若财务总监在其他公司董事会担任董事为1,否则为0;FR 为财务重述,若公司当年发生财务重述,定义为1,否则为0;IC 为内部控制信息披露质量,定义为迪博·内部控制信息披露指数的自然对数;IMR 为逆米尔斯比。Controls 为各控制变量,定义如下:Indep 为董事会独立性,定义为独立董事人数/董事总人数;Size 为公司规模,定义为总资产的自然对数;Big4 为国际四大,若公司的会计师事务所为国际四大,定义为1,否则为0;Growth 为成长性,若公司当年经行业调整的营业收入增长率大于中位数,定义为1,否则为0;Loss 为企业亏损状态,若公司当年发生亏损(净利润小于0),定义为1,否则为0;Tophold 为股权集中度,定义为公司第一大股东的持股比例;Industry 为行业变量,定义为行业虚拟变量;Year 为年度变量,定义为年度虚拟变量。

择问题,控制自选择效应后,财务总监财务执行力 CFOownbd 的系数为-1.408,且在1%的水平上显著,这表明,相比财务总监未进入董事会担任内部董事的企业,财务总监进入董事会担任内部董事的企业的发生财务重述的可能性显著更低,财务报告质量显著更高,进一步支持了假说 H4.1a。

表 4-17 的回归(3)和回归(4)中使用内部控制信息披露质量 IC 作为财务报告质量的衡量指标,报告了模型(I)和模型(IV)的 Heckman 两阶段回归结果。从表 4-17 可以看出,在第一阶段模型(I)的 Probit 回归(3)中,本章把财务总监外部董事(CFOotherbd)和财务总监任期(CFOtenure)作为影

响财务总监财务执行力（*CFOownbd*）的外生变量，同时控制其他影响财务总监财务执行力的因素，包括董事会独立性（*Indep*）、公司规模（*Size*）、股权集中度（*Tophold*）等变量。第二阶段模型（Ⅳ）的回归（4）结果显示，*IMR* 显著为负，说明存在自选择问题，控制自选择效应后，财务总监财务执行力 *CFOownbd* 的系数为 1.087，且在 1% 的水平上显著，这表明，相比财务总监未进入董事会担任内部董事的企业，财务总监进入董事会担任内部董事的企业的内部控制信息披露质量显著更高，财务报告质量显著更高，进一步支持了假说 H4.1a：限定其他条件，财务总监进入董事会担任内部董事能够提高其财务执行力，显著提升财务报告质量。

4.6 本章结论与启示

尽管已有少量文献间接对财务总监财务执行力与财务报告质量的关系有所探讨，并给出了两种对立的假说，即财务报告质量提升假说（Bedard 等，2014）和财务报告质量毁损假说（俞雪莲和傅元略，2017），但国内尚未有实证文献对该问题给予经验证据支持。基于此，本章以 2008～2015 年全部 A 股非金融类上市公司作为研究样本，以财务总监进入董事会担任内部董事作为财务总监具有财务执行力的度量，分别采用盈余管理标准差变量替代衡量财务报告质量，同时，为了控制样本内生性问题对研究结论的影响，本章借鉴 Bedard 等（2014）和向锐（2015）等研究，采用财务总监外部董事（*CFOotherbd*）和财务总监任期（*CFOtenure*）作为工具变量，并运用 Heckman（1979）两阶段自选择矫正模型进行回归，实证检验了财务总监财务执行力对财务报告质量的影响。

本章研究结果表明,相比财务总监未进入董事会担任内部董事的企业,财务总监进入董事会担任内部董事的企业,其盈余管理水平显著更低(盈余管理标准差显著更低),因此财务报告质量显著更高,验证并支持了假说 H4.1a。

为使本章研究结论更加稳健,本章还进行了如下稳健性检验:

第一,借鉴 Kothari 等(2005)和金智(2013),本章使用 KLW 模型重新计算因变量盈余管理指标异常营运性应计 $Da2005$、操纵性应计 $Acc2005$,并分别使用前向三年盈余管理指标 $Da2005$ 的标准差 $StdDa2005$、前向三年盈余管理指标 $Acc2005$ 的标准差 $StdAcc2005$ 作为财务报告质量的负向衡量指标,重新对模型(Ⅰ)和模型(Ⅱ)回归,重新检验财务总监财务执行力对财务报告质量的作用方向。

第二,借鉴 Hennes 等(2008)、李小荣和刘行(2012)和孙光国和郭睿(2015),本章采用财务重述作为财务报告质量的代理变量,若上市公司存在财务重述,则财务报告质量越低。若上市公司发生财务重述,定义 FR 为 1,否则为 0。本章使用财务重述 FR 作为财务报告质量的衡量指标重新对模型(Ⅰ)和模型(Ⅲ)回归,重新检验了财务总监财务执行力对企业财务报告质量的作用方向。

第三,考虑到我国财务重述的类型主要包括技术问题重述、应法律法规或交易所要求重述、敏感问题重述和会计重述,且发生会计重述的公司财务报告质量更差(贺建刚等,2013),为此,本章重新定义 FR,即若上市公司发生会计重述,定义 FR 为 1,否则为 0,并用重新定义的 FR 对模型(Ⅰ)和模型(Ⅲ)进行回归,重新检验财务总监财务执行力对企业财务报告质量的作用方向。

第四,借鉴杨有红和毛新述(2011)和叶康涛等(2015),本章使用内部控制信息披露指数作为上市公司财务报告质量的代理变量。上市公司内部控制信息披露指数越高,则财务报告质量越高。本章使用内部控制信息披露质量(IC)作为财务报告质量的衡量指标对模型(Ⅰ)和模型(Ⅳ)行回归,重新检验财务总监财务执行力对企业财务报告质量的作用方向。

第五,借鉴 Beck 和 Mauldin(2014),财务总监薪酬越高,财务总监的权力越大、财务总监的财务执行力越高。基于此,本章使用财务总监薪酬的自然对数作为财务总监财务执行力($CFOownbd$)的衡量指标,重新检验财务总监财务执行力对企业财务报告质量的作用方向。

第六,为了使研究结论更加稳健,本章在稳健性检验中采用另外一种克服内生性问题的方法——两阶段工具变量法(2SLS),即选取外生变量财务总监外部董事($CFOotherbd$)和财务总监任期($CFOtenure$),控制潜在的内生性,重新检验财务总监财务执行力对企业财务报告质量的作用方向。

第七,考虑到行业样本数量的可能影响,本章借鉴 Roychowdhury(2006),剔除年度了行业样本数不足 15 家的样本,重新进行回归,重新检验了财务总监财务执行力对企业财务报告质量的作用方向。

第八,借鉴 Petersen(2009)和吴溪(2012),本章尝试按公司维度进行群(Cluster)调整的估计方法,对所有回归结果均在公司层面对标准误进行聚类处理,重新检验财务总监财务执行力对企业财务报告质量的作用方向。

上述稳健性检验的结果均再次验证了本章的研究假说 H4.1a:限定其他条件,财务总监进入董事会担任内部董事能够提高其财务执行力,显著提升财务报告质量。

本章的研究结论具有较为重要的理论与现实意义:

第一,从财务总监财务执行力视角考察了异质性的财务总监财务执行力对财务报告质量的作用方向,在一定程度上拓宽了财务总监制度的研究视野,为董事会的构成提供了理论指导,为探视企业管理结构对财务报告质量的影响提供了新的视角。

第二,在一定程度上为宏观决策者提供了推动财务总监进入董事会担任内部董事的政策依据。本章从财务报告质量视角来考察不同性质财务执行力的财务总监的公司治理效应以及相应的作用机制,本章的研究结论可以为监管部门发展财务总监内部董事来提升上市公司的财务报告质量提供政策参考;有助于政府更有效地监管上市公司财务报告质量,同时也为今后制定相应的会计准则提供了一定的借鉴意义;有助于从公司治理和企业管理的整体层面设计和规划财务总监的职责与定位,为实践中强化董事会咨询职能提供了新的思路。

第5章

财务总监财务执行力对财务报告质量的作用机制

5.1 引　言

前已述及，根据委托代理理论和信息不对称理论，代理问题产生的基础是信息不对称，信息不对称容易导致管理层的道德风险和逆向选择，致使企业不愿意提供高质量的财务报告（白重恩等，2005；李寿喜，2007）；委派财务总监进入董事会担任内部董事是一种切实可行的监督机制，能够有效解决企业的代理人问题（张泓和李从东，2004）。根据友好董事会理论、管家理论以及社会网络理论，财务总监进入董事会担任内部董事将更具有信息优势，更容易获得异质性信息和其他资源（Granovetter，1973；Guedj 和 Barnea.，2009；Adams

第 5 章 财务总监财务执行力对财务报告质量的作用机制

等，2010），财务总监内部董事具备的信息优势和异质性资源能够有效降低董事会与管理层之间的信息不对称程度（向锐，2015），即财务总监财务执行力有利于企业降低信息不对称程度。根据社会网络理论，财务总监进入董事会担任内部董事形成社会网络更容易获取权力、财富和声望等社会资源，其地位和权力将会显著提升，财务总监内部董事的咨询职能作用和监督职能作用将得到充分发挥，即财务总监财务执行力有利于提高其自身的社会地位。第 4 章已经证实，财务总监财务执行力能够提升企业财务报告质量。那么，财务总监财务执行力影响企业财务报告质量的潜在机制是否是通过吸引分析师跟踪（降低信息不对称）、提高社会地位呢？

基于此，本章进一步考察财务总监财务执行力影响企业财务报告质量的潜在作用机制。具体地，本章从吸引分析师跟踪、提高社会地位这两个方面考察财务总监财务执行力影响企业财务报告质量的潜在机制。

第一，吸引分析师跟踪。本章的分析逻辑是，财务总监进入董事会担任内部董事，其财务执行力的提高有利于降低企业和投资者等利益相关者之间的信息不对称程度，如果该逻辑成立，那么可以合理预期，分析师跟踪数量越多、信息不对称程度越低时，财务总监财务执行力与企业财务报告质量两者间的正向关系越强。基于此，本章需要验证：分析师跟踪数量越多、信息不对称程度越低时，财务总监财务执行力与企业财务报告质量两者之间的正向关系越强，从而为财务总监财务执行力通过吸引分析师跟踪、降低企业的信息不对称程度，进而提升企业财务报告质量这一逻辑提供经验证据支持。

第二，提高社会地位。本章的分析逻辑是，财务总监进入董事会担任内部董事，其财务执行力的提高有利于提高财务总监自身的社会地位,如果该逻辑成立,那么可以合理预期,在财务总监社会地位更高的情境下,财务总监财务执行力提升财务报告质量的作用将会更大,原因在于:财务总监更在意进入董事会担任内部董事带来的自身社会地位的提高。基于此,本章需要验证:财务总监排名越高、财务总监社会地位越高,财务总监财务执行力与企业财务报告质量之间的正向关系越显著,从而为财务总监财务执行力通过提高自身的社会地位,进而提升企业财务报告质量这一逻辑提供经验证据支持。

本章可能的贡献主要体现在以下三个方面:

第一,基于中国独特的社会文化背景,本章从财务总监在上市公司年报董监高团队中的排名这一视角,实证研究了财务总监财务执行力对企业财务报告质量的作用机制,研究结论肯定了提高财务总监的地位和权力对企业财务报告质量的积极作用,对未来研究管理者权力和完善公司内部治理具有一定的借鉴意义。

第二,揭示了财务总监财务执行力影响企业财务报告质量的具体机制。已有文献尚未探究财务总监财务执行力对企业财务报告质量的作用路径,本章从吸引分析师跟踪、提高社会地位这两个方面实证检验了财务总监财务执行力提升财务报告质量的潜在作用机制,不仅丰富了财务总监财务执行力的经济后果研究和财务报告质量影响因素方面的文献,而且肯定了财务总监财务执行力的积极作用。

第三,本章的研究结论对政策制定者完善企业投资者保护法律法规体系具有重要的启示意义和现实意义,对利用财务总监财务执行力的公司治理效应提升企业财务报告质量提供了经验证据。

本章的后续内容安排如下:第二部分为理论分析与研究假设,第三部分为研究设计,第四部分为实证结果与分析,第五部分为稳健性检验,第六部分为本章结论与启示。

5.2 理论分析与研究假设

第四章已证实,财务总监财务执行力对财务报告质量具有显著的促进作用。本部分基于中国独特的社会文化背景,分别将分析师跟踪数量、财务总监社会地位纳入分析框架,以进一步探究财务总监财务执行力对财务报告质量的作用机制。

1. 分析师跟踪作用机制的检验

分析师是资本市场运行框架中非常重要的一类专业中介,其基本功能是对公司披露的信息进行分析、加工和评价,并对未来状况作出预测。不同于管理层预测,分析师的预测主要基于财务报告等公共信息和调查访谈获得的私有信息进行,其预测行为不仅包括对会计盈余的预测,而且包括对公司价值进行判断和估计,并在此基础上进行投资评级(Healy 和 Palepu,2001)。与管理层对自己所在的公司进行盈余预测不同,分析师通常会有选择地预测和跟踪一些公司。分析师给出的分析报告必须满足投资者的需求,否则无法引起投资者关注和使用,因此分析师会选择性的跟踪特定公司。相应地,研究者通常考察具有什么特征的公司会吸引更多的分析师跟踪(吴溪,2012)。

本章认为,财务总监财务执行力较高的公司会吸引更多的分析师跟踪,即分析师跟踪是财务总监财务执行力影响财务报告质量的一条潜在作用机制。若这一假说成立,那么财务总监财务执行力对财务报告质量的影响力度在分析师跟踪数量(信息不对称程度)不同的企业中应该有所差异。具体而言,作为证券市场中的专业分析人员,分析师能深入解读公开信息,也能够进一步发掘企业私有信息。分析师跟踪数量是私有信息获取的主要代理变量，较多的分析师跟踪不仅提高了股价信息含量和股票透明度，而且降低了企业的信息不对称程度（Hong 等，2000；Chang 等，2006；Liu，2011）。分析师跟踪数量较多的企业，其财务报告质量更高（贾琬娇等，2015）。

本章的分析逻辑是，在假设 H4.1a 成立的前提下（财务总监财务执行力能够显著提升财务报告质量），财务总监进入董事会担任内部董事，其财务执行力的提高有利于降低企业和投资者等利益相关者之间的信息不对称程度，如果该逻辑成立，那么可以合理预期，分析师跟踪数量越多、信息不对称程度越低时，财务总监财务执行力与财务报告质量两者间的正向关系越强，即财务总监财务执行力对财务报告质量的正向关系在分析师跟踪数量较多的企业中更加显著。据此，本章提出假说 H5.1：

H5.1：财务总监财务执行力有利于吸引分析师跟踪、降低企业的信息不对称程度，从而有利于企业财务报告质量的提高。

2. 财务总监社会地位作用机制的检验

财务总监社会地位是财务总监财务执行力影响财务报告质量的另一条潜在作用机制。若这一假说成立，那么财务总监财务执行力对财务报告质量的影响力度在财务总监社会地位（财务总监排名）不同的企业中应该有所差异。具体而言，受儒学尊卑等级这一古代主流意识的影响，我国存在明显的层级观念和权力导向，个人在日常礼仪的排名顺序隐含了其在组织中的地位和权力信息（陈汉文和刘思义，2016）。具体到上市公司对外正式披露的年报中高管的姓名排序，美国选择按照高管姓名首字母排列，而我国往往根据高管权力大小自上而下排列。Zhu 等（2015）研究认为，上市公司独立董事排名的高低反映了独立董事在公司中的权力大小。类比地，财务总监在上市公司年报中的

第5章 财务总监财务执行力对财务报告质量的作用机制

排名越高,相应的在企业重大决策投票、内部信息决策支持、实质性影响力等方面也享有更高的社会地位和更大的话语权(Finkelstein,1992;Gould,2002;Jetten等,2006;陈汉文和刘思义,2016),这将进一步提升财务总监财务执行力,而较高的财务总监财务执行力将显著提升财务报告质量。

本章的分析逻辑是,在假设 H4.1a 成立的前提下(财务总监财务执行力能够显著提升财务报告质量),财务总监进入董事会担任内部董事,其财务执行力的提高有利于提高财务总监自身的社会地位,如果该逻辑成立,那么可以合理预期,在财务总监排名更高、财务总监社会地位更高的情境下,财务总监财务执行力提升财务报告质量的作用将会更大,即财务总监财务执行力对财务报告质量的正向关系在财务总监社会地位较高的企业中更加显著。原因在于:财务总监更在意进入董事会担任内部董事带来的自身社会地位的提高。据此,本章提出假说 H5.2:

H5.2:财务总监财务执行力有利于提高财务总监自身的社会地位,从而有利于企业财务报告质量的提高。

5.3 研究设计

1. 样本选择与数据来源

由于《企业会计准则》(2006)于 2007 年 1 月 1 日起施行,考虑到会计准则制度效果的滞后性,故本章以 2008~2015 年全部 A 股非金融类上市公司作为研究样本。本章样本筛选过程如下:(1)剔除主要变量数据缺失样本;(2)剔除 ST、*ST 类特殊处理公司;(3)剔除金融保险行业样本;(4)剔除当年上市的公司;(5)对所有的连续变量在 1% 和 99% 分位数上进行

Winsorize 处理，消除异常值对样本稳健性的影响。本章研究所需财务总监财务执行力数据和财务总监排名数据来自上市公司年报手工收集获取。此外，本章内部控制信息披露质量数据来自 DIB 内部控制与风险管理数据库，其他数据来自 CSMAR 数据库。本研究所使用的统计以及数据处理软件为 Stata13.0。

2. 变量定义

（1）分析师跟踪（Analyst）

为检验不同信息不对称程度情境下，财务总监财务执行力与企业财务报告质量之间相关关系的变化，本章设置了分析师跟踪（Analyst）变量，该变量定义详见表 4-1。

借鉴 Focke 等（2017），为验证财务总监财务执行力与财务报告质量两者正向关系中间的作用机制，本章将分析师跟踪（Analyst）及其与财务总监财务执行力（CFOownbd）的交乘项分别加入回归模型，具体回归结果如表 5-1 所示。

（2）财务总监排名（CFOrank）

为检验不同社会地位情境下，财务总监财务执行力与企业财务报告质量间关系的变化，本章手工获取了上市公司年报中的财务总监排名数据，并将财务总监排名（CFOrank）定义为财务总监在上市公司年报中董事、监事和高级管理人员的位次，具体定义详见表 4-1。

借鉴陈汉文和刘思义（2016），财务总监排名（CFOrank）的值越接近于 1，表明财务总监排名越靠前，财务总监权力越大、财务总监社会地位越高。借鉴 Focke 等（2017），为验证财务总监财务执行力与财务报告质量两者正向关系中间的作用机制，本章将财务总监排名（CFOrank）及其与财务总监财务执行力（CFOownbd）的交乘项分别加入回归模型，具体回归结果如表 5-2 所示。

第5章 财务总监财务执行力对财务报告质量的作用机制

3. 模型设定

(1) 分析师跟踪作用机制的检验

检验不同分析师跟踪数量情境下财务总监财务执行力对财务报告质量的作用机制时，为克服样本的自选择问题，本章借鉴Focke等（2017），采用Heckman两阶段自选择矫正模型，模型（Ⅰ）为Heckman第一阶段检验的Probit模型。

第一阶段Probit模型如下：

$$\Pr(CFOownbd = 1) = \alpha_0 + \alpha_1 CFOtenure + \alpha_2 CFOotherbd + \alpha_i Controls + \varepsilon \quad (Ⅰ)$$

其中，被解释变量 $CFOownbd$ 为财务总监财务执行力，定义为若财务总监进入公司董事会担任内部董事，定义为1，否则为0；$CFOtenure$ 和 $CFOotherbd$ 为外生工具变量；$Controls$ 为控制变量，即影响财务总监财务执行力的变量。

通过第一阶段模型（Ⅰ）的回归得到逆米尔斯比 IMR，然后在第二阶段进行模型（Ⅴ）的回归，并将该逆米尔斯比 IMR 作为额外的控制变量。对于第二阶段的模型（Ⅴ），本章构造了财务总监财务执行力（$CFOownbd$）与分析师跟踪变量（$Analyst$）的交乘项与财务报告质量进行回归，具体模型如下：

$$StdEM = \alpha_0 + \alpha_1 CFOownbd + \alpha_2 CFOownbd * Analyst + \alpha_3 Analyst + \alpha_4 IMR + \alpha_i Controls + \varepsilon \quad (Ⅴ)$$

其中，$StdEM$ 为盈余管理标准差，定义为操纵性应计标准差和应计质量标准差的平均值；$CFOownbd$ 为财务总监财务执行力；模型（Ⅴ）中新增的变量 $Analyst$ 为分析师跟踪的代理变量。$Analyst$ 的计算借鉴贾琬娇等（2015）和陈钦源等（2017）的做法，分析师跟踪数量越多，信息不对称程度越低。$CFOownbd * Analyst$ 为财务总监财务执行力的代理变量与分析师跟踪变量的交乘项，用来检验不同分析师跟踪数量情境下财务总监财务执行力对财务报告质量的调节作用。IMR 为第一阶段回归得到的逆米尔斯比；Controls 为控制变量，包括财务状况、审计质量和公司治理等各方面的因素，具体定义详见表 4-1。

根据 H5.1，模型（Ⅴ）中 $CFOownbd * Analyst$ 的估计系数应该显著为负。

（2）财务总监社会地位作用机制的检验

检验不同社会地位情境下财务总监财务执行力对财务报告质量的作用机制时（Chang 等，2006），为克服样本自选择问题，本章借鉴 Focke 等（2017），采用 Heckman 两阶段的方法，模型（Ⅰ）为 Heckman 第一阶段检验的 Probit 模型。

第一阶段 Probit 模型如下：

$$\Pr(CFOownbd = 1) = \alpha_0 + \alpha_1 CFOtenure + \alpha_2 CFOotherbd + \alpha_i Controls + \varepsilon \tag{Ⅰ}$$

其中，被解释变量 $CFOownbd$ 为财务总监财务执行力，定义为若财务总监进入公司董事会担任内部董事，定义为 1，否则为 0；$CFOtenure$ 和 $CFOotherbd$ 为外生工具变量；$Controls$ 为控制变量，即影响财务总监财务执行力的变量。

通过第一阶段模型（Ⅰ）的回归得到逆米尔斯比 IMR，然后在第二阶段进行模型（Ⅶ）的回归，并将该逆米尔斯比 IMR 作为额外的控制变量。对于第二阶段的模型（Ⅶ），本章构造了财务总监财务执行力（$CFOownbd$）与财务总监社会地位（$CFOrank$）的交乘项与财务报告质量进行回归，具体模型如下：

$$StdEM = \alpha_0 + \alpha_1 CFOownbd + \alpha_2 CFOownbd * CFOrank + \alpha_3 CFOrank + \alpha_4 IMR + \alpha_i Controls + \varepsilon \tag{Ⅶ}$$

其中，$StdEM$ 为盈余管理标准差，定义为操纵性应计标准差和应计质量标准差的平均值；$CFOownbd$ 为财务总监财务执行力；模型（Ⅶ）中新增的变量 $CFOrank$ 为财务总监社会地位

(财务总监排名)的代理变量。$CFOrank$ 的计算借鉴陈汉文和刘思义(2016)的做法,$CFOrank$ 的值越接近于 1,表明财务总监排名越靠前,财务总监社会地位越高。$CFOownbd * CFOrank$ 为财务总监财务执行力的代理变量与财务总监排名(财务总监社会地位)的交乘项,用来检验不同社会地位情境下财务总监财务执行力对财务报告质量的调节作用。IMR 为第一阶段回归得到的逆米尔斯比;$Controls$ 为控制变量,包括财务状况、审计质量和公司治理等各方面的因素,具体定义详见表 4-1。

根据 H5.2,模型(Ⅶ)中 $CFOownbd * CFOrank$ 的估计系数应该显著为负。

5.4 实证结果与分析

5.4.1 分析师跟踪作用机制的检验

为检验不同分析师跟踪数量情境下财务总监财务执行力对财务报告质量的作用机制,本章将分析师跟踪数量 $Analyst$ 及其与 $CFOownbd$ 的交乘项加入模型(Ⅴ),回归结果如表 5-1 所示。

表 5-1 使用盈余管理标准差($StdEM$)作为财务报告质量的衡量指标,报告了区分不同分析师跟踪数量情境下,模型(Ⅰ)和模型(Ⅴ)的 Heckman 两阶段回归结果。从表 5-1 可以看出,在第一阶段模型(Ⅰ)的 Probit 回归(1)中,本章把财务总监外部董事($CFOotherbd$)和财务总监任期($CFOtenure$)作为影响财务总监财务执行力($CFOownbd$)的外生变量,同时控制其他影响财务总监财务执行力的因素。第二阶段模型(Ⅴ)的回归(2)结果显示,IMR 显著为正,说明存在自选择问题,

表 5-1　财务总监财务执行力对财务报告质量的作用机制：吸引分析师跟踪

	(1) 第一阶段 DV = *CFOownbd*	(2) 第二阶段 DV = *StdEM*
CFOownbd		-0.051***
		(-5.28)
CFOownbd ∗ *Analyst*		-0.022***
		(-3.49)
Analyst		0.010***
		(2.68)
CFOotherbd	0.286***	
	(3.26)	
CFOtenure	0.317***	
	(11.11)	
IMR		0.032***
		(5.57)
Indep	-1.764***	-0.010
	(-7.56)	(-0.97)
Size	-0.045***	-0.008***
	(-2.92)	(-12.49)
*Big*4	0.002	-0.002
	(0.04)	(-1.43)
Mw	-0.183	-0.004
	(-1.09)	(-0.61)
Mb	0.033	-0.011***
	(0.43)	(-3.57)
Lev	0.028	0.041***
	(0.37)	(10.19)

续表

	（1）第一阶段 DV = CFOownbd	（2）第二阶段 DV = StdEM
Proploss	0.146*	0.031***
	(1.91)	(8.26)
Stdsales	-0.141	0.028***
	(-1.28)	(5.10)
Stdocf	1.326***	0.431***
	(4.69)	(27.25)
Inv_Rec	-0.246***	-0.034***
	(-2.95)	(-8.83)
Intangible	-0.012	-0.010***
	(-0.16)	(-2.74)
Age	-0.039*	0.009***
	(-1.79)	(10.53)
Roa	0.169	0.043***
	(0.68)	(2.93)
Intercept	0.688**	0.222***
	(2.15)	(15.01)
Year	控制	控制
Industry	控制	控制
N	13613	13613
调整的 R^2		0.245
F 值		63.65***

注：***、**、*分别表示在1%、5%、10%水平上显著；回归（1）括号中的值为经过稳健性修正的Z统计量，回归（2）括号中的值为经过稳健性修正的T统计量；表中回归结果的模型分别如下：

（1） $\Pr(CFOownbd=1) = \alpha_0 + \alpha_1 CFOtenure + \alpha_2 CFOotherbd + \alpha_i Controls + \varepsilon$ （Ⅰ）

（2） $StdEM = \alpha_0 + \alpha_1 CFOownbd + \alpha_2 CFOownbd * Analyst + \alpha_3 Analyst + \alpha_4 IMR$

$$+ \alpha_i Controls + \varepsilon \tag{V}$$

其中，$CFOownbd$ 为财务总监财务执行力，若财务总监进入公司董事会担任内部董事，定义为 1，否则为 0；$CFOtenure$ 财务总监任期为工具变量，定义为财务总监任职年限的自然对数；$CFOotherbd$ 财务总监外部董事为工具变量，若财务总监在其他公司董事会担任董事为 1，否则为 0；$StdEM$ 为盈余管理标准差，定义为操纵性应计标准差和应计质量标准差的平均值；$Analyst$ 为分析师跟踪，定义为 Ln（公司分析师跟踪人数 +1）；$CFOownbd * Analyst$ 为财务总监财务执行力的代理变量与分析师跟踪变量的交乘项；IMR 为逆米尔斯比。$Controls$ 为各控制变量，定义如下：$Indep$ 为董事会独立性，定义为独立董事人数/董事总人数；Mw 为内部控制重大缺陷，若上市公司披露内部控制重大缺陷，定义为 1，否则为 0；Mb 为账面市值比率，定义为权益的市场价值/普通股的账面价值；$Size$ 为公司规模，定义为总资产的自然对数；Lev 为资产负债率，定义为总负债/总资产；$Proploss$ 为亏损年数比重，定义为公司前 3 年中亏损年数所占的比重；$Stdsales$ 为营业收入标准差，定义为公司前 3 年营业收入占总资产比例的标准差；$Stdocf$ 为经营现金流标准差，定义为公司前 3 年经营活动现金流量净额占总资产比例的标准差；Inv_Rec 为盈余管理柔性，定义为（存货 + 应收账款）/ 总资产；$Intangible$ 为无形资产，若公司有无形资产，定义为 1，否则为 0；Age 为公司上市年数，定义为公司自上市至研究年度时间的自然对数；$Big4$ 为国际四大，若公司的会计师事务所为国际四大，定义为 1，否则为 0；Roa 为总资产报酬率，定义为净利润 / 平均资产总额；$Industry$ 为行业变量，定义为行业虚拟变量；$Year$ 为年度变量，定义为年度虚拟变量。

控制自选择效应后，财务总监财务执行力（$CFOownbd$）的系数为 -0.051，且在 1% 的水平上显著，这表明财务总监财务执行力越高，企业盈余管理标准差越低，进而企业财务报告质量越高。财务总监财务执行力（$CFOownbd$）与分析师跟踪（$Analyst$）的交乘项的系数为 -0.022，且在 1% 的水平上显著，这表明，分析师跟踪数量越多、信息不对称程度越低时，财务总监财务执行力与企业盈余管理标准差两者间的负向关系越强，进而财务总监财务执行力与企业财务报告质量两者间的正向关系越强。

综合表 5-1，本章发现，分析师跟踪数量越多、信息不对

第5章 财务总监财务执行力对财务报告质量的作用机制

称程度越低时,财务总监财务执行力与财务报告质量两者间的正向关系越强,亦即,财务总监财务执行力对财务报告质量的正向关系在分析师跟踪数量较多的企业中更加显著,这表明,财务总监财务执行力有利于吸引分析师跟踪,降低企业的信息不对称程度,从而有利于企业财务报告质量的提高,验证并支持了假说 H5.1。

可能的解释为:较多的分析师跟踪,会促使作为内部董事的财务总监更努力地提高企业财务报告质量。

5.4.2 财务总监社会地位作用机制的检验

表 5-2 报告了区分不同社会地位情境下,财务总监财务执行力与财务报告质量两者正向关系中间的作用机制的 Heckman 两阶段回归结果。

表 5-2 财务总监财务执行力对财务报告质量的作用机制:提高社会地位

	(1) 第一阶段 DV = $CFOownbd$	(2) 第二阶段 DV = $StdEM$
$CFOownbd$		-0.025***
		(-2.85)
$CFOownbd * CFOrank$		-0.011**
		(-2.05)
$CFOrank$		0.004
		(1.58)
$CFOotherbd$	0.286***	
	(3.26)	

续表

	（1） 第一阶段 DV = *CFOownbd*	（2） 第二阶段 DV = *StdEM*
CFOtenure	0.317 ***	
	(11.11)	
IMR		0.021 ***
		(4.37)
Indep	-1.764 ***	0.003
	(-7.56)	(0.34)
Size	-0.045 ***	-0.000
	(-2.92)	(-0.36)
*Big*4	0.002	-0.009 ***
	(0.04)	(-7.03)
Mw	-0.183	-0.002
	(-1.09)	(-0.35)
Mb	0.033	-0.020 ***
	(0.43)	(-7.77)
Lev	0.028	0.032 ***
	(0.37)	(9.35)
Proploss	0.146 *	0.035 ***
	(1.91)	(10.17)
Stdsales	-0.141	0.029 ***
	(-1.28)	(5.57)
Stdocf	1.326 ***	0.872 ***
	(4.69)	(59.58)
Inv_Rec	-0.246 ***	0.002
	(-2.95)	(0.81)

第5章 财务总监财务执行力对财务报告质量的作用机制

续表

	（1） 第一阶段 DV = CFOownbd	（2） 第二阶段 DV = StdEM
Intangible	-0.012	-0.003
	(-0.16)	(-0.91)
Age	-0.039*	0.002***
	(-1.79)	(3.61)
Roa	0.169	0.070***
	(0.68)	(4.68)
Intercept	0.688**	0.016
	(2.15)	(1.25)
Year	控制	控制
Industry	控制	控制
N	13613	13241
调整的 R^2		0.561
F 值		172.12***

注：***、**、* 分别表示在1%、5%、10%水平上显著；回归（1）括号中的值为经过稳健性修正的Z统计量，回归（2）括号中的值为经过稳健性修正的T统计量；表中回归结果的模型分别如下：

(1) $\Pr(CFOownbd = 1) = \alpha_0 + \alpha_1 CFOtenure + \alpha_2 CFOotherbd + \alpha_i Controls + \varepsilon$ （Ⅰ）

(2) $StdEM = \alpha_0 + \alpha_1 CFOownbd + \alpha_2 CFOownbd * CFOrank + \alpha_3 CFOrank + \alpha_4 IMR + \alpha_i Controls + \varepsilon$ （Ⅶ）

其中，$CFOownbd$ 为财务总监财务执行力，若财务总监进入公司董事会担任内部董事，定义为1，否则为0；$CFOtenure$ 财务总监任期为工具变量，定义为财务总监任职年限的自然对数；$CFOotherbd$ 财务总监外部董事为工具变量，若财务总监在其他公司董事会担任董事为1，否则为0；$StdEM$ 为盈余管理标准差，定义为操纵性应计标准差和应计质量标准差的平均值；$CFOrank$ 为财务总监排名（财务总监社会地位），定义为（董监高总人数 - 财务总监位次 + 1）/ 董监高总人数；$CFOownbd * CFOrank$ 为财务总监财务执行力的代理变量与财务总监排名变量的交乘项；IMR 为逆米尔斯比。Controls 为各控制变量，定义如下：Indep 为董事会独立性，定义为独立董事人数/董事总人数；Mw 为内部控制重大缺陷，若上市公司披露内部控制重大缺陷，定义为 1，否则为 0；Mb 为账面市值比率，定义为权益的市场价值/普通股的账面价值；Size 为公司规模，定义为总资产的自然对数；Lev 为资产负债率，定义为总负债/总资产；Proploss 为亏损年数比重，定义为公司前 3 年中亏损年数所占的比重；Stdsales 为营业收入标准差，定义为公司前 3 年营业收入占总资产比例的标准差；Stdocf 为经营现金流标准差，定义为公司前 3 年经营活动现金流量净额占总资产比例的标准差；Inv_Rec 为盈余管理柔性，定义为（存货＋应收账款）／总资产；Intangible 为无形资产，若公司有无形资产，定义为 1，否则为 0；Age 为公司上市年数，定义为公司自上市至研究年度时间的自然对数；Big4 为国际四大，若公司的会计师事务所为国际四大，定义为 1，否则为 0；Roa 为总资产报酬率，定义为净利润／平均资产总额；Industry 为行业变量，定义为行业虚拟变量；Year 为年度变量，定义为年度虚拟变量。

表 5-2 中使用盈余管理标准差（StdEM）作为财务报告质量的衡量指标，报告了模型（Ⅰ）和模型（Ⅶ）的 Heckman 两阶段回归结果。从表 5-2 可以看出，在第一阶段模型（Ⅰ）的 Probit 回归（1）中，本章把财务总监外部董事（CFOotherbd）和财务总监任期（CFOtenure）作为影响财务总监财务执行力（CFOownbd）的外生变量，同时控制其他影响财务总监财务执行力的因素。第二阶段模型（Ⅶ）的回归（2）结果显示，IMR 显著为正，说明存在自选择问题，控制自选择效应后，财务总监财务执行力（CFOownbd）的系数为 -0.025，且在 1% 的水平上显著，这表明财务总监财务执行力越高，企业盈余管理标准差越低，进而企业财务报告质量越高。财务总监财务执行力（CFOownbd）与财务总监排名（CFOrank）的交乘项的系数为 -0.011，且在 5% 的水平上显著，这表明，财务总监排名越高、财务总监社会地位越高时，财务总监财务执行力与盈余管理标准差两者间的负向关系越强，进而财务总监财务执行力与财务报告质量两者间的

正向关系越强。

综合表 5-2，本章发现，财务总监排名越高、财务总监社会地位越高时，财务总监财务执行力与企业财务报告质量两者间的正向关系越强，即财务总监财务执行力对财务报告质量的正向关系在财务总监社会地位较高的企业中更加显著，表明财务总监财务执行力有利于提高财务总监自身的社会地位，从而有利于企业财务报告质量的提高，验证并支持了假说 H5.2。

可能的解释为：财务总监社会地位的提升，会促使作为内部董事的财务总监在声誉的激励下更加努力地提高财务报告质量。

5.5 稳健性检验

5.5.1 财务报告质量的其他度量指标

借鉴杨有红和毛新述（2011）和叶康涛等（2015），本章使用内部控制信息披露指数作为上市公司财务报告质量的代理变量。上市公司内部控制信息披露指数越高，则财务报告质量越高。本章使用内部控制信息披露质量（IC）作为财务报告质量的衡量指标分别对模型（Ⅰ）和模型（Ⅵ）、模型（Ⅰ）和模型（Ⅷ）进行回归，重新检验了财务总监财务执行力对企业财务报告质量的作用机制。

1. 分析师跟踪作用机制的检验

检验不同分析师跟踪数量情境下财务总监财务执行力对财务报告质量的作用机制时，为克服样本的自选择问题，本章借鉴 Focke 等（2017），采用 Heckman 两阶段自选择矫正模型，模型（Ⅰ）为 Heckman 第一阶段检验的 Probit 模型。

第一阶段 Probit 模型如下：

$$\Pr(CFOownbd = 1) = \alpha_0 + \alpha_1 CFOtenure + \alpha_2 CFOotherbd + \alpha_i Controls + \varepsilon \qquad (\text{I})$$

其中，被解释变量 $CFOownbd$ 为财务总监财务执行力，定义为若财务总监进入公司董事会担任内部董事，定义为 1，否则为 0；$CFOtenure$ 和 $CFOotherbd$ 为外生工具变量；$Controls$ 为控制变量，即影响财务总监财务执行力的变量。

通过第一阶段模型（Ⅰ）的回归得到逆米尔斯比 IMR，然后在第二阶段进行模型（Ⅵ）的回归，并将该逆米尔斯比 IMR 作为额外的控制变量。对于第二阶段的模型（Ⅵ），本章构造了财务总监财务执行力（$CFOownbd$）与分析师跟踪变量（$Analyst$）的交乘项与财务报告质量进行回归，具体模型如下：

$$IC = \alpha_0 + \alpha_1 CFOownbd + \alpha_2 CFOownbd * Analyst + \alpha_3 Analyst + \alpha_4 IMR + \alpha_i Controls + \varepsilon \qquad (\text{Ⅵ})$$

其中，IC 为内部控制信息披露质量，模型（Ⅵ）中新增的变量 $Analyst$ 为分析师跟踪的代理变量；$CFOownbd$ 为财务总监财务执行力。$Analyst$ 的计算借鉴贾琬娇等（2015）和陈钦源等（2017）的做法，分析师跟踪数量越多，信息不对称程度越低。$CFOownbd * Analyst$ 为财务总监财务执行力的代理变量与分析师跟踪变量的交乘项，用来检验不同分析师跟踪数量情境下财务总监财务执行力对财务报告质量的调节作用。$Controls$ 为控制变量。

根据 H5.1，模型（Ⅵ）中 $CFOownbd * Analyst$ 的估计系数应该显著为正。

表 5 – 3 使用内部控制信息披露质量 IC 作为财务报告质量的衡量指标，报告了模型（Ⅰ）和模型（Ⅵ）的 Heckman 两阶段回归结果。从表 5 – 3 可以看出，在第一阶段模型（Ⅰ）的 Probit 回归（1）中，本章把财务总监外部董事（$CFOotherbd$）和财

务总监任期（*CFOtenure*）作为影响财务总监财务执行力（*CFO-ownbd*）的外生变量，同时控制其他影响财务总监财务执行力的因素。第二阶段模型（Ⅵ）的回归（2）结果显示，*IMR* 显著为负，说明存在自选择问题，控制自选择效应后，财务总监财务执行力的指标 *CFOownbd* 的系数为 1.080，且在 1% 的水平上显著，这表明财务总监财务执行力越高，企业内部控制信息披露质量越高，进而财务报告质量越高。财务总监财务执行力（*CFOownbd*）与分析师跟踪（*Analyst*）的交乘项的系数为 0.158，且在 1% 的水平上显著，这表明，分析师跟踪数量越多、信息不对称程度越低时，财务总监财务执行力与内部控制信息披露质量两者间的正向关系越强，进而财务总监财务执行力与财务报告质量两者间的正向关系越强。

表 5-3　财务总监财务执行力对财务报告质量的作用机制：吸引分析师跟踪

	(1) 第一阶段 $DV = CFOownbd$	(2) 第二阶段 $DV = IC$
CFOownbd		1.080 ***
		(5.22)
CFOownbd * *Analyst*		0.158 ***
		(2.63)
Analyst		0.053
		(1.16)
CFOotherbd	0.307 ***	
	(3.67)	
CFOtenure	0.342 ***	
	(12.52)	

续表

	（1）第一阶段 DV = CFOownbd	（2）第二阶段 DV = IC
IMR		-0.673***
		(-5.41)
Indep	-1.858***	0.613***
	(-8.43)	(2.84)
Size	-0.039***	0.208***
	(-3.79)	(17.23)
Big4	0.035	-0.154***
	(0.65)	(-4.02)
Growth	-0.060***	0.243***
	(-2.69)	(12.28)
Tophold	-0.496***	0.131**
	(-7.11)	(2.21)
Intercept	0.633***	1.183***
	(2.58)	(3.78)
Year	控制	控制
Industry	控制	控制
N	15167	15167
调整的 R^2		0.061
F 值		20.24***

注：***、**、* 分别表示在1%、5%、10%水平上显著；回归（1）括号中的值为经过稳健性修正的 Z 统计量，回归（2）括号中的值为经过稳健性修正的 T 统计量；表中回归结果的模型分别如下：

（1）$\Pr(CFOownbd = 1) = \alpha_0 + \alpha_1 CFOtenure + \alpha_2 CFOotherbd + \alpha_i Controls + \varepsilon$ （Ⅰ）

（2）$IC = \alpha_0 + \alpha_1 CFOownbd + \alpha_2 CFOownbd * Analyst + \alpha_3 Analyst + \alpha_4 IMR + \alpha_i Controls + \varepsilon$ （Ⅵ）

第 5 章 财务总监财务执行力对财务报告质量的作用机制

其中，*CFOownbd* 为财务总监财务执行力，若财务总监进入公司董事会担任内部董事，定义为 1，否则为 0；*CFOtenure* 财务总监任期为工具变量，定义为财务总监任职年限的自然对数；*CFOotherbd* 财务总监外部董事为工具变量，若财务总监在其他公司董事会担任董事为 1，否则为 0；*IC* 为内部控制信息披露质量，定义为迪博·内部控制信息披露指数的自然对数；*Analyst* 为分析师跟踪，定义为 Ln（公司分析师跟踪人数 +1）；*CFOownbd * Analyst* 为财务总监财务执行力的代理变量与分析师跟踪变量的交乘项；*IMR* 为逆米尔斯比。*Controls* 为各控制变量，定义如下：*Indep* 为董事会独立性，定义为独立董事人数/董事总人数；*Size* 为公司规模，定义为总资产的自然对数；*Big*4 为国际四大，若公司的会计师事务所为国际四大，定义为 1，否则为 0；*Growth* 为成长性，若公司当年经行业调整的营业收入增长率大于中位数，定义为 1，否则为 0；*Tophold* 为股权集中度，定义为公司第一大股东的持股比例；*Industry* 为行业变量，定义为行业虚拟变量；*Year* 为年度变量，定义为年度虚拟变量。

综合表 5-3，本章发现，分析师跟踪数量越多时，财务总监财务执行力与财务报告质量两者间的正向关系越强，亦即，财务总监财务执行力对财务报告质量的正向关系在分析师跟踪数量较多的企业中更加显著，这表明，财务总监财务执行力有利于吸引分析师跟踪，降低企业的信息不对称程度，从而有利于企业财务报告质量的提高，进一步验证并支持了假说 H5.1。

2. 财务总监社会地位作用机制的检验

检验不同社会地位情境下财务总监财务执行力对财务报告质量的作用机制时（Chang 等，2006），为克服样本的自选择问题，本章借鉴 Focke 等（2017），采用 Heckman 两阶段的方法，模型（Ⅰ）为 Heckman 第一阶段检验的 Probit 模型。

第一阶段 Probit 模型如下：

$$\Pr(CFOownbd = 1) = \alpha_0 + \alpha_1 CFOtenure + \alpha_2 CFOotherbd + \alpha_i Controls + \varepsilon \qquad (Ⅰ)$$

其中，被解释变量 *CFOownbd* 为财务总监财务执行力，定义为若财务总监进入公司董事会担任内部董事，定义为 1，否则为

0；$CFOtenure$ 和 $CFOotherbd$ 为外生工具变量；$Controls$ 为控制变量，即影响财务总监财务执行力的变量。

通过第一阶段模型（Ⅰ）的回归得到逆米尔斯比 IMR，然后在第二阶段进行模型（Ⅷ）的回归，并将该逆米尔斯比 IMR 作为额外的控制变量。对于第二阶段的模型（Ⅷ），本章构造了财务总监财务执行力（$CFOownbd$）与财务总监社会地位（$CFOrank$）的交乘项与财务报告质量进行回归，具体模型如下：

$$IC = \alpha_0 + \alpha_1 CFOownbd + \alpha_2 CFOownbd * CFOrank + \alpha_3 CFOrank + \alpha_4 IMR + \alpha_i Controls + \varepsilon \quad (Ⅷ)$$

其中，IC 为内部控制信息披露质量，用以替代衡量财务报告质量；$CFOownbd$ 为财务总监财务执行力。模型（Ⅷ）中新增的变量 $CFOrank$ 为财务总监社会地位（财务总监排名）的代理变量。$CFOrank$ 的计算借鉴陈汉文和刘思义（2016）的做法，$CFOrank$ 的值越接近于1，表明财务总监排名越靠前，财务总监社会地位越高。$CFOownbd * CFOrank$ 为财务总监财务执行力的代理变量与财务总监社会地位（财务总监排名）的交乘项，用来检验不同社会地位情境下财务总监财务执行力对财务报告质量的调节作用。

根据H5.2，模型（Ⅷ）中 $CFOownbd * CFOrank$ 的估计系数应该显著为正。

表5-4中使用内部控制信息披露质量 IC 作为财务报告质量的衡量指标，报告了模型（Ⅰ）和模型（Ⅷ）的 Heckman 两阶段回归结果。从表5-4可以看出，在第一阶段模型（Ⅰ）的 Probit 回归（1）中，本章把财务总监外部董事（$CFOotherbd$）和财务总监任期（$CFOtenure$）作为影响财务总监财务执行力（$CFOownbd$）的外生变量，同时控制其他影响财务总监财务执行力的因素。第二阶段模型（Ⅷ）的回归（2）结果显示，IMR

第5章 财务总监财务执行力对财务报告质量的作用机制

显著为负,说明存在自选择问题,控制自选择效应后,财务总监财务执行力($CFOownbd$)的系数为 0.743,且在 1% 的水平上显著,这表明财务总监财务执行力越高,企业内部控制信息披露质量越高,进而财务报告质量越高。财务总监财务执行力($CFOownbd$)与财务总监排名($CFOrank$)的交乘项的系数为 0.395,且在 5% 的水平上显著,这表明,财务总监排名越高、财务总监社会地位越高时,财务总监财务执行力与内部控制信息披露质量两者间的正向关系越强,进而财务总监财务执行力与财务报告质量两者间的正向关系越强。

表 5-4 财务总监财务执行力对财务报告质量的作用机制:提高社会地位

	(1) 第一阶段 $DV = CFOownbd$	(2) 第二阶段 $DV = IC$
$CFOownbd$		0.743 ***
		(2.95)
$CFOownbd * CFOrank$		0.395 **
		(2.29)
$CFOrank$		−0.101
		(−1.33)
$CFOotherbd$	0.303 ***	
	(3.44)	
$CFOtenure$	0.327 ***	
	(11.40)	
IMR		−0.641 ***
		(−4.93)
$Indep$	−1.736 ***	0.625 ***
	(−7.45)	(2.84)

续表

	（1） 第一阶段 DV = CFOownbd	（2） 第二阶段 DV = IC
Size	-0.036 ***	0.166 ***
	(-3.37)	(14.07)
Big4	0.022	-0.100 **
	(0.40)	(-2.50)
Growth	-0.069 ***	0.232 ***
	(-2.91)	(11.68)
Tophold	-0.479 ***	0.175 ***
	(-6.60)	(2.83)
Intercept	0.527 **	2.248 ***
	(2.03)	(7.34)
Year	控制	控制
Industry	控制	控制
N	13608	13236
调整的 R^2		0.054
F 值		15.99 ***

注：***、**、* 分别表示在 1%、5%、10% 水平上显著；回归（1）括号中的值为经过稳健性修正的 Z 统计量，回归（2）括号中的值为经过稳健性修正的 T 统计量；表中回归结果的模型分别如下：

（1） $\Pr(CFOownbd = 1) = \alpha_0 + \alpha_1 CFOtenure + \alpha_2 CFOotherbd + \alpha_i Controls + \varepsilon$

（Ⅰ）

（2） $IC = \alpha_0 + \alpha_1 CFOownbd + \alpha_2 CFOownbd * CFOrank + \alpha_3 CFOrank + \alpha_4 IMR + \alpha_i Controls + \varepsilon$

（Ⅷ）

其中，$CFOownbd$ 为财务总监财务执行力，若财务总监进入公司董事会担任内部董事，定义为 1，否则为 0；$CFOtenure$ 财务总监任期为工具变量，定义为财务总监任职年限的自然对数；$CFOotherbd$ 财务总监外部董事为工具变量，若财务总监在其他

第5章　财务总监财务执行力对财务报告质量的作用机制

公司董事会担任董事为1，否则为0；*IC* 为内部控制信息披露质量，定义为迪博·内部控制信息披露指数的自然对数；*CFOrank* 为财务总监排名（财务总监社会地位），定义为（董监高总人数 − 财务总监位次 + 1）/ 董监高总人数；*CFOownbd * CFOrank* 为财务总监财务执行力的代理变量与财务总监排名变量的交乘项；*IMR* 为逆米尔斯比。*Controls* 为各控制变量，定义如下：*Indep* 为董事会独立性，定义为独立董事人数/董事总人数；*Size* 为公司规模，定义为总资产的自然对数；*Big4* 为国际四大，若公司的会计师事务所为国际四大，定义为1，否则为0；*Growth* 为成长性，若公司当年经行业调整的营业收入增长率大于中位数，定义为1，否则为0；*Tophold* 为股权集中度，定义为公司第一大股东的持股比例；*Industry* 为行业变量，定义为行业虚拟变量；*Year* 为年度变量，定义为年度虚拟变量。

综合表 5-4，本章发现，财务总监排名越高、财务总监社会地位越高时，财务总监财务执行力与财务报告质量两者间的正向关系越强，亦即，财务总监财务执行力对财务报告质量的正向关系在财务总监社会地位较高的企业中更加显著，表明，财务总监财务执行力有利于提高财务总监自身的社会地位，从而有利于企业财务报告质量的提高，进一步验证并支持了假说 H5.2。

5.5.2　内生性检验

借鉴 Bedard 等（2014）和江轩宇（2016），为了使研究结论更加稳健，本章在稳健性检验中采用另外一种克服内生性问题的方法——两阶段工具变量法（2SLS），即选取影响财务总监财务执行力（*CFOownbd*）的外生变量财务总监外部董事（*CFOotherbd*）和财务总监任期（*CFOtenure*），控制潜在的内生性，重新检验财务总监财务执行力对财务报告质量的作用机制。工具变量法下两阶段最小二乘法（2SLS）的具体应用步骤如下：第一阶段，内生解释变量（*CFOownbd*）对选取的工具变量回归得到拟合值；第二阶段，将主回归中内生解释变量用第一阶段的拟合值代替进行回归分析（Wooldridge，2002；吴溪，2012）。

表 5-5 报告了区分不同分析师跟踪数量情境下的 Heckman 两阶段回归结果。从表 5-5 可以看出，在第一阶段回归（1）对外生工具变量 CFOotherbd、CFOtenure 以及董事会独立性等因素进行回归得到内生解释变量 CFOownbd（财务总监的财务执行力）的拟合值。第二阶段将主回归中内生解释变量 CFOownbd（财务总监的财务执行力）用第一阶段的拟合值代替进行回归分析。第二阶段回归（2）的回归结果显示，财务总监财务执行力（CFOownbd）的系数为 -0.061，且在 1% 的水平上显著，这表明财务总监财务执行力越高，企业盈余管理标准差越低，进而企业财务报告质量越高。财务总监财务执行力（CFOownbd）与分析师跟踪（Analyst）的交乘项的系数为 -0.019，且在 1% 的水平上显著，这表明，分析师跟踪数量越多时，财务总监财务执行力与盈余管理标准差两者间的负向关系越强，进而财务总监财务执行力与财务报告质量两者间的正向关系越强。

表 5-5　财务总监财务执行力对财务报告质量的作用机制：吸引分析师跟踪

	（1） 第一阶段 DV = CFOownbd	（2） 第二阶段（2SLS） DV = StdEM
CFOownbd		-0.061 *** (-5.94)
CFOownbd * Analyst		-0.019 *** (-3.07)
Analyst		0.009 ** (2.47)
CFOotherbd	0.286 *** (3.26)	

续表

	(1) 第一阶段 DV = *CFOownbd*	(2) 第二阶段（2SLS） DV = *StdEM*
CFOtenure	0.317***	
	(11.11)	
Indep	-1.764***	-0.015
	(-7.56)	(-1.44)
Mw	-0.183	-0.005
	(-1.09)	(-0.69)
Mb	0.033	-0.011***
	(0.43)	(-3.53)
Size	-0.045***	-0.008***
	(-2.92)	(-12.61)
Lev	0.028	0.041***
	(0.37)	(10.19)
Proploss	0.146*	0.031***
	(1.91)	(8.39)
Stdsales	-0.141	0.027***
	(-1.28)	(4.98)
Stdocf	1.326***	0.434***
	(4.69)	(27.13)
Inv_Rec	-0.246***	-0.034***
	(-2.95)	(-8.94)
Intangible	-0.012	-0.010***
	(-0.16)	(-2.76)
Age	-0.039*	0.009***
	(-1.79)	(10.46)

续表

	（1） 第一阶段 DV = $CFOownbd$	（2） 第二阶段（2SLS） DV = $StdEM$
$Big4$	0.002 (0.04)	-0.002 (-1.38)
Roa	0.169 (0.68)	0.043*** (2.98)
$Intercept$	0.688** (2.15)	0.229*** (15.19)
$Year$	控制	控制
$Industry$	控制	控制
N	13613	13613
调整的 R^2		0.245
F 值		65.089***

注：***、**、* 分别表示在1%、5%、10%水平上显著；回归（1）括号中的值为经过稳健性修正的 Z 统计量，回归（2）括号中的值为经过稳健性修正的 T 统计量；表中回归结果的模型分别如下：

（1） $\Pr(CFOownbd = 1) = \alpha_0 + \alpha_1 CFOtenure + \alpha_2 CFOotherbd + \alpha_i Controls + \varepsilon$

（2） $StdEM = \alpha_0 + \alpha_1 CFOownbd + \alpha_2 CFOownbd * Analyst + \alpha_3 Analyst + \alpha_i Controls + \varepsilon$

其中，$CFOownbd$ 为财务总监财务执行力，若财务总监进入公司董事会担任内部董事，定义为1，否则为0；$CFOtenure$ 财务总监任期为工具变量，定义为财务总监任职年限的自然对数；$CFOotherbd$ 财务总监外部董事为工具变量，若财务总监在其他公司董事会担任董事为1，否则为0；$StdEM$ 为盈余管理标准差，定义为操纵性应计标准差和应计质量标准差的平均值；$Analyst$ 为分析师跟踪，定义为 Ln（公司分析师跟踪人数 +1）；$CFOownbd * Analyst$ 为财务总监财务执行力的代理变量与分析师跟踪变量的交乘项。$Controls$ 为各控制变量，定义如下：$Indep$ 为董事会独立性，定义为独立董事人数/董事总人数；Mw 为内部控制重大缺陷，若上市公司披露内部控制重大缺陷，定义为1，否则为0；Mb 为账面市值比率，定义为权益的市场价值/普通股的账面价值；$Size$ 为公司规模，定义为总资产的自然对数；Lev 为资产负债率，定义为

第5章 财务总监财务执行力对财务报告质量的作用机制

总负债/总资产；Proploss 为亏损年数比重，定义为公司前 3 年中亏损年数所占的比重；Stdsales 为营业收入标准差，定义为公司前 3 年营业收入占总资产比例的标准差；Stdocf 为经营现金流标准差，定义为公司前 3 年经营活动现金流量净额占总资产比例的标准差；Inv_Rec 为盈余管理柔性，定义为（存货＋应收账款）/总资产；Intangible 为无形资产，若公司有无形资产，定义为 1，否则为 0；Age 为公司上市年数，定义为公司自上市至研究年度时间的自然对数；Big4 为国际四大，若公司的会计师事务所为国际四大，定义为 1，否则为 0；Roa 为总资产报酬率，定义为净利润／平均资产总额；Industry 为行业变量，定义为行业虚拟变量；Year 为年度变量，定义为年度虚拟变量。

综合表 5-5，本章发现，分析师跟踪数量越多、信息不对称程度越低时，财务总监财务执行力与财务报告质量两者间的正向关系越强，即财务总监财务执行力对财务报告质量的正向关系在分析师跟踪数量较多的企业中更加显著，这表明财务总监财务执行力有利于吸引分析师跟踪，降低企业的信息不对称程度，从而有利于企业财务报告质量的提高，进一步验证并支持了假说 H5.1。

借鉴杨有红和毛新述（2011）和叶康涛等（2015），本章使用内部控制信息披露指数作为上市公司财务报告质量的代理变量。上市公司内部控制信息披露指数越高，则财务报告质量越高。同时，在稳健性检验中采用另外一种克服内生性问题的方法——两阶段工具变量法（2SLS），即选取影响财务总监财务执行力（CFOownbd）的外生变量财务总监外部董事（CFOotherbd）和财务总监任期（CFOtenure），控制潜在的内生性，重新检验财务总监财务执行力对财务报告质量的作用机制。

表 5-6 使用内部控制信息披露质量 IC 作为财务报告质量的衡量指标，报告了区分不同分析师跟踪数量情境下的 Heckman 两阶段回归结果。从表 5-6 可以看出，第一阶段 Probit 回归（1）对外生工具变量 CFOotherbd、CFOtenure 以及董事会独立性

等因素进行回归得到内生解释变量 $CFOownbd$（财务总监的财务执行力）的拟合值。第二阶段将主回归中内生解释变量 $CFOownbd$（财务总监的财务执行力）用第一阶段的拟合值代替进行回归分析。第二阶段回归（2）的回归结果显示，财务总监财务执行力的指标 $CFOownbd$ 的系数为 1.051，且在 1% 的水平上显著，这表明财务总监财务执行力越高，企业内部控制信息披露质量越高，进而财务报告质量越高。财务总监财务执行力（$CFOownbd$）与分析师跟踪（$Analyst$）的交乘项的系数为 0.104，且在 10% 的水平上显著，这表明，分析师跟踪数量越多时，财务总监财务执行力与企业内部控制信息披露质量两者间的正向关系越强，进而财务总监财务执行力与企业财务报告质量两者间的正向关系越强。

表 5-6　财务总监财务执行力对财务报告质量的作用机制：吸引分析师跟踪

	（1）第一阶段 $DV = CFOownbd$	（2）第二阶段（2SLS）$DV = IC$
$CFOownbd$		1.051 ***
		(4.74)
$CFOownbd * Analyst$		0.104 *
		(1.88)
$Analyst$		0.069
		(1.53)
$CFOotherbd$	0.307 ***	
	(3.67)	
$CFOtenure$	0.342 ***	
	(12.52)	

第5章 财务总监财务执行力对财务报告质量的作用机制

续表

	（1） 第一阶段 DV = CFOownbd	（2） 第二阶段（2SLS） DV = IC
Indep	-1.858***	0.591***
	(-8.43)	(2.65)
Size	-0.039***	0.208***
	(-3.79)	(17.18)
Big4	0.035	-0.156***
	(0.65)	(-4.07)
Growth	-0.060***	0.242***
	(-2.69)	(12.27)
Tophold	-0.496***	0.125**
	(-7.11)	(2.09)
Intercept	0.633***	1.200***
	(2.58)	(3.75)
Year	控制	控制
Industry	控制	控制
N	15167	15167
调整的 R^2		0.060
F 值		20.94***

注：***、**、* 分别表示在1%、5%、10%水平上显著；回归（1）括号中的值为经过稳健性修正的 Z 统计量，回归（2）括号中的值为经过稳健性修正的 T 统计量；表中回归结果的模型分别如下：

(1) $\Pr(CFOownbd = 1) = \alpha_0 + \alpha_1 CFOtenure + \alpha_2 CFOotherbd + \alpha_i Controls + \varepsilon$ （Ⅰ）

(2) $IC = \alpha_0 + \alpha_1 CFOownbd + \alpha_2 CFOownbd * Analyst + \alpha_3 Analyst + \alpha_i Controls + \varepsilon$

（Ⅵ）

其中，$CFOownbd$ 为财务总监财务执行力，若财务总监进入公司董事会担任内部董事，定义为1，否则为0；$CFOtenure$ 财务总监任期为工具变量，定义为财务总监任职年限的自然对数；CFOotherbd 财务总监外部董事为工具变量，若财务总监在其他公司董事会担任董事为1，否则为0；IC 为内部控制信息披露质量，定义为迪博·内部控制信息披露指数的自然对数；Analyst 为分析师跟踪，定义为 Ln（公司分析师跟踪人数+1）；CFOownbd * Analyst 为财务总监财务执行力的代理变量与分析师跟踪变量的交乘项。Controls 为各控制变量，定义如下：Indep 为董事会独立性，定义为独立董事人数/董事总人数；Size 为公司规模，定义为总资产的自然对数；Big4 为国际四大，若公司的会计师事务所为国际四大，定义为1，否则为0；Growth 为成长性，若公司当年经行业调整的营业收入增长率大于中位数，定义为1，否则为0；Tophold 为股权集中度，定义为公司第一大股东的持股比例；Industry 为行业变量，定义为行业虚拟变量；Year 为年度变量，定义为年度虚拟变量。

综合表 5-6，本章发现，分析师跟踪数量越多、信息不对称程度越低时，财务总监财务执行力与企业财务报告质量两者间的正向关系越强，亦即，财务总监财务执行力对财务报告质量的正向关系在分析师跟踪数量较多的企业中更加显著，这表明，财务总监财务执行力有利于吸引分析师跟踪，降低企业的信息不对称程度，从而有利于企业财务报告质量的提高，进一步验证并支持了假说 H5.1。

5.5.3 进一步的证据

借鉴 Roychowdhury（2006），剔除年度了行业样本数不足15家的样本，重新进行回归，以进一步检验财务总监财务执行力对财务报告质量的作用机制。

1. 分析师跟踪作用机制的检验

为检验不同分析师跟踪数量情境下财务总监财务执行力对财务报告质量的调节机制，本章将分析师跟踪数量 Analyst 及其与 CFOownbd 的交乘项加入回归（2），回归结果如表 5-7 所示。

第5章 财务总监财务执行力对财务报告质量的作用机制

表 5-7　财务总监财务执行力对财务报告质量的作用机制：吸引分析师跟踪

	（1）第一阶段 DV = $CFOownbd$	（2）第二阶段 DV = $StdEM$
$CFOownbd$		-0.050***
		(-5.23)
$CFOownbd * Analyst$		-0.022***
		(-3.51)
$Analyst$		0.010***
		(2.70)
$CFOotherbd$	0.286***	
	(3.26)	
$CFOtenure$	0.324***	
	(11.25)	
IMR		0.031***
		(5.52)
$Indep$	-1.758***	-0.008
	(-7.51)	(-0.84)
Mw	-0.183	-0.004
	(-1.09)	(-0.62)
Mb	0.033	-0.011***
	(0.43)	(-3.73)
$Size$	-0.046***	-0.008***
	(-2.98)	(-12.35)
Lev	0.027	0.041***
	(0.36)	(10.14)
$Proploss$	0.155**	0.031***
	(2.01)	(8.27)

续表

	（1）第一阶段 DV = CFOownbd	（2）第二阶段 DV = StdEM
Stdsales	-0.146	0.027***
	(-1.32)	(4.97)
Stdocf	1.351***	0.434***
	(4.75)	(27.39)
Inv_Rec	-0.243***	-0.034***
	(-2.92)	(-8.79)
Intangible	-0.010	-0.010***
	(-0.14)	(-2.69)
Age	-0.038*	0.009***
	(-1.77)	(10.53)
Big4	-0.007	-0.002
	(-0.13)	(-1.47)
Roa	0.209	0.042***
	(0.85)	(2.90)
Intercept	0.697**	0.220***
	(2.17)	(14.87)
Year	控制	控制
Industry	控制	控制
N	13520	13520
调整的 R^2		0.245
F 值		65.126***

注：***、**、*分别表示在1％、5％、10％水平上显著；回归（1）括号中的值为经过稳健性修正的 Z 统计量，回归（2）括号中的值为经过稳健性修正的 T 统计量；表中回归结果的模型分别如下：

（1） $\Pr(CFOownbd = 1) = \alpha_0 + \alpha_1 CFOtenure + \alpha_2 CFOotherbd + \alpha_i Controls + \varepsilon$ （Ⅰ）

（2） $StdEM = \alpha_0 + \alpha_1 CFOownbd + \alpha_2 CFOownbd * Analyst + \alpha_3 Analyst + \alpha_4 IMR +$

第5章 财务总监财务执行力对财务报告质量的作用机制

$$\alpha_i Controls + \varepsilon \qquad\qquad (V)$$

其中，CFOownbd 为财务总监财务执行力，若财务总监进入公司董事会担任内部董事，定义为1，否则为0；CFOtenure 财务总监任期为工具变量，定义为财务总监任职年限的自然对数；CFOotherbd 财务总监外部董事为工具变量，若财务总监在其他公司董事会担任董事为1，否则为0；StdEM 为盈余管理标准差，定义为操纵性应计标准差和应计质量标准差的平均值；Analyst 为分析师跟踪，定义为 Ln（公司分析师跟踪人数 +1）；CFOownbd * Analyst 为财务总监财务执行力的代理变量与分析师跟踪变量的交乘项；IMR 为逆米尔斯比。Controls 为各控制变量，定义如下：Indep 为董事会独立性，定义为独立董事人数/董事总人数；Mw 为内部控制重大缺陷，若上市公司披露内部控制重大缺陷，定义为1，否则为0；Mb 为账面市值比率，定义为权益的市场价值/普通股的账面价值；Size 为公司规模，定义为总资产的自然对数；Lev 为资产负债率，定义为总负债/总资产；Proploss 为亏损年数比重，定义为公司前3年中亏损年数所占的比重；Stdsales 为营业收入标准差，定义为公司前3年营业收入占总资产比例的标准差；Stdocf 为经营现金流标准差，定义为公司前3年经营活动现金流量净额占总资产比例的标准差；Inv_Rec 为盈余管理柔性，定义为（存货 + 应收账款）/总资产；Intangible 为无形资产，若公司有无形资产，定义为1，否则为0；Age 为公司上市年数，定义为公司自上市至研究年度时间的自然对数；Big4 为国际四大，若公司的会计师事务所为国际四大，定义为1，否则为0；Roa 为总资产报酬率，定义为净利润/平均资产总额；Industry 为行业变量，定义为行业虚拟变量；Year 为年度变量，定义为年度虚拟变量。

表5-7使用盈余管理标准差（StdEM）作为财务报告质量的衡量指标，报告了区分不同分析师跟踪数量情境下，模型（Ⅰ）和模型（Ⅴ）的 Heckman 两阶段回归结果。从表5-7可以看出，在第一阶段模型（Ⅰ）的 Probit 回归（1）中，本章把财务总监外部董事（CFOotherbd）和财务总监任期（CFOtenure）作为影响财务总监财务执行力（CFOownbd）的外生变量，同时控制其他影响财务总监财务执行力的因素。第二阶段模型（Ⅴ）的回归（2）结果显示，IMR 显著为正，说明存在自选择问题，控制自选择效应后，财务总监财务执行力（CFOownbd）的系数

为 -0.050，且在1%的水平上显著，这表明财务总监财务执行力越高，企业盈余管理标准差越低，进而企业财务报告质量越高。财务总监财务执行力（$CFOownbd$）与分析师跟踪（$Analyst$）的交乘项的系数为 -0.022，且在1%的水平上显著，这表明分析师跟踪数量越多时，财务总监财务执行力与盈余管理标准差两者间的负向关系越强，进而财务总监财务执行力与财务报告质量两者间的正向关系越强。

综合表5-7，本章发现，分析师跟踪数量越多、信息不对称程度越低时，财务总监财务执行力与财务报告质量两者间的正向关系越强，即财务总监财务执行力对财务报告质量的正向关系在分析师跟踪数量较多的企业中更加显著，这表明，财务总监财务执行力有利于吸引分析师跟踪，降低企业的信息不对称程度，从而有利于企业财务报告质量的提高，进一步验证并支持了假说H5.1。

借鉴杨有红和毛新述（2011）和叶康涛等（2015），本章使用内部控制信息披露指数作为上市公司财务报告质量的代理变量。上市公司内部控制信息披露指数越高，则财务报告质量越高。本章使用内部控制信息披露质量（IC）作为财务报告质量的衡量指标分别进行回归（1）和回归（2），重新检验了财务总监财务执行力对企业财务报告质量的作用机制。

表5-8使用内部控制信息披露质量 IC 作为财务报告质量的衡量指标，报告了模型（Ⅰ）和模型（Ⅵ）的 Heckman 两阶段回归结果。从表5-8可以看出，在第一阶段模型（Ⅰ）的 Probit回归（1）中，本章把财务总监外部董事（$CFOotherbd$）和财务总监任期（$CFOtenure$）作为影响财务总监财务执行力（$CFOownbd$）的外生变量，同时控制其他影响财务总监财务执行力的因素。第二阶段模型（Ⅵ）的回归（2）结果显示，IMR 显著为

第5章　财务总监财务执行力对财务报告质量的作用机制

负,说明存在自选择问题,控制自选择效应后,财务总监财务执行力的指标 $CFOownbd$ 的系数为 1.065,且在 1% 的水平上显著,这表明财务总监财务执行力越高,企业内部控制信息披露质量越高,进而财务报告质量越高。财务总监财务执行力($CFOownbd$)与分析师跟踪($Analyst$)的交乘项的系数为 0.161,且在 1% 的水平上显著,这表明,分析师跟踪数量越多时,财务总监财务执行力与内部控制信息披露质量两者间的正向关系越强,进而财务总监财务执行力与财务报告质量两者间的正向关系越强。

表5-8　财务总监财务执行力对财务报告质量的作用机制:吸引分析师跟踪

	(1) 第一阶段 DV = $CFOownbd$	(2) 第二阶段 DV = IC
$CFOownbd$		1.065 ***
		(5.21)
$CFOownbd * Analyst$		0.161 ***
		(2.66)
$Analyst$		0.052
		(1.12)
$CFOotherbd$	0.314 ***	
	(3.74)	
$CFOtenure$	0.347 ***	
	(12.63)	
IMR		-0.665 ***
		(-5.41)
$Indep$	-1.827 ***	0.582 ***
	(-8.25)	(2.70)

续表

	（1） 第一阶段 DV = *CFOownbd*	（2） 第二阶段 DV = *IC*
Size	-0.0404***	0.208***
	(-3.93)	(17.11)
*Big*4	0.0172	-0.149***
	(0.32)	(-3.85)
Growth	-0.0620***	0.245***
	(-2.77)	(12.33)
Tophold	-0.497***	0.119**
	(-7.09)	(2.00)
Intercept	0.656***	1.207***
	(2.66)	(3.84)
Year	控制	控制
Industry	控制	控制
N	15030	15030
调整的 R^2		0.060
F 值		20.85***

注：***、**、* 分别表示在1%、5%、10%水平上显著；回归（1）括号中的值为经过稳健性修正的 Z 统计量，回归（2）括号中的值为经过稳健性修正的 T 统计量；表中回归结果的模型分别如下：

（1）$\Pr(CFOownbd = 1) = \alpha_0 + \alpha_1 CFOtenure + \alpha_2 CFOotherbd + \alpha_i Controls + \varepsilon$ （Ⅰ）

（2）$IC = \alpha_0 + \alpha_1 CFOownbd + \alpha_2 CFOownbd * Analyst + \alpha_3 Analyst + \alpha_4 IMR + \alpha_i Controls + \varepsilon$ （Ⅵ）

其中，*CFOownbd* 为财务总监财务执行力，若财务总监进入公司董事会担任内部董事，定义为1，否则为0；*CFOtenure* 财务总监任期为工具变量，定义为财务总监任职年限的自然对数；*CFOotherbd* 财务总监外部董事为工具变量，若财务总监在其他公司董事会担任董事为1，否则为0；*IC* 为内部控制信息披露质量，定义为迪博·内部控制信息披露指数的自然对数；*Analyst* 为分析师跟踪，定义为 *Ln*（公司分析师跟

踪人数 +1); *CFOownbd* * *Analyst* 为财务总监财务执行力的代理变量与分析师跟踪变量的交乘项; *IMR* 为逆米尔斯比。*Controls* 为各控制变量, 定义如下: *Indep* 为董事会独立性, 定义为独立董事人数/董事总人数; *Size* 为公司规模, 定义为总资产的自然对数; *Big4* 为国际四大, 若公司的会计师事务所为国际四大, 定义为 1, 否则为 0; *Growth* 为成长性, 若公司当年经行业调整的营业收入增长率大于中位数, 定义为 1, 否则为 0; *Tophold* 为股权集中度, 定义为公司第一大股东的持股比例; *Industry* 为行业变量, 定义为行业虚拟变量; *Year* 为年度变量, 定义为年度虚拟变量。

综合表 5-8, 本章发现, 分析师跟踪数量越多、信息不对称程度越低时, 财务总监财务执行力与财务报告质量两者间的正向关系越强, 即财务总监财务执行力对财务报告质量的正向关系在分析师跟踪数量较多的企业中更加显著, 这表明, 财务总监财务执行力有利于吸引分析师跟踪, 降低企业的信息不对称程度, 从而有利于企业财务报告质量的提高, 进一步验证并支持了假说 H5.1。

2. 财务总监社会地位作用机制的检验

表 5-9 和表 5-10 报告了区分不同社会地位情境下, 财务总监财务执行力与财务报告质量两者正向关系中间的作用机制的 Heckman 两阶段回归结果。

表 5-9 使用盈余管理标准差 (*StdEM*) 作为财务报告质量的衡量指标, 报告了模型 (Ⅰ) 和模型 (Ⅶ) 的 Heckman 两阶段回归结果。从表 5-9 可以看出, 在第一阶段模型 (Ⅰ) 的 Probit 回归 (1) 中, 本章把财务总监外部董事 (*CFOotherbd*) 和财务总监任期 (*CFOtenure*) 作为影响财务总监财务执行力 (*CFOownbd*) 的外生变量, 同时控制其他影响财务总监财务执行力的因素。第二阶段模型 (Ⅶ) 的回归 (2) 结果显示, *IMR* 显著为正, 说明存在自选择问题, 控制自选择效应后, 财务总监财务执行力 (*CFOownbd*) 的系数为 -0.026, 且在 1% 的水平上

表 5-9 财务总监财务执行力对财务报告质量的作用机制：提高社会地位

	(1) 第一阶段 DV = $CFOownbd$	(2) 第二阶段 DV = $StdEM$
$CFOownbd$		-0.026***
		(-2.92)
$CFOownbd * CFOrank$		-0.011**
		(-2.05)
$CFOrank$		0.004
		(1.59)
$CFOotherbd$	0.286***	
	(3.26)	
$CFOtenure$	0.324***	
	(11.25)	
IMR		0.021***
		(4.50)
$Indep$	-1.758***	0.002
	(-7.51)	(0.26)
Mw	-0.183	-0.002
	(-1.09)	(-0.37)
Mb	0.033	-0.020***
	(0.43)	(-7.77)
$Size$	-0.046***	-0.000
	(-2.98)	(-0.34)
Lev	0.027	0.032***
	(0.36)	(9.31)
$Proploss$	0.155**	0.035***
	(2.01)	(10.16)

续表

	（1） 第一阶段 DV = $CFOownbd$	（2） 第二阶段 DV = $StdEM$
$Stdsales$	-0.146	0.029***
	(-1.32)	(5.52)
$Stdocf$	1.351***	0.872***
	(4.75)	(59.13)
Inv_Rec	-0.243***	0.003
	(-2.92)	(0.84)
$Intangible$	-0.010	-0.003
	(-0.14)	(-0.91)
Age	-0.038*	0.002***
	(-1.77)	(3.45)
$Big4$	-0.007	-0.009***
	(-0.13)	(-7.20)
Roa	0.209	0.070***
	(0.85)	(4.63)
$Intercept$	0.697**	0.017
	(2.17)	(1.29)
$Year$	控制	控制
$Industry$	控制	控制
N	13520	13150
调整的 R^2		0.560
F 值		179.863***

注：***、**、* 分别表示在 1%、5%、10% 水平上显著；回归（1）括号中的值为经过稳健性修正的 Z 统计量，回归（2）括号中的值为经过稳健性修正的 T 统计量；表中回归结果的模型分别如下：

（1） $\Pr(CFOownbd = 1) = \alpha_0 + \alpha_1 CFOtenure + \alpha_2 CFOotherbd + \alpha_i Controls + \varepsilon$ （Ⅰ）

（2） $StdEM = \alpha_0 + \alpha_1 CFOownbd + \alpha_2 CFOownbd * CFOrank + \alpha_3 CFOrank + \alpha_4 IMR +$

$\alpha_i Controls + \varepsilon$ （Ⅶ）

其中，*CFOownbd* 为财务总监财务执行力，若财务总监进入公司董事会担任内部董事，定义为1，否则为0；*CFOtenure* 财务总监任期为工具变量，定义为财务总监任职年限的自然对数；*CFOotherbd* 财务总监外部董事为工具变量，若财务总监在其他公司董事会担任董事为1，否则为0；*StdEM* 为盈余管理标准差，定义为操纵性应计标准差和应计质量标准差的平均值；*CFOrank* 为财务总监排名（财务总监社会地位），定义为（董监高总人数－财务总监位次＋1）／董监高总人数；*CFOownbd* * *CFOrank* 为财务总监财务执行力的代理变量与财务总监排名变量的交乘项；*IMR* 为逆米尔斯比。*Controls* 为各控制变量，定义如下：*Indep* 为董事会独立性，定义为独立董事人数／董事总人数；*Mw* 为内部控制重大缺陷，若上市公司披露内部控制重大缺陷，定义为1，否则为0；*Mb* 为账面市值比率，定义为权益的市场价值／普通股的账面价值；*Size* 为公司规模，定义为总资产的自然对数；*Lev* 为资产负债率，定义为总负债／总资产；*Proploss* 为亏损年数比重，定义为公司前3年中亏损年数所占的比重；*Stdsales* 为营业收入标准差，定义为公司前3年营业收入占总资产比例的标准差；*Stdocf* 为经营现金流标准差，定义为公司前3年经营活动现金流量净额占总资产比例的标准差；*Inv_Rec* 为盈余管理柔性，定义为（存货＋应收账款）／总资产；*Intangible* 为无形资产，若公司有无形资产，定义为1，否则为0；*Age* 为公司上市年数，定义为公司自上市至研究年度时间的自然对数；*Big4* 为国际四大，若公司的会计师事务所为国际四大，定义为1，否则为0；*Roa* 为总资产报酬率，定义为净利润／平均资产总额；*Industry* 为行业变量，定义为行业虚拟变量；*Year* 为年度变量，定义为年度虚拟变量。

显著，这表明财务总监财务执行力越高，企业盈余管理标准差越低，进而企业财务报告质量越高。财务总监财务执行力（*CFOownbd*）与财务总监排名（*CFOrank*）的交乘项的系数为－0.011，且在5%的水平上显著，这表明，财务总监排名越高、财务总监社会地位越高时，财务总监财务执行力与盈余管理标准差两者间的负向关系越强，进而财务总监财务执行力与财务报告质量两者间的正向关系越强。

综合表5-9，本章发现，财务总监排名越高、财务总监社

第 5 章　财务总监财务执行力对财务报告质量的作用机制

会地位越高时，财务总监财务执行力与财务报告质量两者间的正向关系越强，即财务总监财务执行力对财务报告质量的正向关系在财务总监社会地位较高的企业中更加显著，表明财务总监财务执行力有利于提高财务总监自身的社会地位，从而有利于企业财务报告质量的提高，进一步验证并支持了假说 H5.2。

表 5-10 使用内部控制信息披露质量 IC 作为财务报告质量的衡量指标，报告了模型（Ⅰ）和模型（Ⅷ）的 Heckman 两阶段回归结果。从表 5-10 可以看出，在第一阶段模型（Ⅰ）的 Probit 回归（1）中，本章把财务总监外部董事（$CFOotherbd$）和财务总监任期（$CFOtenure$）作为影响财务总监财务执行力（$CFOownbd$）的外生变量，同时控制其他影响财务总监财务执行力的因素。第二阶段模型（Ⅷ）的回归（2）结果显示，IMR 显著为负，说明存在自选择问题，控制自选择效应后，财务总监财务执行力（$CFOownbd$）的系数为 0.724，且在 1% 的水平上显著，这表明财务总监财务执行力越高，企业内部控制信息披露质量越高，进而财务报告质量越高。财务总监财务执行力（$CFOownbd$）与财务总监排名（$CFOrank$）的交乘项的系数为 0.384，且在 5% 的水平上显著，这表明，财务总监排名越高、财务总监社会地位越高时，财务总监财务执行力与内部控制信息披露质量两者间的正向关系越强，进而财务总监财务执行力与财务报告质量两者间的正向关系越强。

综合表 5-10，本章发现，财务总监排名越高、财务总监社会地位越高时，财务总监财务执行力与财务报告质量两者间的正向关系越强，即财务总监财务执行力对财务报告质量的正向关系在财务总监社会地位较高的企业中更加显著，表明财务总监财务执行力有利于提高财务总监自身的社会地位，从而有利于企业财务报告质量的提高，进一步验证并支持了假说 H5.2。

表 5-10 财务总监财务执行力对财务报告质量的作用机制：提高社会地位

	（1） 第一阶段 DV = CFOownbd	（2） 第二阶段 DV = IC
CFOownbd		0.724***
		(2.89)
CFOownbd * CFOrank		0.384**
		(2.22)
CFOrank		-0.102
		(-1.34)
CFOotherbd	0.303***	
	(3.45)	
CFOtenure	0.334***	
	(11.54)	
IMR		-0.625***
		(-4.85)
Indep	-1.728***	0.586***
	(-7.39)	(2.66)
Size	-0.038***	0.166***
	(-3.48)	(14.02)
Big4	0.013	-0.097**
	(0.24)	(-2.42)
Growth	-0.069***	0.233***
	(-2.90)	(11.72)
Tophold	-0.476***	0.164***
	(-6.55)	(2.65)
Intercept	0.548**	2.266***
	(2.11)	(7.38)

第5章 财务总监财务执行力对财务报告质量的作用机制

续表

	（1） 第一阶段 DV = CFOownbd	（2） 第二阶段 DV = IC
Year	控制	控制
Industry	控制	控制
N	13515	13145
调整的 R^2		0.054
F 值		16.49***

注：***、**、* 分别表示在 1%、5%、10% 水平上显著；回归（1）括号中的值为经过稳健性修正的 Z 统计量，回归（2）括号中的值为经过稳健性修正的 T 统计量；表中回归结果的模型分别如下：

（1） $\Pr(CFOownbd = 1) = \alpha_0 + \alpha_1 CFOtenure + \alpha_2 CFOotherbd + \alpha_i Controls + \varepsilon$ （Ⅰ）

（2） $IC = \alpha_0 + \alpha_1 CFOownbd + \alpha_2 CFOownbd * CFOrank + \alpha_3 CFOrank + \alpha_4 IMR + \alpha_i Controls + \varepsilon$ （Ⅷ）

其中，$CFOownbd$ 为财务总监财务执行力，若财务总监进入公司董事会担任内部董事，定义为 1，否则为 0；$CFOtenure$ 财务总监任期为工具变量，定义为财务总监任职年限的自然对数；$CFOotherbd$ 财务总监外部董事为工具变量，若财务总监在其他公司董事会担任董事为 1，否则为 0；IC 为内部控制信息披露质量，定义为迪博·内部控制信息披露指数的自然对数；$CFOrank$ 为财务总监排名（财务总监社会地位），定义为（董监高总人数 − 财务总监位次 +1）/ 董监高总人数；$CFOownbd * CFOrank$ 为财务总监财务执行力的代理变量与财务总监排名变量的交乘项；IMR 为逆米尔斯比。$Controls$ 为各控制变量，定义如下：$Indep$ 为董事会独立性，定义为独立董事人数/董事总人数；$Size$ 为公司规模，定义为总资产的自然对数；$Big4$ 为国际四大，若公司的会计师事务所为国际四大，定义为 1，否则为 0；$Growth$ 为成长性，若公司当年经行业调整的营业收入增长率大于中位数，定义为 1，否则为 0；$Tophold$ 为股权集中度，定义为公司第一大股东的持股比例；$Industry$ 为行业变量，定义为行业虚拟变量；$Year$ 为年度变量，定义为年度虚拟变量。

5.5.4 其他估计方法

在此前的主回归中，本章对所有回归结果均进行了 Robust

稳健性修正。借鉴 Petersen（2009），本章尝试按公司维度进行群（Cluster）调整的估计方法，对所有回归结果均在公司层面对标准误进行聚类处理，以重新检验财务总监财务执行力对财务报告质量的作用机制。

1. 分析师跟踪作用机制的检验

表 5-11 使用盈余管理标准差（StdEM）作为财务报告质量的衡量指标，报告了区分不同分析师跟踪数量情境下，模型（Ⅰ）和模型（Ⅴ）的 Heckman 两阶段回归结果。从表 5-11 可以看出，在第一阶段模型（Ⅰ）的 Probit 回归（1）中，本章把财务总监外部董事（CFOotherbd）和财务总监任期（CFOtenure）作为影响财务总监财务执行力（CFOownbd）的外生变量，同时控制其他影响财务总监财务执行力的因素。第二阶段模型（Ⅴ）的回归（2）结果显示，IMR 显著为正，说明存在自选择问题，控制自选择效应后，财务总监财务执行力（CFOownbd）的系数为 -0.051，且在 1% 的水平上显著，这表明财务总监财务执行力越高，企业盈余管理标准差越低，进而企业财务报告质量越高。财务总监财务执行力（CFOownbd）与分析师跟踪（Analyst）的交乘项的系数为 -0.022，且在 1% 的水平上显著，这表明分析师跟踪数量越多时，财务总监财务执行力与财务报告质量两者间的正向关系显著越强。

综合表 5-11，本章发现，分析师跟踪数量越多、信息不对称程度越低时，财务总监财务执行力与企业财务报告质量两者间的正向关系越强，即财务总监财务执行力对财务报告质量的正向关系在分析师跟踪数量较多的企业中更加显著，这表明财务总监财务执行力有利于吸引分析师跟踪，降低企业的信息不对称程度，从而有利于企业财务报告质量的提高，进一步验证并支持了假说 H5.1。

第5章 财务总监财务执行力对财务报告质量的作用机制

表 5-11 财务总监财务执行力对财务报告质量的作用机制：吸引分析师跟踪

	(1) 第一阶段 DV = CFOownbd	(2) 第二阶段 DV = StdEM
CFOownbd		-0.051***
		(-4.03)
CFOownbd * Analyst		-0.022***
		(-3.40)
Analyst		0.010***
		(2.62)
CFOotherbd	0.286*	
	(1.82)	
CFOtenure	0.317***	
	(6.97)	
IMR		0.032***
		(4.26)
Indep	-1.764***	-0.010
	(-4.49)	(-0.71)
Mw	-0.183	-0.004
	(-1.03)	(-0.59)
Mb	0.033	-0.011***
	(0.25)	(-2.69)
Size	-0.045	-0.008***
	(-1.54)	(-8.83)
Lev	0.028	0.041***
	(0.20)	(6.86)
Proploss	0.146	0.031***
	(1.26)	(6.57)

续表

	（1）第一阶段 DV = *CFOownbd*	（2）第二阶段 DV = *StdEM*
Stdsales	-0.141	0.028***
	(-0.87)	(3.93)
Stdocf	1.326***	0.431***
	(3.10)	(21.62)
Inv_Rec	-0.246	-0.034***
	(-1.59)	(-6.17)
Intangible	-0.012	-0.010**
	(-0.10)	(-1.98)
Age	-0.039	0.009***
	(-0.96)	(7.08)
Big4	0.002	-0.002
	(0.02)	(-0.94)
Roa	0.169	0.043***
	(0.53)	(2.73)
Intercept	0.688	0.222***
	(1.13)	(10.57)
Year	控制	控制
Industry	控制	控制
N	13613	13613
调整的 R^2		0.245
F 值		38.207***

注：***、**、* 分别表示在 1%、5%、10% 水平上显著；回归（1）括号中的值为经过群调整的 Z 统计量，回归（2）括号中的值为经过群调整的 T 统计量；表中回归结果的模型分别如下：

（1） $\Pr(CFOownbd = 1) = \alpha_0 + \alpha_1 CFOtenure + \alpha_2 CFOotherbd + \alpha_i Controls + \varepsilon$ （Ⅰ）

（2） $StdEM = \alpha_0 + \alpha_1 CFOownbd + \alpha_2 CFOownbd * Analyst + \alpha_3 Analyst + \alpha_4 IMR +$

第5章 财务总监财务执行力对财务报告质量的作用机制

$\alpha_i Controls + \varepsilon$　　　　　　　　　　　　　　　　　　　　　　　（Ⅴ）

其中，CFOownbd 为财务总监财务执行力，若财务总监进入公司董事会担任内部董事，定义为1，否则为0；CFOtenure 财务总监任期为工具变量，定义为财务总监任职年限的自然对数；CFOotherbd 财务总监外部董事为工具变量，若财务总监在其他公司董事会担任董事为1，否则为0；StdEM 为盈余管理标准差，定义为操纵性应计标准差和应计质量标准差的平均值；Analyst 为分析师跟踪，定义为 Ln（公司分析师跟踪人数 +1）；CFOownbd * Analyst 为财务总监财务执行力的代理变量与分析师跟踪变量的交乘项；IMR 为逆米尔斯比。Controls 为各控制变量，定义如下：Indep 为董事会独立性，定义为独立董事人数/董事总人数；Mw 为内部控制重大缺陷，若上市公司披露内部控制重大缺陷，定义为1，否则为0；Mb 为账面市值比率，定义为权益的市场价值/普通股的账面价值；Size 为公司规模，定义为总资产的自然对数；Lev 为资产负债率，定义为总负债/总资产；Proploss 为亏损年数比重，定义为公司前3年中亏损年数所占的比重；Stdsales 为营业收入标准差，定义为公司前3年营业收入占总资产比例的标准差；Stdocf 为经营现金流标准差，定义为公司前3年经营活动现金流量净额占总资产比例的标准差；Inv_Rec 为盈余管理柔性，定义为（存货 + 应收账款）／总资产；Intangible 为无形资产，若公司有无形资产，定义为1，否则为0；Age 为公司上市年数，定义为公司自上市至研究年度时间的自然对数；Big4 为国际四大，若公司的会计师事务所为国际四大，定义为1，否则为0；Roa 为总资产报酬率，定义为净利润／平均资产总额；Industry 为行业变量，定义为行业虚拟变量；Year 为年度变量，定义为年度虚拟变量。

表5-12 使用内部控制信息披露质量 IC 作为财务报告质量的衡量指标，报告了模型（Ⅰ）和模型（Ⅵ）的 Heckman 两阶段回归结果。从表5-12 可以看出，在第一阶段模型（Ⅰ）的 Probit 回归（1）中，本章把财务总监外部董事（CFOotherbd）和财务总监任期（CFOtenure）作为影响财务总监财务执行力（CFOownbd）的外生变量，同时控制其他影响财务总监财务执行力的因素。第二阶段模型（Ⅵ）的回归（2）结果显示，IMR 显著为负，说明存在自选择问题，控制自选择效应后，财务总监财务执行力的指标 CFOownbd 的系数为1.080，且在1%

的水平上显著,这表明财务总监财务执行力越高,企业内部控制信息披露质量越高,进而财务报告质量越高。财务总监财务执行力($CFOownbd$)与分析师跟踪($Analyst$)的交乘项的系数为 0.158,且在 1% 的水平上显著,这表明,分析师跟踪数量越多时,财务总监财务执行力与财务报告质量两者间的正向关系越强。

表 5-12 财务总监财务执行力对财务报告质量的作用机制:吸引分析师跟踪

	(1) 第一阶段 DV = $CFOownbd$	(2) 第二阶段 DV = IC
$CFOownbd$		1.080***
		(4.33)
$CFOownbd * Analyst$		0.158**
		(2.43)
$Analyst$		0.0534
		(1.15)
$CFOotherbd$	0.307**	
	(2.02)	
$CFOtenure$	0.342***	
	(7.74)	
IMR		-0.673***
		(-4.54)
$Indep$	-1.858***	0.613**
	(-4.91)	(2.39)
$Size$	-0.0388*	0.208***
	(-1.92)	(11.41)

第5章 财务总监财务执行力对财务报告质量的作用机制

续表

	（1）第一阶段 DV = CFOownbd	（2）第二阶段 DV = IC
Big4	0.0349	-0.154***
	(0.32)	(-3.14)
Growth	-0.0599**	0.243***
	(-2.39)	(12.05)
Tophold	-0.496***	0.131*
	(-4.15)	(1.77)
Intercept	0.633	1.183***
	(1.34)	(2.63)
Year	控制	控制
Industry	控制	控制
N	15167	15167
调整的 R^2		0.061
F 值		12.48***

注：***、**、* 分别表示在 1%、5%、10% 水平上显著；回归（1）括号中的值为经过群调整的 Z 统计量，回归（2）括号中的值为经过群调整修正的 T 统计量；表中回归结果的模型分别如下：

（1） $\Pr(CFOownbd = 1) = \alpha_0 + \alpha_1 CFOtenure + \alpha_2 CFOotherbd + \alpha_i Controls + \varepsilon$ （Ⅰ）

（2） $IC = \alpha_0 + \alpha_1 CFOownbd + \alpha_2 CFOownbd * Analyst + \alpha_3 Analyst + \alpha_4 IMR + \alpha_i Controls + \varepsilon$ （Ⅵ）

其中，CFOownbd 为财务总监财务执行力，若财务总监进入公司董事会担任内部董事，定义为1，否则为0；CFOtenure 财务总监任期为工具变量，定义为财务总监任职年限的自然对数；CFOotherbd 财务总监外部董事为工具变量，若财务总监在其他公司董事会担任董事为1，否则为0；IC 为内部控制信息披露质量，定义为迪博·内部控制信息披露指数的自然对数；Analyst 为分析师跟踪，定义为 Ln（公司分析师跟踪人数+1）；CFOownbd * Analyst 为财务总监财务执行力的代理变量与分析师跟踪变量的交乘项；IMR 为逆米尔斯比。Controls 为各控制变量，定义如下：Indep 为董事会独立性，定义为独立董事人数/董事总人数；Size 为公司规模，定义为总资产的自然对数；Big4 为国际四大，若公司的会计师事务所为国际四大，定义为 1，否则为 0；Growth 为成长性，若公司当年经行业调整的营业收入增长率大于中位数，定义为 1，否则为 0；Tophold 为股权集中度，定义为公司第一大股东的持股比例；Industry 为行业变量，定义为行业虚拟变量；Year 为年度变量，定义为年度虚拟变量。

综合表 5-12，本章发现，分析师跟踪数量越多、信息不对称程度越低时，财务总监财务执行力与企业财务报告质量两者间的正向关系越强，即财务总监财务执行力对财务报告质量的正向关系在分析师跟踪数量较多的企业中更加显著，这表明财务总监财务执行力有利于吸引分析师跟踪，降低企业的信息不对称程度，从而有利于企业财务报告质量的提高，进一步验证并支持了假说 H5.1。

2. 财务总监社会地位作用机制的检验

表 5-13 报告了区分不同社会地位情境下，财务总监财务执行力与财务报告质量两者正向关系中间的作用机制的 Heckman 两阶段回归结果。

表 5-13 中使用盈余管理标准差（StdEM）作为财务报告质量的衡量指标，报告了模型（Ⅰ）和模型（Ⅶ）的 Heckman 两阶段回归结果。从表 5-13 可以看出，在第一阶段模型（Ⅰ）的 Probit 回归（1）中，本章把财务总监外部董事（CFOotherbd）和财务总监任期（CFOtenure）作为影响财务总监财务执行力（CFOownbd）的外生变量，同时控制其他影响财务总监财务执行力的因素。第二阶段模型（Ⅶ）的回归（2）结果显示，IMR 显著为正，说明存在自选择问题，控制自选择效应后，财务总监财务执行力（CFOownbd）的系数为 -0.025，且在 1% 的水平上显著，这表明财务总监财务执行力越高，企业盈余管理标准差越低，进而企业财务报告质量越高。财务总监财务执行力（CFOownbd）与

第5章 财务总监财务执行力对财务报告质量的作用机制

表 5-13 财务总监财务执行力对财务报告质量的作用机制：提高社会地位

	(1) 第一阶段 DV = CFOownbd	(2) 第二阶段 DV = StdEM
CFOownbd		-0.025**
		(-2.25)
CFOownbd * CFOrank		-0.011*
		(-1.73)
CFOrank		0.004
		(1.42)
CFOotherbd	0.286*	
	(1.82)	
CFOtenure	0.317***	
	(6.97)	
IMR		0.021***
		(3.46)
Indep	-1.764***	0.003
	(-4.49)	(0.25)
Mw	-0.183	-0.002
	(-1.03)	(-0.34)
Mb	0.033	-0.020***
	(0.25)	(-6.23)
Size	-0.045	-0.000
	(-1.54)	(-0.26)
Lev	0.028	0.032***
	(0.20)	(6.41)
Proploss	0.146	0.035***
	(1.26)	(8.40)

续表

	（1）第一阶段 DV = $CFOownbd$	（2）第二阶段 DV = $StdEM$
$Stdsales$	-0.141	0.029***
	(-0.87)	(4.23)
$Stdocf$	1.326***	0.872***
	(3.10)	(42.63)
Inv_Rec	-0.246	0.002
	(-1.59)	(0.58)
$Intangible$	-0.012	-0.003
	(-0.10)	(-0.73)
Age	-0.039	0.002***
	(-0.96)	(2.64)
$Big4$	0.002	-0.009***
	(0.02)	(-4.77)
Roa	0.169	0.070***
	(0.53)	(4.54)
$Intercept$	0.688	0.016
	(1.13)	(0.91)
$Year$	控制	控制
$Industry$	控制	控制
N	13613	13241
调整的 R^2		0.561
F 值		85.421***

注：***、**、* 分别表示在 1%、5%、10% 水平上显著；回归（1）括号中的值为经过群调整的 Z 统计量，回归（2）括号中的值为经过群调整的 T 统计量；表中回归结果的模型分别如下：

（1） $\Pr(CFOownbd = 1) = \alpha_0 + \alpha_1 CFOtenure + \alpha_2 CFOotherbd + \alpha_i Controls + \varepsilon$ （Ⅰ）

（2） $StdEM = \alpha_0 + \alpha_1 CFOownbd + \alpha_2 CFOownbd * CFOrank + \alpha_3 CFOrank + \alpha_4 IMR +$

第5章 财务总监财务执行力对财务报告质量的作用机制

$$\alpha_i Controls + \varepsilon \tag{VII}$$

其中，CFOownbd 为财务总监财务执行力，若财务总监进入公司董事会担任内部董事，定义为1，否则为0；CFOtenure 财务总监任期为工具变量，定义为财务总监任职年限的自然对数；CFOotherbd 财务总监外部董事为工具变量，若财务总监在其他公司董事会担任董事为1，否则为0；StdEM 为盈余管理标准差，定义为操纵性应计标准差和应计质量标准差的平均值；CFOrank 为财务总监排名（财务总监社会地位），定义为（董监高总人数－财务总监位次＋1）／董监高总人数；CFOownbd * CFOrank 为财务总监财务执行力的代理变量与财务总监排名变量的交乘项；IMR 为逆米尔斯比。Controls 为各控制变量，定义如下：Indep 为董事会独立性，定义为独立董事人数／董事总人数；Mw 为内部控制重大缺陷，若上市公司披露内部控制重大缺陷，定义为1，否则为0；Mb 为账面市值比率，定义为权益的市场价值／普通股的账面价值；Size 为公司规模，定义为总资产的自然对数；Lev 为资产负债率，定义为总负债／总资产；Proploss 为亏损年数比重，定义为公司前3年中亏损年数所占的比重；Stdsales 为营业收入标准差，定义为公司前3年营业收入占总资产比例的标准差；Stdocf 为经营现金流标准差，定义为公司前3年经营活动现金流量净额占总资产比例的标准差；Inv_ Rec 为盈余管理柔性，定义为（存货+应收账款）／总资产；Intangible 为无形资产，若公司有无形资产，定义为1，否则为0；Age 为公司上市年数，定义为公司自上市至研究年度时间的自然对数；Big4 为国际四大，若公司的会计师事务所为国际四大，定义为1，否则为0；Roa 为总资产报酬率，定义为净利润／平均资产总额；Industry 为行业变量，定义为行业虚拟变量；Year 为年度变量，定义为年度虚拟变量。

财务总监排名（CFOrank）的交乘项的系数为 －0.011，且在5%的水平上显著，这表明，财务总监排名越高，财务总监财务执行力与企业财务报告质量两者间的正向关系越强。

综合表 5－13，本章发现，财务总监排名越高、财务总监社会地位越高时，财务总监财务执行力与财务报告质量两者间的正向关系越强，即财务总监财务执行力对财务报告质量的正向关系在财务总监社会地位较高的企业中更加显著，表明财务总监财务执行力有利于提高财务总监自身的社会地位，从而有利于企业财务报告质量的提高，进一步验证并支持了假说 H5.2。

表 5-14 中使用内部控制信息披露质量 IC 作为财务报告质量的衡量指标，报告了模型（Ⅰ）和模型（Ⅷ）的 Heckman 两阶段回归结果。从表 5-14 可以看出，在第一阶段模型（Ⅰ）的 Probit 回归（1）中，本章把财务总监外部董事（$CFOotherbd$）和财务总监任期（$CFOtenure$）作为影响财务总监财务执行力（$CFOownbd$）的外生变量，同时控制其他影响财务总监财务执行力的因素。第二阶段模型（Ⅷ）的回归（2）结果显示，IMR 显著为负，说明存在自选择问题，控制自选择效应后，财务总监财务执行力（$CFOownbd$）的系数为 0.743，且在 1% 的水平上显著，这表明财务总监财务执行力越高，企业内部控制信息披露质量越高，进而财务报告质量越高。财务总监财务执行力（$CFOownbd$）与财务总监排名（$CFOrank$）的交乘项的系数为 0.395，且在 5% 的水平上显著，这表明，财务总监排名越高时，财务总监财务执行力与企业财务报告质量两者间的正向关系越强。

表 5-14　财务总监财务执行力对财务报告质量的作用机制：提高社会地位

	(1) 第一阶段 DV = $CFOownbd$	(2) 第二阶段 DV = IC
$CFOownbd$		0.743***
		(2.59)
$CFOownbd * CFOrank$		0.395**
		(2.18)
$CFOrank$		-0.101
		(-1.24)
$CFOotherbd$	0.303*	
	(1.91)	

续表

	(1) 第一阶段 DV = CFOownbd	(2) 第二阶段 DV = IC
CFOtenure	0.327***	
	(7.16)	
IMR		-0.641***
		(-4.30)
Indep	-1.736***	0.625**
	(-4.40)	(2.53)
Size	-0.0363*	0.166***
	(-1.73)	(10.31)
Big4	0.0223	-0.0996**
	(0.20)	(-2.11)
Growth	-0.0687***	0.232***
	(-2.62)	(11.29)
Tophold	-0.479***	0.175**
	(-3.89)	(2.38)
Intercept	0.527	2.248***
	(1.06)	(5.55)
Year	控制	控制
Industry	控制	控制
N	13608	13236
调整的 R^2		0.054
F 值		11.37***

注:***、**、* 分别表示在 1%、5%、10% 水平上显著;回归(1)括号中的值为经过群调整的 Z 统计量,回归(2)括号中的值为经过群调整的 T 统计量;表中回归结果的模型分别如下:

(1) $\Pr(CFOownbd = 1) = \alpha_0 + \alpha_1 CFOtenure + \alpha_2 CFOotherbd + \alpha_i Controls + \varepsilon$ (Ⅰ)

(2) $IC = \alpha_0 + \alpha_1 CFOownbd + \alpha_2 CFOownbd * CFOrank + \alpha_3 CFOrank + \alpha_4 IMR + $

$\alpha_i Controls + \varepsilon$ （Ⅷ）

其中，CFOownbd 为财务总监财务执行力，若财务总监进入公司董事会担任内部董事，定义为1，否则为0；CFOtenure 财务总监任期为工具变量，定义为财务总监任职年限的自然对数；CFOotherbd 财务总监外部董事为工具变量，若财务总监在其他公司董事会担任董事为1，否则为0；IC 为内部控制信息披露质量，定义为迪博·内部控制信息披露指数的自然对数；CFOrank 为财务总监排名（财务总监社会地位），定义为（董监高总人数－财务总监位次＋1）／董监高总人数；CFOownbd * CFOrank 为财务总监财务执行力的代理变量与财务总监排名变量的交乘项；IMR 为逆米尔斯比。Controls 为各控制变量，定义如下：Indep 为董事会独立性，定义为独立董事人数／董事总人数；Size 为公司规模，定义为总资产的自然对数；Big4 为国际四大，若公司的会计师事务所为国际四大，定义为1，否则为0；Growth 为成长性，若公司当年经行业调整的营业收入增长率大于中位数，定义为1，否则为0；Tophold 为股权集中度，定义为公司第一大股东的持股比例；Industry 为行业变量，定义为行业虚拟变量；Year 为年度变量，定义为年度虚拟变量。

综合表5－14，本章发现，财务总监排名越高、财务总监社会地位越高时，财务总监财务执行力与财务报告质量两者间的正向关系越强，即财务总监财务执行力对财务报告质量的正向关系在财务总监社会地位较高的企业中更加显著，表明财务总监财务执行力有利于提高财务总监自身的社会地位，从而有利于企业财务报告质量的提高，进一步验证并支持了假说 H5.2。

5.6　本章结论与启示

第4章的研究结果已经表明，财务总监财务执行力能够提升企业财务报告质量。为进一步检验财务总监财务执行力影响企业财务报告质量的潜在机制，本章以 2008～2015 年全部 A 股非金融类上市公司作为研究样本，采用盈余管理标准差（StdEM）变量替代衡量财务报告质量,从财务总监财务执行力吸引分析师跟踪、提高自身社会地位这两个方面检验其潜在机制。通过对上述两种情景下作用机制的回归分析,本章的分析逻辑得以验证:

第一,分析师跟踪数量越多、信息不对称程度越低时,财务总监财务执行力与财务报告质量两者间的正向关系越强,即财务总监财务执行力对财务报告质量的正向关系在分析师跟踪数量较多的企业中更加显著,这表明财务总监财务执行力有利于吸引分析师跟踪,降低企业的信息不对称程度,从而有利于企业财务报告质量的提高,验证并支持了假说 H5.1;

第二,财务总监排名越高、财务总监社会地位越高时,财务总监财务执行力与财务报告质量两者间的正向关系越强,即财务总监财务执行力对财务报告质量的正向关系在财务总监社会地位较高的企业中更加显著,表明财务总监财务执行力有利于提高财务总监自身的社会地位,从而有利于企业财务报告质量的提高,验证并支持了假说 H5.2。

为使本章研究结论更加稳健,本章还进行了如下稳健性检验:

第一,借鉴杨有红和毛新述(2011)和叶康涛等(2015),本章使用内部控制信息披露指数作为上市公司财务报告质量的代理变量。上市公司内部控制信息披露指数越高,则财务报告质量越高。本章使用内部控制信息披露质量(*IC*)作为财务报告质量的衡量指标分别对模型(Ⅰ)和模型(Ⅵ)、模型(Ⅰ)和模型(Ⅷ)进行回归,重新检验了财务总监财务执行力对企业财务报告质量的作用机制。

第二,借鉴 Bedard 等(2014)和江轩宇(2016),为了使研究结论更加稳健,本章在稳健性检验中采用另外一种克服内生性问题的方法——两阶段工具变量法(2SLS),即,选取影响财务总监财务执行力（CFOownbd）的外生变量财务总监外部董事（CFOotherbd）和财务总监任期（CFOtenure），控制潜在的内生性，重新检验财务总监财务执行力对财务报告质量的作用机制。

第三，借鉴 Roychowdhury（2006），剔除年度了行业样本数不足15家的样本，重新进行回归，以进一步检验财务总监财务执行力对财务报告质量的作用机制。

第四，在此前的主回归中，本章对所有回归结果均进行了 Robust 稳健性修正。借鉴 Petersen（2009），本章尝试按公司维度进行群（Cluster）调整的估计方法，对所有回归结果均在公司层面对标准误进行聚类处理，以重新检验财务总监财务执行力对财务报告质量的作用机制。

上述稳健性检验的结果均再次验证了本章的研究假说 H5.1 和 H5.2，这表明本章的研究结论较为可靠。

本章的研究结论具有较为重要的理论意义与现实意义：

第一，探究了财务总监财务执行力对企业财务报告质量的作用机制，分别验证了在分析师跟踪数量越多、信息不对称程度越低时，财务总监排名越高、财务总监社会地位越高时，财务总监财务执行力与企业财务报告质量两者间的正向关系越强，即财务总监财务执行力有助于吸引分析师跟踪、提高自身的社会地位，进而提升企业财务报告质量，本章的研究结论丰富了信息不对称理论、友好董事会理论以及社会网络理论；

第二，本章从吸引分析师跟踪、提高自身社会地位这两个方面，检验了财务总监财务执行力对企业财务报告质量的作用机制，证实了财务总监在公司战略决策和公司治理方面的积极作用，为财务总监在上市公司中发挥的作用提供了经验证据支持，在一定程度为董事会的构成提供了理论指导，为探视企业管理结构对财务报告质量的影响提供了新的视角；

第三，本章的研究结论为政策制定者加强财务总监任职条件以及上市公司聘用财务总监进入董事会担任内部董事决策提供了理论依据，更为重要的是，对于中国特殊背景下提升企业财务报告质量具有较强的启示意义。

第6章

财务总监财务执行力与财务报告质量间关系的影响因素

6.1 引　言

实用主义认为，经济后果更重要，能够表明会计是有意义的；而学术价值认为，影响因素更重要。基于学术价值的考虑，现有文献从内部环境视角研究了公司治理（Huang 等，2016；陈沉等，2016）、内部控制（Dhaliwal 等，2011）、公司战略（Bentley 等，2013）、内部审计（Abbott 等，2016）、整合审计（王杏芬，2011）、盈余管理（Tariverdi 等，2012）、信息披露（Chi 等，2013）、自愿披露（程新生和谭有超，2013）、盈余管理（蔡吉甫，2015）和财务重述（Wang 和 Wu，2011）对财务报告质量的影响。此外，现有文献还从

第6章 财务总监财务执行力与财务报告质量间关系的影响因素

外部环境视角研究了外部审计（Kim 等，2011）、外部监管（Hanlon 等，2014）、外部制度环境（张敏等，2015b）、机构投资者异质性（李争光等，2015）和分析师（贾琬娇等，2015）对财务报告质量的影响。

基于已有研究成果，本章也从内部环境视角（静态的资源异质性视角）和外部环境视角（包括动态的社会网络视角和外部法律环境视角）两大类视角探究财务总监财务执行力与财务报告质量间关系的影响因素。

结合本章研究的实际需要，本章在静态的资源异质性视角方面选择从企业性质、财务总监变更、融资需求以及企业生命周期这几方面探究财务总监财务执行力与财务报告质量间关系的影响因素，主要基于以下理由：第一，企业性质是我国独特的制度背景之一，由于制度背景的不同，公司和经理人的行为表现具有较大的差异性（方军雄，2007），基于此，中国上市公司所有权性质的不同为检验财务总监财务执行力与财务报告质量间关系的影响因素提供了很好的条件；第二，财务总监变更是对企业财务报告舞弊的事后惩罚，发生财务总监变更的企业财务报告质量较差，基于此，财务总监变更是检验财务总监财务执行力与财务报告质量之间关系的试金石；第三，企业融资需求较高时，更容易进行盈余操纵，基于此，企业较高的融资需求是检验财务总监财务执行力与财务报告质量之间关系的试金石；第四，公司治理机制的治理效果随企业生命周期发生演变，研究财务总监财务执行力对财务报告质量的作用方向以及作用大小在企业不同生命周期的变化，将具有重要的现实意义。

此外，本章在外部环境视角选择从动态的社会网络视角、外部法律环境视角探究财务总监财务执行力与财务报告质量间关系的影响因素，主要基于以下理由：第一，优越的上市公司网络位置（包括上市公司网络中心度和上市公司网络结构洞）有利于提升财务报告质量，那么静态资源异质性视角下财务总监进入董事会担任内部董事（财务总监财务执行力）与动态社会网络视角下上市公司网络位置，它们在对财务报告质量的影响方面可能存在替代作用、也可能存在互补作用，深入研究上述问题将具有重要的实践意义；第二，我国独特的法律环境具有本土化特色，是财务报告质量的重要影响因素，也在一定程度上决定着公司治理制度中的财务总监制度，基于此，外部法律环境是检验财务总监财务执行力与财务报告质量之间关系的重要因素。

综合上述分析，本章从静态的资源异质性视角（包括企业性质、财务总监变更、融资需求和企业生命周期）、动态的社会网络视角（包括上市公司网络中心度和上市公司网络结构洞）以及外部法律环境，分别探究了这些因素影响财务总监财务执行力与财务报告质量之间关系的新路径。

本章以2008~2015年全部A股非金融类上市公司作为研究样本，采用盈余管理标准差（操纵性应计标准差和应计质量标准差的平均值）替代衡量财务报告质量，实证检验了静态资源异质性（包括企业性质、财务总监变更、融资需求和企业生命周期）、动态的社会网络（包括上市公司网络中心度和上市公司网络结构洞）以及外部法律环境对财务总监财务执行力与财务报告质量之间关系的影响。

实证研究结果表明：第一，从静态的资源异质性视角看，（1）与非国有企业相比，在国有企业中，财务总监财务执行力对财务报告质量的积极作用更大；（2）与发生财务总监变更的企业相比，在未发生财务总监变更的企业中，财务总监财务执行力对财务报告质量的提升作用更加显著；（3）与融资需求较高的企业相比，在融资需求较低的企业中，财务总监财务执行力对

第6章 财务总监财务执行力与财务报告质量间关系的影响因素

财务报告质量的提升作用更加显著;(4)在企业生命周期的不同阶段,财务总监财务执行力都显著提升了财务报告质量,且与处于成长期、衰退期的企业相比,在处于成熟期的企业中,财务总监财务执行力对财务报告质量的促进作用更强。第二,从动态的社会网络视角看,(1)上市公司网络中心度越高,财务总监财务执行力对财务报告质量的促进作用越大;(2)上市公司网络结构洞越丰富,财务总监财务执行力对财务报告质量的促进作用越大;(3)从行业竞争情况来看,相对于竞争性行业,财务总监财务执行力在垄断行业中发挥了更大的作用,对财务报告质量的提升作用也更大;从上市公司网络结构洞来看,相对于垄断行业,竞争性行业中上市公司的网络结构洞越丰富,财务总监财务执行力对财务报告质量的促进作用越大。第三,从外部法律环境视角看,上市公司所处省份的法律环境越好,财务总监财务执行力盈余管理水平的抑制作用越大,对财务报告质量的促进作用越强。

本章可能的贡献主要有以下三个方面:

第一,本章从企业生命周期视角,研究了财务总监财务执行力对企业财务报告质量的作用路径,丰富了企业生命周期方面的文献,为不同企业生命周期下权衡是否推动财务总监进入董事会担任内部董事提供了经验证据支持。

第二,本章运用大型社会网络数据分析软件 PAJEK 尝试跨学科研究,从动态的社会网络视角(包括上市公司网络中心度和上市公司网络结构洞)研究了财务总监财务执行力对企业财务报告质量的作用路径,并在此基础上深入研究了市场竞争度的影响,在一定程度上补充了董事治理效果的研究思路,拓展了董事网络的研究领域,拓宽和深化了财务总监财务执行力经济后果和财务报告质量影响因素的研究领域。

第三，本章从法律环境视角探究了财务总监财务执行力与企业财务报告质量间关系的影响因素，丰富了中国本土化特色的研究。

本章的后续内容安排如下：第二部分为静态的资源异质性视角下财务总监财务执行力与财务报告质量间关系的影响因素，主要探究了企业性质、财务总监变更、融资需求、企业生命周期对财务总监财务执行力与财务报告质量之间关系的影响；第三部分为动态的社会网络视角下财务总监财务执行力与财务报告质量间关系的影响因素，主要探究了上市公司网络中心度（关系嵌入性角度）、上市公司网络结构洞（结构嵌入性角度）对财务总监财务执行力与财务报告质量之间关系的影响；第四部分为外部法律环境视角下财务总监财务执行力与财务报告质量之间关系的影响；第五部分为本章结论与启示。

6.2 静态的资源异质性视角

6.2.1 企业性质的影响

1. 理论分析与研究假设

企业性质是检验财务总监财务执行力是否影响财务报告质量的重要因素。与非国有企业相比，在国有企业中，一方面，规模较大、市场关注度和媒体关注度都较高、银行信贷和政府支持较容易获得，且吸引了更多的机构投资者和分析师跟踪（林毅夫和孙希芳，2005；熊艳等，2011；赵西卜等，2016），因而更有动力提供高质量的财务报告；另一方面，国有企业公司治理行政色彩较为严重，董事会监督职能较薄弱、股东与管理层之间的代理问题较为严重（谢永珍和李维安，2008；姜付秀等，2013；孙光国和郭睿，2015），因而更需要财务总监进入董事会担任内部董事所带来的监督职能作用和咨询职能作用的充分发挥，即国有企业财务报告质量的提高更需要财务总监财务执行力的发挥。基于此，本章提出假说6.1：

H6.1：与非国有企业相比，在国有企业中，财务总监财务执行力对财务报告质量的积极作用更大。

2. 变量定义

为分组检验不同企业性质下财务总监财务执行力对财务报告质量的影响，本章根据企业最终控制人性质设置了企业性质哑变量，如果属于国有企业，定义为 1（Soe），否则为 0（$Non-Soe$）。

3. 单变量分析

表6-1列示了区分企业性质的单变量分析结果，主要报告了国有企业和非国有企业下各自的平均值、标准差以及平均值差异的显著程度。从表6-1可以看出，在区分企业性质后，本章初步发现，相比非国有企业，国有企业财务总监进入董事会担任内部董事的比例显著较低、财务总监外部董事比例显著较高、财务总监任期显著较短、董事会独立性显著较低、成长性显著较高、公司规模显著较大、资产负债率显著较高、亏损年数比重显著较大、经营现金流标准差显著较小、盈余管理柔性显著较小、公司上市年数显著较长、选择国际四大的可能性显著较大、总资产报酬率显著较低。

此外，因变量为盈余管理标准差（$StdEM$）时，相比非国有企业，国有企业的盈余管理水平相对较低，财务报告质量相对较高，且在1%的水平上显著，这与本章的预期一致。当然，更为稳健的结果有待表6-2的回归分析。

表 6-1　　　　　　单变量分析：区分企业性质

	Soe		Non-Soe		Diff.
	Mean	Sd	Mean	Sd	Mean
StdEM	0.062	0.056	0.071	0.064	-0.008***
CFOownbd	0.221	0.415	0.298	0.457	-0.077***
CFOotherbd	0.023	0.149	0.011	0.104	0.012***
CFOtenure	1.415	0.490	1.463	0.469	-0.049***
Indep	0.366	0.052	0.373	0.053	-0.008***
Mw	0.005	0.071	0.004	0.066	0.001
Mb	0.610	0.251	0.456	0.230	0.154***
Size	22.373	1.345	21.538	1.072	0.835***
Lev	0.536	0.203	0.419	0.216	0.117***
Proploss	0.113	0.209	0.085	0.183	0.028***
Stdsales	0.109	0.116	0.107	0.115	0.002
Stdocf	0.049	0.042	0.055	0.048	-0.006***
Inv_Rec	0.254	0.184	0.290	0.175	-0.036***
Intangible	0.965	0.184	0.977	0.151	-0.012***
Age	2.488	0.480	2.011	0.660	0.477***
Big4	0.095	0.293	0.024	0.153	0.071***
Roa	0.031	0.061	0.044	0.064	-0.013***

注：***、**、*分别表示在1%、5%以及10%水平上显著。

4. 财务总监财务执行力与财务报告质量：基于企业性质的差异

表6-2报告了不同企业性质下财务总监财务执行力与财务报告质量的Heckman两阶段回归结果。

表6-2使用盈余管理标准差（StdEM）作为财务报告质量的衡量指标，分别报告了国有企业组和非国有企业组模型（Ⅰ）

第6章 财务总监财务执行力与财务报告质量间关系的影响因素

表6-2 财务总监财务执行力与财务报告质量：基于企业性质的差异

	（1）第一阶段 DV = CFOownbd	（2）第二阶段 DV = StdEM	（3）第一阶段 DV = CFOownbd	（4）第二阶段 DV = StdEM
	国有企业		非国有企业	
CFOownbd		-0.055***		-0.023**
		(-4.57)		(-2.51)
Indep	-0.992***	0.013	-2.491***	-0.004
	(-2.86)	(1.48)	(-7.63)	(-0.31)
Mw	-0.073	0.001	-0.189	-0.005
	(-0.30)	(0.11)	(-0.76)	(-0.73)
Mb	0.152	-0.022***	0.036	-0.012***
	(1.33)	(-6.31)	(0.32)	(-2.89)
Size	-0.061***	0.001	0.001	-0.000
	(-2.71)	(1.33)	(0.04)	(-0.11)
Lev	-0.076	0.024***	0.148	0.038***
	(-0.66)	(6.32)	(1.41)	(7.26)
Proploss	0.410***	0.032***	-0.046	0.044***
	(3.83)	(7.36)	(-0.40)	(8.00)
Stdsales	-0.425**	0.017***	0.015	0.040***
	(-2.51)	(2.80)	(0.10)	(4.85)
Stdocf	1.046**	0.889***	1.415***	0.844***
	(2.32)	(45.99)	(3.75)	(40.21)
Inv_Rec	-0.234*	0.009**	-0.326***	-0.003
	(-1.79)	(2.42)	(-2.88)	(-0.61)
Intangible	0.122	0.002	-0.333***	-0.012*
	(1.22)	(0.70)	(-2.89)	(-1.70)

续表

	(1) 第一阶段 DV = CFOownbd	(2) 第二阶段 DV = StdEM	(3) 第一阶段 DV = CFOownbd	(4) 第二阶段 DV = StdEM
	国有企业		非国有企业	
Age	0.200***	0.006***	-0.074**	0.005***
	(4.68)	(4.32)	(-2.52)	(4.99)
Big4	0.191***	-0.006***	-0.275**	-0.009***
	(2.88)	(-4.32)	(-2.34)	(-3.16)
Roa	0.445	0.056***	-0.166	0.078***
	(1.14)	(3.04)	(-0.50)	(3.63)
Intercept	-0.396	-0.022*	0.665	0.021
	(-0.85)	(-1.66)	(1.37)	(1.00)
CFOotherbd	0.275**		0.334**	
	(2.43)		(2.29)	
CFOtenure	0.263***		0.388***	
	(6.06)		(9.83)	
IMR		0.032***		0.014***
		(4.53)		(2.60)
Year	控制	控制	控制	控制
Industry	控制	控制	控制	控制
N	6445	6445	6985	6985
调整的 R^2		0.572		0.560
F 值		110.27***		88.83***
经验 P 值		4.50**		

注：***、**、*分别表示在1%、5%、10%水平上显著；"经验P值"用于检验组间 CFOownbd 系数差异的显著性，通过基于似无相关模型的检验方法得到；回归（1）和回归（3）括号中的值为经过稳健性修正的 Z 统计量，回归（2）和回归（4）括号中的值为经过稳健性修正的 T 统计量；表中回归结果的模型分别如下：

第 6 章　财务总监财务执行力与财务报告质量间关系的影响因素

(1) $\Pr(CFOownbd = 1) = \alpha_0 + \alpha_1 CFOtenure + \alpha_2 CFOotherbd + \alpha_i Controls + \varepsilon$

（国有企业组）

(2) $StdEM = \alpha_0 + \alpha_1 CFOownbd + \alpha_2 IMR + \alpha_i Controls + \varepsilon$　　（国有企业组）

(3) $\Pr(CFOownbd = 1) = \alpha_0 + \alpha_1 CFOtenure + \alpha_2 CFOotherbd + \alpha_i Controls + \varepsilon$

（非国有企业组）

(4) $StdEM = \alpha_0 + \alpha_1 CFOownbd + \alpha_2 IMR + \alpha_i Controls + \varepsilon$　　（非国有企业组）

其中，*CFOownbd* 为财务总监财务执行力，若财务总监进入公司董事会担任内部董事，定义为 1，否则为 0；*CFOtenure* 财务总监任期为工具变量，定义为财务总监任职年限的自然对数；*CFOotherbd* 财务总监外部董事为工具变量，若财务总监在其他公司董事会担任董事为 1，否则为 0；*StdEM* 为盈余管理标准差，定义为操纵性应计标准差和应计质量标准差的平均值；*IMR* 为逆米尔斯比。*Controls* 为各控制变量，定义如下：*Indep* 为董事会独立性，定义为独立董事人数/董事总人数；*Mw* 为内部控制重大缺陷，若上市公司披露内部控制重大缺陷，定义为 1，否则为 0；*Mb* 为账面市值比率，定义为权益的市场价值/普通股的账面价值；*Size* 为公司规模，定义为总资产的自然对数；*Lev* 为资产负债率，定义为总负债/总资产；*Proploss* 为亏损年数比重，定义为公司前 3 年中亏损年数所占的比重；*Stdsales* 为营业收入标准差，定义为公司前 3 年营业收入占总资产比例的标准差；*Stdocf* 为经营现金流标准差，定义为公司前 3 年经营活动现金流量净额占总资产比例的标准差；*Inv_ Rec* 为盈余管理柔性，定义为（存货 + 应收账款）／总资产；*Intangible* 为无形资产，若公司有无形资产，定义为 1，否则为 0；*Age* 为公司上市年数，定义为公司自上市至研究年度时间的自然对数；*Big*4 为国际四大，若公司的会计师事务所为国际四大，定义为 1，否则为 0；*Roa* 为总资产报酬率，定义为净利润／平均资产总额；*Industry* 为行业变量，定义为行业虚拟变量；*Year* 为年度变量，定义为年度虚拟变量。

和模型（Ⅱ）的 Heckman 两阶段回归结果。在第一阶段模型（Ⅰ）的 Probit 回归（1）和回归（3）中，本章把 *CFOotherbd* 和 *CFOtenure* 作为影响财务总监财务执行力（*CFOownbd*）的外生变量，同时控制其他影响财务总监财务执行力的因素。第二阶段模型（Ⅱ）的回归（2）和回归（4）中的 *IMR* 均显著为正，说明均存在自选择问题。控制自选择效应后，在回归（2）国有企业组中，*CFOownbd* 的回归系数为 - 0.055；在回归（4）非国有企业组中，$CFOownbd$ 的回归系数为 -0.023，且至少均在 5% 的水平上显著。

借鉴连玉君等（2010）和姜付秀等（2016），本章通过基于似无相关模型的检验方法得到经验 P 值（4.50**），进一步检验两组间 $CFOownbd$ 的回归系数的差异性，发现两者在 5% 的水平上存在显著差异。这表明，与非国有企业相比，在国有企业中，财务总监的财务执行力发挥了更大的作用，更大程度上降低了盈余管理标准差，进而提升了企业财务报告质量，亦即，财务总监财务执行力对财务报告质量的积极作用更大。

综合表 6-2 的回归（1）至回归（4），本章发现，相对于非国有企业，国有企业财务总监财务执行力对财务报告质量的积极作用更大，支持了假说 H6.1。

6.2.2 财务总监变更的影响

1. 理论分析与研究假设

财务总监发生变更的原因主要包括企业财务状况和经营业绩较差（Mian，2001）、企业发生财务重述或审计师变更（Menon 和 Williams，2008；Collins 等，2009；Agrawal 和 Cooper，2015）、内部控制被披露重大缺陷（Li 等，2010）、公司盈余未达到分析师盈利预测（Mergenthaler 等，2012）、总经理转移过失责任给财务总监（Khanna 和 Poulsen，1995；Leone 和 Liu，2010）。上述研究成果认为，财务总监变更和总经理变更都与企业财务状况和经营业绩有关，但与总经理相比，财务总监由于拥有较低的权力和社会地位，因而发生变更的风险显著较高。

已有研究还发现，财务总监变更是对企业财务报告舞弊的事后惩罚（Hennes 等，2008；Collins 等，2009；Li 等，2010）。财务总监变更的公司更容易进行盈余操纵（Geiger 和 North，

2006),更容易发生财务重述和内部控制重大缺陷（Collins 等，2009；Li 等，2010），导致财务报告质量更差。由于声誉处罚机制，若财务总监与总经理合谋，或在总经理的压力下操纵财务报表，财务总监只能自己承担责任（Bishop 等，2017），由此导致的财务总监变更是一种很高的人力资本风险，财务总监很难再在劳动力市场上获得就业机会（Jian 和 Lee，2011；陶淑芳，2017）。这是因为，财务总监被认为应当对企业财务报告和内部控制负主要责任（Haislip 等，2015）。

根据友好董事会理论和社会网络理论，财务总监进入董事会担任内部董事，更容易与董事会成员建立互相信任的友好关系（Mayer 等，1995），也更容易获取权力、财富和声望等社会资源，更有可能影响与财务总监相关的董事会决策（例如，发生财务总监变更的可能性更低），大大降低了成为总经理"替罪羊"的可能性。同时基于声誉保护和声誉激励的需要，财务总监财务执行力越高，越有能力抑制总经理的机会主义，越有动机更好的履行财务职责，保证重要财务报表的合法性、真实性，切实提高财务报告质量。基于以上论述，本章提出假说 6.2：

H6.2：与发生财务总监变更的企业相比，在未发生财务总监变更的企业中，财务总监财务执行力对财务报告质量的提升作用更加显著。

2. 变量定义

为检验财务总监变更对财务总监财务执行力与财务报告质量间关系的影响，本章分组检验，即分为发生财务总监变更组（*CFOchange*）和未发生财务总监变更组（*Non - CFOchange*）。财务总监变更（*CFOchange*）的具体定义详见表 4-1。

3. 单变量分析

表 6-3 列示了区分财务总监变更的单变量分析结果，主要

报告了发生财务总监变更和未发生财务总监变更下两组的平均值、标准差以及平均值差异的显著程度。从表6-3可以看出，在区分是否发生财务总监变更后，本章初步发现，相比于未发生财务总监变更的企业，发生财务总监变更的企业的财务总监外部董事比例显著较低、发生内部控制重大缺陷的可能性显著较高、成长性显著较低、资产负债率显著较高、公司上市时间显著较长、总资产报酬率显著较低。

表6-3　　　　单变量分析：区分财务总监变更

	CFOchange		Non-CFOchange		Diff.
	Mean	Sd	Mean	Sd	Mean
StdEM	0.075	0.069	0.065	0.059	0.010***
CFOownbd	0.274	0.446	0.258	0.437	0.016
CFOotherbd	0.010	0.100	0.018	0.132	-0.007***
CFOtenure	1.443	0.465	1.440	0.482	0.003
Indep	0.373	0.053	0.370	0.052	0.003**
Mw	0.009	0.092	0.004	0.066	0.004*
Mb	0.504	0.254	0.534	0.252	-0.029***
Size	21.911	1.327	21.951	1.276	-0.040
Lev	0.486	0.225	0.473	0.217	0.013**
Proploss	0.133	0.221	0.093	0.192	0.040***
Stdsales	0.121	0.134	0.105	0.112	0.016***
Stdocf	0.057	0.051	0.051	0.044	0.006***
Inv_Rec	0.276	0.185	0.272	0.179	0.040
Intangible	0.962	0.191	0.972	0.164	-0.010**
Age	2.267	0.635	2.236	0.627	0.031**
Big4	0.060	0.238	0.059	0.039	0.001
Roa	0.033	0.070	0.236	0.062	-0.006***

注：***、**、*分别表示在1%、5%以及10%水平上显著。

第6章 财务总监财务执行力与财务报告质量间关系的影响因素

此外,因变量为盈余管理标准差(*StdEM*)时,相比未发生财务总监变更的企业,发生财务总监变更的企业盈余管理水平相对较高,财务报告质量较低,且均在1%的水平上显著,这与本章的预期一致,当然,更为稳健的结果有待表6-4的回归分析。

4. 财务总监财务执行力与财务报告质量:基于财务总监变更的差异

表6-4报告了区分是否发生财务总监变更下财务总监财务执行力与财务报告质量的Heckman两阶段回归结果。亦即,表6-4使用盈余管理标准差(*StdEM*)作为财务报告质量的衡量指标,分别报告了未发生财务总监变更组和发生财务总监变更组模型(Ⅰ)和模型(Ⅱ)的Heckman两阶段回归结果。在第一阶段模型(Ⅰ)的Probit回归(1)和回归(3)中,本章把*CFOotherbd*和*CFOtenure*作为影响财务总监财务执行力(*CFOownbd*)的外生变量,同时控制其他影响财务总监财务执行力的因素。从表6-4可以看出,第二阶段模型(Ⅱ)的回归(2)结果显示,IMR显著为正,说明存在自选择问题,控制自选择效应后,回归(2)未发生财务总监变更组中,*CFOownbd*的回归系数为-0.036,且在1%的水平上显著。而回归(4)发生财务总监变更组中,*CFOownbd*的回归系数为-0.009,但不显著。这表明,与发生财务总监变更的企业相比,在未发生财务总监变更的企业中,财务总监财务执行力对财务报告质量的提升作用更加显著。

综合表6-4的回归(1)至回归(4),本章发现,相对于发生财务总监变更的企业,未发生财务总监变更的企业,财务总监财务执行力对企业财务报告质量的积极作用更大,支持了假说H6.2。

表 6-4　　财务总监财务执行力与财务报告质量：
　　　　　　基于财务总监变更的差异

	(1) 第一阶段 DV = CFOownbd 未发生财务总监变更	(2) 第二阶段 DV = StdEM	(3) 第一阶段 DV = CFOownbd 发生财务总监变更	(4) 第二阶段 DV = StdEM
CFOownbd		-0.036***		-0.009
		(-4.96)		(-0.21)
Indep	-1.933***	0.001	-0.960	0.026
	(-7.58)	(0.14)	(-1.60)	(1.14)
Mw	-0.106	0.003	-0.476	-0.016*
	(-0.55)	(0.44)	(-1.31)	(-1.94)
Mb	0.048	-0.017***	-0.063	-0.033***
	(0.57)	(-6.53)	(-0.30)	(-4.23)
Size	-0.044***	-0.001	-0.054	0.002
	(-2.61)	(-0.86)	(-1.32)	(1.18)
Lev	0.065	0.030***	-0.145	0.034***
	(0.78)	(8.76)	(-0.79)	(3.36)
Proploss	0.021	0.030***	0.525***	0.045***
	(0.25)	(8.47)	(2.98)	(3.95)
Stdsales	-0.278**	0.025***	0.244	0.042***
	(-2.24)	(4.47)	(0.98)	(2.95)
Stdocf	1.424***	0.886***	0.606	0.783***
	(4.53)	(57.09)	(0.89)	(20.45)
Inv_Rec	-0.285***	0.003	-0.059	0.009
	(-3.13)	(0.87)	(-0.28)	(0.96)
Intangible	0.069	-0.001	-0.361**	-0.011
	(0.85)	(-0.20)	(-2.17)	(-1.03)

第6章 财务总监财务执行力与财务报告质量间关系的影响因素

续表

	(1)	(2)	(3)	(4)
	第一阶段	第二阶段	第一阶段	第二阶段
	DV = $CFOownbd$	DV = $StdEM$	DV = $CFOownbd$	DV = $StdEM$
	未发生财务总监变更		发生财务总监变更	
Age	-0.055**	0.002***	0.058	0.007***
	(-2.37)	(2.60)	(1.01)	(3.22)
$Big4$	-0.025	-0.009***	0.149	-0.008*
	(-0.42)	(-7.12)	(1.11)	(-1.69)
Roa	-0.111	0.059***	0.983*	0.105***
	(-0.40)	(3.72)	(1.80)	(2.63)
$Intercept$	0.647*	0.026**	1.204	-0.042
	(1.86)	(2.05)	(1.40)	(-0.84)
$CFOotherbd$	0.250***		0.626**	
	(2.70)		(2.28)	
$CFOtenure$	0.359***		0.114	
	(11.48)		(1.60)	
IMR		0.022***		0.007
		(4.98)		(0.30)
$Year$	控制	控制	控制	控制
$Industry$	控制	控制	控制	控制
N	11642	11642	1971	1971
调整的 R^2		0.571		0.511
F 值		163.47***		26.02***

注:***、**、* 分别表示在 1%、5%、10% 水平上显著;回归(1)和回归(3)括号中的值为经过稳健性修正的 Z 统计量,回归(2)和回归(4)括号中的值为经过稳健性修正的 T 统计量;表中回归结果的模型分别如下:

(1) $\Pr(CFOownbd = 1) = \alpha_0 + \alpha_1 CFOtenure + \alpha_2 CFOotherbd + \alpha_i Controls + \varepsilon$

(未发生财务总监变更组)

（2） $StdEM = \alpha_0 + \alpha_1 CFOownbd + \alpha_2 IMR + \alpha_i Controls + \varepsilon$ （未发生财务总监变更组）

（3） $\Pr(CFOownbd = 1) = \alpha_0 + \alpha_1 CFOtenure + \alpha_2 CFOotherbd + \alpha_i Controls + \varepsilon$

（发生财务总监变更组）

（4） $StdEM = \alpha_0 + \alpha_1 CFOownbd + \alpha_2 IMR + \alpha_i Controls + \varepsilon$ （发生财务总监变更组）

其中，$CFOownbd$ 为财务总监财务执行力，若财务总监进入公司董事会担任内部董事，定义为1，否则为0；$CFOtenure$ 财务总监任期为工具变量，定义为财务总监任职年限的自然对数；$CFOotherbd$ 财务总监外部董事为工具变量，若财务总监在其他公司董事会担任董事为1，否则为0；$StdEM$ 为盈余管理标准差，定义为操纵性应计标准差和应计质量标准差的平均值；IMR 为逆米尔斯比。$Controls$ 为各控制变量，定义如下：$Indep$ 为董事会独立性，定义为独立董事人数/董事总人数；Mw 为内部控制重大缺陷，若上市公司披露内部控制重大缺陷，定义为1，否则为0；Mb 为账面市值比率，定义为权益的市场价值/普通股的账面价值；$Size$ 为公司规模，定义为总资产的自然对数；Lev 为资产负债率，定义为总负债/总资产；$Proploss$ 为亏损年数比重，定义为公司前3年中亏损年数所占的比重；$Stdsales$ 为营业收入标准差，定义为公司前3年营业收入占总资产比例的标准差；$Stdocf$ 为经营现金流标准差，定义为公司前3年经营活动现金流量净额占总资产比例的标准差；Inv_Rec 为盈余管理柔性，定义为（存货+应收账款）/总资产；$Intangible$ 为无形资产，若公司有无形资产，定义为1，否则为0；Age 为公司上市年数，定义为公司自上市至研究年度时间的自然对数；$Big4$ 为国际四大，若公司的会计师事务所为国际四大，定义为1，否则为0；Roa 为总资产报酬率，定义为净利润/平均资产总额；$Industry$ 为行业变量，定义为行业虚拟变量；$Year$ 为年度变量，定义为年度虚拟变量。

6.2.3 融资需求的影响

1. 理论分析与研究假设

现有研究发现，企业融资需求较高时，更容易进行盈余操纵（Efendi 等，2007；卢太平和张东旭，2015；姜付秀等，2015），进而损害了企业财务报告质量。企业较高的融资需求是检验财务总监财务执行力对财务报告质量的重要因素。上市公司融资需求较高时，为了帮助公司度过财务危机并保住自己的职位，财务总监可能作出一种权衡和妥协。在这种情况下，作为公司高管之一的财务总监进入董事会担任内部董事将会损害财务报告质量（Beasley，1996；Dechow 等，1996；Klein，2002）。董事会可以为兼任内部董事的财务总监提供一定的权利和影响力（Finkelstein 等，1992），使得财务总监的声誉、地位和权力将会显著提升。为了满足公司的高融资需求，财务总监更可能利用这种权力优势和信息优势进行盈余操纵、财务重述等行为，从而美化公司财务报表以增强投资者的信心，进而达到争取更多融资的目的，保障公司更快、更好的可持续性发展。此外，我国银行在决定贷款决策时会考虑借款人的声誉，而低质量的非财务信息很可能会通过声誉机制获取大量债务融资（叶康涛等，2010；Kim 等，2011）。

因此，当上市公司融资需求较高时，财务总监进入董事会担任内部董事，更有可能出现内部控制重大缺陷、财务重述行为和更高的盈余管理水平，进而损害了财务报告质量。基于此，本章提出假说6.3：

H6.3：与融资需求较高的企业相比，在融资需求较低的企业中，财务总监财务执行力对财务报告质量的提升作用更加显著。

2. 变量定义

借鉴 Demirgü‐Kunt 和 Maksimovic（1998）以及卢太平和张东旭（2015），本章将融资需求（Fn）定义为企业成长性与可实现的内生增长之差，具体定义详见表4-1。Fn 的值越大，表示企业的融资需求越高。

为分组检验不同融资需求下财务总监财务执行力对财务报告质量影响，本章设置了融资需求哑变量，如果公司当年经行业调整的融资需求大于中位数，定义为1（$High\_Fn$），否则为0（Low_Fn）。

3. 单变量分析

表6-5列示了区分融资需求的单变量分析结果,主要报告了高融资需求和低融资需求下各自的平均值、标准差以及平均值差异的显著程度。从表6-5可以看出,在区分融资需求高低后,本章初步发现,相比融资需求低的企业,融资需求高的企业财务总监任期显著较短、公司规模显著较大、资产负债率显著较高、亏损年数比重显著较大、营业收入标准差显著较大、经营现金流标准差显著较大、盈余管理柔性显著较小、公司上市年数显著较长、选择国际四大的可能性显著较低、总资产报酬率显著较低。

表6-5 单变量分析:区分融资需求

	High_Fn		Low_Fn		Diff.
	Mean	Sd	Mean	Sd	Mean
StdEM	0.083	0.074	0.063	0.056	0.020***
CFOownbd	0.261	0.439	0.260	0.439	0.001
CFOotherbd	0.016	0.124	0.017	0.128	-0.001
CFOtenure	1.403	0.469	1.449	0.482	-0.046***
Indep	0.371	0.053	0.370	0.052	0.001
Mw	0.007	0.083	0.005	0.068	0.002
Mb	0.527	0.257	0.530	0.251	-0.003
Size	22.139	1.236	21.902	1.290	0.237***
Lev	0.554	0.222	0.457	0.213	0.097***
Proploss	0.138	0.231	0.090	0.188	0.048***
Stdsales	0.137	0.141	0.101	0.108	0.036***
Stdocf	0.059	0.052	0.051	0.044	0.008***
Inv_Rec	0.262	0.199	0.275	0.176	-0.013***
Intangible	0.969	0.175	0.971	0.167	-0.003
Age	2.266	0.604	2.235	0.634	0.031**
Big4	0.042	0.201	0.063	0.243	-0.021***
Roa	0.027	0.077	0.040	0.060	-0.014***

注:***、**、*分别表示在1%、5%以及10%水平上显著。

第6章 财务总监财务执行力与财务报告质量间关系的影响因素

此外,因变量为盈余管理标准差(*StdEM*)时,相比融资需求低的企业,融资需求高的企业盈余管理水平相对较高,财务报告质量相对较低,且均在1%的水平上显著。这与本章的预期一致,当然,更为稳健的结果有待表6-6的回归分析。

4. 财务总监财务执行力与财务报告质量:基于融资需求的差异

表6-6报告了区分融资需求高低下财务总监财务执行力与财务报告质量的Heckman两阶段回归结果。

表6-6 财务总监财务执行力与财务报告质量:基于融资需求的差异

	(1) 第一阶段 DV = *CFOownbd*	(2) 第二阶段 DV = *StdEM*	(3) 第一阶段 DV = *CFOownbd*	(4) 第二阶段 DV = *StdEM*
	低融资需求		高融资需求	
CFOownbd		-0.032***		-0.031
		(-3.96)		(-1.59)
Indep	-1.829***	-0.003	-1.602***	0.034
	(-7.06)	(-0.39)	(-2.96)	(1.60)
Mw	-0.028	0.003	-0.795**	-0.015
	(-0.15)	(0.51)	(-2.02)	(-1.41)
Mb	0.077	-0.018***	-0.146	-0.030***
	(0.89)	(-6.21)	(-0.74)	(-4.12)
Size	-0.051***	-0.000	-0.023	0.001
	(-2.96)	(-0.45)	(-0.61)	(0.37)
Lev	0.011	0.026***	0.012	0.034***
	(0.13)	(7.19)	(0.07)	(4.24)
Proploss	0.067	0.026***	0.405**	0.056***
	(0.76)	(7.61)	(2.51)	(6.21)
Stdsales	-0.086	0.024***	-0.339	0.026**
	(-0.66)	(4.04)	(-1.55)	(2.33)

续表

	(1)	(2)	(3)	(4)
	第一阶段	第二阶段	第一阶段	第二阶段
	DV = CFOownbd	DV = StdEM	DV = CFOownbd	DV = StdEM
	低融资需求		高融资需求	
Stdocf	1.571***	0.859***	0.424	0.886***
	(4.83)	(52.58)	(0.73)	(29.49)
Inv_Rec	-0.300***	0.005	-0.036	0.005
	(-3.19)	(1.56)	(-0.20)	(0.69)
Intangible	0.051	-0.002	-0.208	-0.006
	(0.62)	(-0.60)	(-1.30)	(-0.67)
Age	-0.041*	0.002***	0.006	0.008***
	(-1.72)	(3.43)	(0.11)	(3.73)
Big4	0.031	-0.007***	-0.215	-0.009**
	(0.52)	(-5.88)	(-1.38)	(-2.00)
Roa	0.131	0.038**	0.378	0.167***
	(0.45)	(2.33)	(0.79)	(5.31)
Intercept	0.723**	0.027**	0.408	-0.018
	(2.01)	(1.99)	(0.53)	(-0.54)
CFOotherbd	0.387***		-0.334	
	(4.05)		(-1.37)	
CFOtenure	0.296***		0.416***	
	(9.34)		(6.12)	
IMR		0.020***		0.019*
		(4.03)		(1.69)
Year	控制	控制	控制	控制
Industry	控制	控制	控制	控制
N	11134	11134	2479	2479
调整的 R^2		0.565		0.548
F 值		148.94***		45.74***

注：***、**、* 分别表示在1%、5%、10%水平上显著；回归（1）和回归（3）括号中的值为经过稳健性修正的Z统计量，回归（2）和回归（4）括号中的值为经过稳健性修正的T统计量；表中回归结果的模型分别如下：

第6章 财务总监财务执行力与财务报告质量间关系的影响因素

(1) $\Pr(CFOownbd=1) = \alpha_0 + \alpha_1 CFOtenure + \alpha_2 CFOotherbd + \alpha_i Controls + \varepsilon$

(低融资需求组)

(2) $StdEM = \alpha_0 + \alpha_1 CFOownbd + \alpha_2 IMR + \alpha_i Controls + \varepsilon$

(低融资需求组)

(3) $\Pr(CFOownbd=1) = \alpha_0 + \alpha_1 CFOtenure + \alpha_2 CFOotherbd + \alpha_i Controls + \varepsilon$

(高融资需求组)

(4) $StdEM = \alpha_0 + \alpha_1 CFOownbd + \alpha_2 IMR + \alpha_i Controls + \varepsilon$

(高融资需求组)

其中，$CFOownbd$ 为财务总监财务执行力，若财务总监进入公司董事会担任内部董事，定义为1，否则为0；$CFOtenure$ 财务总监任期为工具变量，定义为财务总监任职年限的自然对数；$CFOotherbd$ 财务总监外部董事为工具变量，若财务总监在其他公司董事会担任董事为1，否则为0；$StdEM$ 为盈余管理标准差，定义为操纵性应计标准差和应计质量标准差的平均值；IMR 为逆米尔斯比。$Controls$ 为各控制变量，定义如下：$Indep$ 为董事会独立性，定义为独立董事人数/董事总人数；Mw 为内部控制重大缺陷，若上市公司披露内部控制重大缺陷，定义为1，否则为0；Mb 为账面市值比率，定义为权益的市场价值/普通股的账面价值；$Size$ 为公司规模，定义为总资产的自然对数；Lev 为资产负债率，定义为总负债/总资产；$Proploss$ 为亏损年数比重，定义为公司前3年中亏损年数所占的比重；$Stdsales$ 为营业收入标准差，定义为公司前3年营业收入占总资产比例的标准差；$Stdocf$ 为经营现金流标准差，定义为公司前3年经营活动现金流量净额占总资产比例的标准差；Inv_Rec 为盈余管理柔性，定义为（存货＋应收账款）／总资产；$Intangible$ 为无形资产，若公司有无形资产，定义为1，否则为0；Age 为公司上市年数，定义为公司自上市至研究年度时间的自然对数；$Big4$ 为国际四大，若公司的会计师事务所为国际四大，定义为1，否则为0；Roa 为总资产报酬率，定义为净利润／平均资产总额；$Industry$ 为行业变量，定义为行业虚拟变量；$Year$ 为年度变量，定义为年度虚拟变量。

表6-6使用盈余管理标准差（$StdEM$）作为财务报告质量的衡量指标，分别报告了低融资需求组和高融资需求组模型（Ⅰ）和模型（Ⅱ）的 Heckman 两阶段回归结果。在第一阶段模型（Ⅰ）的 Probit 回归（1）和回归（3）中，本章把 $CFOotherbd$ 和 $CFOtenure$ 作为影响财务总监财务执行力（$CFOownbd$）

的外生变量，同时控制其他影响财务总监财务执行力的因素。从表6-6可以看出，第二阶段模型（Ⅱ）的回归（2）和回归（4）结果显示，IMR 均显著为正，说明均存在自选择问题。控制自选择效应后，在回归（2）低融资需求组中，$CFOownbd$ 的回归系数为 -0.032，且在1%的水平上显著。而在回归（4）高融资需求组中，$CFOownbd$ 的回归系数为 -0.031，但不显著。这表明，与融资需求较高的企业相比，在融资需求较低的企业中，财务总监财务执行力对财务报告质量的提升作用更加显著。

综合表6-6的回归（1）至回归（4），本章发现，融资需求越低，财务总监财务执行力对财务报告质量的提升作用越大，支持了假说H6.3。

6.2.4 企业生命周期的影响

1. 理论分析与研究假设

已有研究表明，公司治理机制对公司资本配置效率的治理效果随企业生命周期发生演变（李云鹤等，2011）。刘光吉和黄芳（2013）研究认为，在家族企业的不同生命周期阶段，财务总监应承担不同的角色和职能定位。具体地，初创期阶段，财务总监角色定位为企业管家；成长期阶段，财务总监角色定位为价值型财务总监；成熟期以及衰退期阶段，财务总监角色定位为企业管家职能与价值型财务总监并重。此外，实务中财务总监财务执行力也随着企业周期性异质性发生改变：在企业成长期，财务总监进入董事会担任内部董事的比例较小；在企业成熟期，财务总监进入董事会担任内部董事的比例较大，此时财务总监财务执行力对企业财务报告质量的促进作用也最大；在企业衰退期，总经理权力较高的企业更加重视集团利益，能够推动财务总监财务执行力对财务报告质量的积极影响。基于此，本章以企业生命周期为

视角,考察财务总监财务执行力的财务报告质量促进作用随着企业生命周期异质性发生的变化,并提出假说6.4:

H6.4:在企业生命周期的不同阶段,财务总监财务执行力都显著提升了财务报告质量,且与处于成长期、衰退期的企业相比,在处于成熟期的企业中,财务总监财务执行力对财务报告质量的促进作用更强。

2. 变量定义

借鉴 Anthony 和 Ramesh(1992)和李云鹤等(2011),本章根据营业收入增长率、留存收益率、公司上市年数、资本支出率这四个指标定义企业生命周期。需要说明的是,为简化处理,本章采用现金流量表上的"构建固定资产、无形资产和其他长期资产所支付的现金"衡量资本支出,从而资本支出率为资本支出除以总资产。具体定义企业生命周期时,首先,分别将公司当年经行业调整的营业收入增长率、留存收益率、公司上市年数、资本支出率按从大到小的顺序约均分成高、中、低三组,并分别赋值为3、2、1。然后,将公司当年经四个指标的值相加,得到企业生命周期总得分(Lifecycle)。最后,将公司当年经行业调整的生命周期总得分按从大到小的顺序约均分成高、中、低三组,分别赋值为3、2、1,分别命名为成长期、成熟期、衰退期,简化定义见表4-1。

3. 单变量分析

表6-7列示了企业生命周期异质性下的单变量分析结果,主要报告了企业成长期、成熟期、衰退期下各自的平均值、标准差以及平均值差异的显著程度。从表6-7可以看出,在区分企业生命周期异质性后,本章初步发现:相对于成长期的企业,成熟期的企业的财务总监任期显著较长、成长性显著较高、公司规模显著较小、资产负债率显著较低、营业收入标准差显著较小、

盈余管理柔性显著较大、公司上市年数显著较短、总资产报酬率显著较低；相对于成长期的企业，衰退期的企业的财务总监任期显著较长、公司规模显著较小、资产负债率显著较低、营业收入标准差显著较小、盈余管理柔性显著较大、无形资产显著较少、公司上市年数显著较短、选择国际四大的可能性显著较小；相对于成熟期的企业，衰退期的企业的财务总监任期显著较短、资产负债率显著较低、亏损年数比重显著较小、营业收入标准差显著较小、经营现金流标准差显著较小、盈余管理柔性显著较大、公司上市年数显著较短、总资产报酬率显著较高。

表6-7　　　　　单变量分析：区分企业生命周期

	成长期	成熟期	衰退期	Mean Diff.		
	①Mean	②Mean	③Mean	②-①	③-①	③-②
$StdEM$	0.070	0.069	0.062	-0.002	-0.008***	-0.006***
$CFOownbd$	0.259	0.259	0.262	0.0005	0.003	0.003
$CFOotherbd$	0.017	0.014	0.017	-0.003	-0.0002	0.003
$CFOtenure$	1.426	1.465	1.445	0.039***	0.018**	-0.021*
$Indep$	0.370	0.369	0.370	-0.001	-0.0003	0.001
Mw	0.006	0.005	0.004	-0.001	-0.002	-0.001
Mb	0.526	0.536	0.530	0.011*	0.005	-0.006
$Size$	22.046	21.874	21.875	-0.172***	-0.171***	0.001
Lev	0.515	0.480	0.433	-0.035***	-0.081***	-0.047***
$Proploss$	0.118	0.119	0.071	0.001	-0.047***	-0.048***
$Stdsales$	0.114	0.108	0.101	-0.006**	-0.012***	-0.006**
$Stdocf$	0.052	0.054	0.051	0.001	-0.001	-0.002**
Inv_Rec	0.257	0.277	0.286	0.021***	0.030***	0.009**
$Intangible$	0.974	0.969	0.968	-0.005	-0.006*	-0.001
Age	2.476	2.212	2.018	-0.263***	-0.457***	-0.194***
$Big4$	0.065	0.056	0.054	-0.009	-0.011*	-0.002
Roa	0.039	0.034	0.038	-0.005***	-0.002	0.003**

注：***、**、*分别表示在1%、5%以及10%水平上显著。

第6章 财务总监财务执行力与财务报告质量间关系的影响因素

此外，相对于成长期的企业，衰退期的企业的盈余管理标准差较低；相对于成熟期的企业，衰退期的企业的盈余管理标准差也较低，且两者均在1%的水平上显著，进而财务报告质量显著较高，这与本章的预期相一致。当然，更为稳健的结果还有待表6-8的回归分析。

4. 财务总监财务执行力与财务报告质量：基于企业生命周期的差异

表6-8报告了因变量为盈余管理标准差（$StdEM$）时，企业生命周期异质性下财务总监财务执行力与财务报告质量的Heckman两阶段回归结果。回归（1）至回归（6）分别报告了成长期组、成熟期组以及衰退期组模型（Ⅰ）和模型（Ⅱ）的Heckman两阶段回归结果。在第一阶段Probit回归（1）、回归（3）以及回归（5）中，本章分别把$CFOotherbd$和$CFOtenure$作为工具变量，同时控制其他影响财务总监财务执行力（$CFOownbd$）的因素。从表6-8可以看出，第二阶段回归（2）、回归（4）以及回归（6）中，IMR均显著为正，说明均存在自选择问题。控制自选择效应后，回归（2）成长期企业中财务总监财务执行力（$CFOownbd$）的系数为-0.042，回归（4）成熟期企业中财务总监财务执行力（$CFOownbd$）的系数为-0.059，回归（6）中衰退期企业中财务总监财务执行力（$CFOownbd$）的系数为-0.021，且至少均在5%的水平显著，这表明在企业生命周期的不同阶段，财务总监财务执行力都显著抑制了盈余管理水平，进而提升了财务报告质量；且在成熟期的企业中，财务总监财务执行力对企业财务报告质量的促进作用更强。

综合表6-8的回归（1）至回归（6），本章发现，在企业生命周期的不同阶段，财务总监财务执行力都显著提升了企业财务报告质量，且在成熟期的企业中，财务总监财务执行力对企财务报告质量的促进作用更强,支持了假说 H6.4。

表 6-8　财务总监财务执行力与财务报告质量:基于企业生命周期的差异

	(1)	(2)	(3)	(4)	(5)	(6)
	第一阶段	第二阶段	第一阶段	第二阶段	第一阶段	第二阶段
	CFOownbd	StdEM	CFOownbd	StdEM	CFOownbd	StdEM
	成长期		成熟期		衰退期	
CFOownbd		-0.042***		-0.059***		-0.021**
		(-2.75)		(-3.24)		(-2.45)
Indep	-1.763***	0.013	-2.679***	-0.027	-1.441***	0.004
	(-4.93)	(0.90)	(-4.56)	(-1.23)	(-3.94)	(0.39)
Mw	-0.026	0.006	-0.164	-0.008	-0.486*	-0.008
	(-0.11)	(0.70)	(-0.42)	(-0.78)	(-1.65)	(-1.13)
Mb	-0.142	-0.029***	0.363**	-0.004	0.032	-0.017***
	(-1.14)	(-6.70)	(1.97)	(-0.70)	(0.26)	(-4.63)
Size	0.005	0.001	-0.119***	-0.005***	-0.071***	0.001
	(0.22)	(1.10)	(-3.19)	(-2.93)	(-2.83)	(1.00)
Lev	-0.036	0.036***	0.268	0.061***	0.035	0.012***
	(-0.31)	(6.95)	(1.50)	(6.57)	(0.27)	(2.76)
Proploss	0.161	0.034***	0.164	0.039***	0.108	0.031***
	(1.47)	(6.84)	(0.93)	(5.31)	(0.77)	(5.35)
Stdsales	0.115	0.043***	-0.842***	0.020	-0.151	0.019**
	(0.71)	(5.37)	(-3.11)	(1.51)	(-0.83)	(2.47)
Stdocf	1.380***	0.861***	1.229*	0.834***	1.440***	0.894***
	(3.16)	(36.17)	(1.81)	(24.30)	(3.17)	(44.06)
Inv_Rec	-0.395***	-0.000	-0.224	0.000	-0.127	0.009**
	(-3.04)	(-0.00)	(-1.10)	(0.04)	(-0.96)	(2.24)

第6章 财务总监财务执行力与财务报告质量间关系的影响因素

续表

	(1)	(2)	(3)	(4)	(5)	(6)
	第一阶段	第二阶段	第一阶段	第二阶段	第一阶段	第二阶段
	CFOownbd	StdEM	CFOownbd	StdEM	CFOownbd	StdEM
	成长期		成熟期		衰退期	
Intangible	-0.080	0.001	-0.045	-0.003	0.034	-0.009**
	(-0.67)	(0.21)	(-0.25)	(-0.32)	(0.32)	(-2.12)
Age	-0.066*	0.003***	-0.041	0.001	-0.023	0.002*
	(-1.75)	(2.97)	(-0.80)	(0.56)	(-0.65)	(1.90)
Big4	-0.026	-0.011***	0.095	-0.006*	-0.010	-0.008***
	(-0.31)	(-5.13)	(0.70)	(-1.85)	(-0.11)	(-4.41)
Roa	0.119	0.086***	0.856	0.145***	-0.219	0.011
	(0.32)	(3.79)	(1.56)	(4.03)	(-0.51)	(0.51)
Intercept	-0.093	-0.019	2.483***	0.114***	0.933*	0.011
	(-0.19)	(-0.98)	(3.09)	(2.90)	(1.82)	(0.64)
CFOotherbd	0.134		0.486**		0.410***	
	(0.97)		(2.16)		(3.00)	
CFOtenure	0.283***		0.346***		0.354***	
	(6.47)		(4.83)		(7.87)	
IMR		0.024***		0.037***		0.014***
		(2.68)		(3.34)		(2.66)
Year	控制	控制	控制	控制	控制	控制
Industry	控制	控制	控制	控制	控制	控制
N	5609	5609	2374	2374	5623	5623
调整的 R^2		0.533		0.558		0.600
F 值		73.84***		36.94***		98.18***

注：***、**、* 分别表示在1%、5%、10%水平上显著；回归(1)、回归(3)和回归(5)括号中的值为经过稳健性修正的 Z 统计量，回归(2)、回归(4)和回归

（6）括号中的值为经过稳健性修正的 T 统计量；表中回归结果的模型分别如下：

（1）$\Pr(CFOownbd = 1) = \alpha_0 + \alpha_1 CFOtenure + \alpha_2 CFOotherbd + \alpha_i Controls + \varepsilon$

（成长期组）

（2）$StdEM = \alpha_0 + \alpha_1 CFOownbd + \alpha_2 IMR + \alpha_i Controls + \varepsilon$ （成长期组）

（3）$\Pr(CFOownbd = 1) = \alpha_0 + \alpha_1 CFOtenure + \alpha_2 CFOotherbd + \alpha_i Controls + \varepsilon$

（成熟期组）

（4）$StdEM = \alpha_0 + \alpha_1 CFOownbd + \alpha_2 IMR + \alpha_i Controls + \varepsilon$ （成熟期组）

（5）$\Pr(CFOownbd = 1) = \alpha_0 + \alpha_1 CFOtenure + \alpha_2 CFOotherbd + \alpha_i Controls + \varepsilon$

（衰退期组）

（6）$StdEM = \alpha_0 + \alpha_1 CFOownbd + \alpha_2 IMR + \alpha_i Controls + \varepsilon$ （衰退期组）

其中，$CFOownbd$ 为财务总监财务执行力，若财务总监进入公司董事会担任内部董事，定义为 1，否则为 0；$CFOtenure$ 财务总监任期为工具变量，定义为财务总监任职年限的自然对数；$CFOotherbd$ 财务总监外部董事为工具变量，若财务总监在其他公司董事会担任董事为 1，否则为 0；$StdEM$ 为盈余管理标准差，定义为操纵性应计标准差和应计质量标准差的平均值；IMR 为逆米尔斯比。$Controls$ 为各控制变量，定义如下：$Indep$ 为董事会独立性，定义为独立董事人数/董事总人数；Mw 为内部控制重大缺陷，若上市公司披露内部控制重大缺陷，定义为 1，否则为 0；Mb 为账面市值比率，定义为权益的市场价值/普通股的账面价值；$Size$ 为公司规模，定义为总资产的自然对数；Lev 为资产负债率，定义为总负债/总资产；$Proploss$ 为亏损年数比重，定义为公司前 3 年中亏损年数所占的比重；$Stdsales$ 为营业收入标准差，定义为公司前 3 年营业收入占总资产比例的标准差；$Stdocf$ 为经营现金流标准差，定义为公司前 3 年经营活动现金流量净额占总资产比例的标准差；Inv_Rec 为盈余管理柔性，定义为（存货 + 应收账款）/ 总资产；$Intangible$ 为无形资产，若公司有无形资产，定义为 1，否则为 0；Age 为公司上市年数，定义为公司自上市至研究年度时间的自然对数；$Big4$ 为国际四大，若公司的会计师事务所为国际四大，定义为 1，否则为 0；Roa 为总资产报酬率，定义为净利润 / 平均资产总额；$Industry$ 为行业变量，定义为行业虚拟变量；$Year$ 为年度变量，定义为年度虚拟变量。

这启示企业：可以根据企业生命周期异质性相机配置财务总监进入董事会担任内部董事的比例，**在企业成熟期可适当增加该比例**，以提升财务总监财务执行力对企业财务报告质量的促进作用。

6.3 动态的社会网络视角

上述从企业性质、财务总监变更、融资需求以及企业生命周期这四个方面研究财务总监财务执行力与财务报告质量之间关系的不同，这些研究均是基于静态的资源异质性视角，而忽略了动态的社会网络（包括网络关系和网络结构两个维度）的影响（EllisonandFudenberg，1995；陈运森，2015；宁美军等，2018）。

优越的网络位置有利于提升财务报告质量（陈运森，2012）。那么，从动态社会网络视角出发，上市公司处于不同的网络位置，财务总监财务执行力对企业财务报告质量的影响是否有差异？本研究将独立董事网络的个体层面，拓展到上市公司网络层面，进而探究不同网络位置下，财务总监财务执行力对财务报告质量的影响差异（宁美军等，2018）。现有文献对此还鲜有探究，因此深入研究上述问题将具有重要的实践意义。

基于此，借鉴陈运森和谢德仁（2011）、万良勇和郑小玲（2014）、陈运森（2015）等研究，本部分从上市公司网络中心度（关系嵌入性角度）、上市公司网络结构洞（结构嵌入性角度）两方面研究了上市公司网络位置对财务总监财务执行力与财务报告质量之间关系的影响（需要说明的是，研究所需上市公司网络位置数据来自手工收集并处理而获取）。

6.3.1 上市公司网络中心度的影响

1. 理论分析与研究假设

依据资源依赖理论，任何企业均需要通过外部环境来获取发展所需的资源。董事会网络可以为企业提供组织合法性、外部资源交流等诸多外部支持。独立董事在多个董事会任职是对企业集聚资本能力的体现,可以帮助企业减少对周围环境的依赖程度,进而降低外部环境的威胁(朱丽等,2017),即根据资源依赖理论,独立董事网络的中心位置能够使企业在网络关系中获取更多的发言权、更好的信息渠道、更高的优势地位(Larcker等,2010;Larcker等,2013),且网络中心度越高,独立董事的治理作用越好,能提高会计信息披露质量(陈运森,2012)。

此外,根据声誉传递理论和信号理论,多个董事会任职是高质量独立董事以及高声望的信号,多个董事会席位是独立董事网络位置的重要条件(Fama和Jensen,1983)。独立董事兼职董事的上市公司数量越多,越有可能在董事网络中处于中心位置(谢德仁和陈运森,2012),也越有可能说"不"(唐雪松等,2010;叶康涛等,2011)。独立董事的声誉具有连锁效应(Srinivasan,2005;Fich和Shivdasani,2007;辛清泉等,2013)。具有财务背景和较高声誉的独立董事能够更好的发挥监督作用,缓解代理冲突,提升公司价值(叶康涛等,2011)。万良勇等(2014)研究发现,丰富的网络关系和更多的社会资本显著提升了上市公司网络位置,上市公司网络位置越优越,越能更好的发挥监督职能,并显著抑制企业违规行为。这在一定程度能显著提高企业财务报告质量。上述研究表明,上市公司网络中心度较高的企业具有较高的声望,一方面,声望传递可以促进财务报告使用者对企业的信任;另一方面,企业在声望传递的动机下,也更有动力提高会计信息披露质量(陈运森,2012),进而积极推动财务总监执行力,提高企业财务报告质量。

根据资源依赖理论、声誉传递理论以及信号理论,本章提出假设6.5:

H6.5:上市公司网络中心度越高,越能提高财务总监财务

第 6 章 财务总监财务执行力与财务报告质量间关系的影响因素

执行力对企业财务报告质量的促进作用。

2. 变量定义

网络中心度衡量了独立董事在上市公司董事网络中的不同位置,其衡量标准主要有中介中心度、程度中心度、接近中心度和特征向量中心度 (Freeman, 1979; 谢德仁和陈运森, 2012)。借鉴陈运森和谢德仁 (2011)、万良勇和郑小玲 (2014)、陈运森 (2015) 的研究,本章从上市公司网络中心度出发,考察上市公司不同网络位置条件下,财务总监财务执行力对财务报告质量的影响。

上市公司网络中心度 (Cen_b) 借鉴 Markóczy 等 (2013) 的研究,采用社会网络分析软件,对由连锁董事 (非财务总监担任,而是和财务总监同在一个董事会的独立董事) 的交叉任职,构建的上市公司社会网络,得到关于企业在上市公司全网络中的社会网络位置指标。本研究根据上市公司年报进行数据信息提取,得到上市公司网络关系,进而计算得出上市公司网络中心度,用以衡量上市公司在整体网络关系中的网络位置。借鉴谢德仁和陈运森 (2012) 的方法,采用大型社会网络数据分析软件 PAJEK 计算出中介中心度,用来衡量以上市公司为节点的社会网络中,上市公司的网络中心度。其定义如下:

本章采用大型社会网络数据分析软件 PAJEK 计算出中介中心度,用来衡量上市公司网络中心度,其定义如下:

$$Cen\_b = \frac{\sum_{j<K} g_{jk(n_i)}/g_{jk}}{(g-1)(g-2)/2}$$

其中,g_{jk} 是董事 j 与董事 K 相连结必须经过的捷径数; $g_{jk(n_i)}$ 是董事 j 与董事 K 的捷径路径中有董事 i 的数量; $\sum g_{jk(n_i)}/g_{jk}$ 表示在整个董事网络的其他所有"董事-董事"联结捷径中有董

事 i 的程度；g 是上市公司当年董事网络中的人数。用 $(g-1)(g-2)/2$ 消除不同年份上市公司董事网络的规模差异（Freeman，1979）。Cen_b 越大，上市公司的网络中心度就越高。详细定义烦请参见谢德仁和陈运森（2012）。

为分组检验上市公司网络中心度高低情况下财务总监财务执行力对财务报告质量的影响的差异，本章设置了上市公司网络中心度哑变量。即，如果公司当年经行业调整的上市公司中心度大于中位数，定义为 1（$HighCen\_b$），否则为 0（$LowCen\_b$）。需要说明的是，借鉴陈运森和谢德仁（2011）、万良勇和郑小玲（2014）、陈运森（2015）的研究，同时考虑到上市公司网络中心度指标的独特性和复杂性，本章设置了 $Indep$、Mw、MB、$Size$、Lev、$Stdocf$、$Intangible$、Age、$Big4$、$Industry$、$Year$ 等控制变量。

3. 单变量分析

表 6-9 列示了区分上市公司网络中心度高低后的单变量分析结果。从表 6-9 可以看出，在区分上市公司网络中心度高低后，本章初步发现：相比上市公司网络中心度低的企业，上市公司网络中心度高的企业，其财务总监进入董事会担任内部董事的比例显著较低、财务总监外部董事比例显著较高、财务总监任期显著较短、董事会独立性显著较低、成长性显著较高、公司规模显著较大、资产负债率显著较高、经营现金流标准差显著较小、选择国际四大的可能性显著较大较高。

此外，因变量为盈余管理标准差（$StdEM$）时，相比上市公司网络中心度低的企业，上市公司网络中心度高的企业的盈余管理水平相对较低，企业财务报告质量相对较高，且在 10% 的水平上显著，这与本章的预期一致。当然，更为稳健的结果有待表 6-10 的回归分析。

第6章 财务总监财务执行力与财务报告质量间关系的影响因素

表 6-9　　单变量分析：区分上市公司网络中心度

	HighCen_b		LowCen_b		Diff.
	Mean	Sd	Mean	Sd	Mean
StdEM	0.073	0.058	0.072	0.062	0.000
CFOownbd	0.243	0.429	0.272	0.445	-0.029***
CFOotherbd	0.022	0.146	0.013	0.113	0.009***
CFOtenure	1.409	0.476	1.462	0.482	-0.052***
Indep	0.368	0.053	0.371	0.052	-0.003***
Mw	0.004	0.062	0.006	0.076	-0.002
Mb	0.576	0.250	0.498	0.250	0.077***
Size	22.131	1.323	21.820	1.241	0.310***
Lev	0.493	0.208	0.463	0.224	0.029***
Stdocf	0.051	0.044	0.053	0.046	-0.001*
Intangible	0.972	0.165	0.970	0.171	0.002
Age	2.247	0.606	2.236	0.643	0.011
Big4	0.081	0.273	0.044	0.206	0.037***

注：***、**、*分别表示在1%、5%以及10%水平上显著。

4. 财务总监财务执行力对财务报告质量影响：基于上市公司网络中心度的差异

表 6-10 是区分了上市公司网络中心度高与低情况下财务总监财务执行力与财务报告质量的 Heckman 两阶段回归结果。

表 6-10 的使用盈余管理标准差（StdEM）作为财务报告质量的衡量指标，分别报告了高网络中心度组和低网络中心度组模型（Ⅰ）和模型（Ⅱ）的 Heckman 两阶段回归结果。在第一阶段模型（Ⅰ）的 Probit（1）和回归（3）中，本章把 CFOotherbd 和 CFOtenure 作为影响财务总监财务执行力（CFOownbd）的外生变量，同时控制其他影响财务总监财务执行力的因素。从表 6-10

表 6-10　财务总监财务执行力与财务报告质量：基于上市公司网络中心度的差异

	(1) 第一阶段 DV = CFOownbd	(2) 第二阶段 DV = StdEM	(3) 第一阶段 DV = CFOownbd	(4) 第二阶段 DV = StdEM
	高网络中心度		低网络中心度	
CFOownbd		-0.076***		-0.041***
		(-4.99)		(-3.31)
Indep	-0.837**	-0.004	-2.357***	-0.008
	(-2.37)	(-0.33)	(-7.63)	(-0.53)
Mw	-0.707*	0.004	0.020	-0.006
	(-1.83)	(0.32)	(0.10)	(-0.74)
Mb	0.123	-0.016***	-0.071	-0.015***
	(1.09)	(-3.63)	(-0.72)	(-4.19)
Size	-0.074***	-0.010***	-0.021	-0.008***
	(-3.42)	(-11.38)	(-1.10)	(-10.62)
Lev	-0.039	0.044***	0.033	0.042***
	(-0.33)	(7.87)	(0.40)	(9.99)
Stdocf	0.632	0.453***	1.534***	0.449***
	(1.43)	(19.20)	(4.50)	(22.29)
Intangible	0.172	-0.012**	-0.130	-0.010**
	(1.42)	(-2.00)	(-1.43)	(-1.98)
Age	-0.034	0.012***	-0.020	0.011***
	(-0.98)	(9.04)	(-0.73)	(10.11)
Big4	0.017	0.001	0.043	-0.002
	(0.21)	(0.37)	(0.54)	(-0.93)
Intercept	0.557	0.252***	0.593	0.211***
	(1.20)	(12.64)	(1.46)	(11.47)

第6章 财务总监财务执行力与财务报告质量间关系的影响因素

续表

	（1）	（2）	（3）	（4）
	第一阶段	第二阶段	第一阶段	第二阶段
	DV = CFOownbd	DV = StdEM	DV = CFOownbd	DV = StdEM
	高网络中心度		低网络中心度	
CFOotherbd	0.413***		0.199	
	(3.43)		(1.56)	
CFOtenure	0.293***		0.330***	
	(6.25)		(9.13)	
IMR		0.047***		0.025***
		(5.28)		(3.45)
Year	控制	控制	控制	控制
Industry	控制	控制	控制	控制
N	5471	5471	8142	8142
调整的 R^2		0.234		0.226
F 值		29.595***		45.428***
经验 P 值		3.23*		

注：***、**、* 分别表示在1%、5%、10%水平上显著；"经验P值"用于检验组间 CFOownbd 系数差异的显著性，通过基于似无相关模型的检验方法得到；回归（1）和回归（3）括号中的值为经过稳健性修正的Z统计量，回归（2）和回归（4）括号中的值为经过稳健性修正的T统计量；表中回归结果的模型分别如下：

(1) $\Pr(CFOownbd = 1) = \alpha_0 + \alpha_1 CFOtenure + \alpha_2 CFOotherbd + \alpha_i Controls + \varepsilon$

（高网络中心度组）

(2) $StdEM = \alpha_0 + \alpha_1 CFOownbd + \alpha_2 IMR + \alpha_i Controls + \varepsilon$ （高网络中心度组）

(3) $\Pr(CFOownbd = 1) = \alpha_0 + \alpha_1 CFOtenure + \alpha_2 CFOotherbd + \alpha_i Controls + \varepsilon$

（低网络中心度组）

(4) $StdEM = \alpha_0 + \alpha_1 CFOownbd + \alpha_2 IMR + \alpha_i Controls + \varepsilon$ （低网络中心度组）

其中，CFOownbd 为财务总监财务执行力，若财务总监进入公司董事会担任内部董事，定义为1，否则为0；CFOtenure 财务总监任期为工具变量，定义为财务总监任职年限的自然对数；*CFOotherbd* 财务总监外部董事为工具变量，若财务总监在其他公司董事会担任董事为1，否则为0；*StdEM* 为盈余管理标准差，定义为操纵性应计标准差和应计质量标准差的平均值；*IMR* 为逆米尔斯比。*Controls* 为各控制变量，定义如下：*Indep* 为董事会独立性，定义为独立董事人数/董事总人数；*Mw* 为内部控制重大缺陷，若上市公司披露内部控制重大缺陷，定义为1，否则为0；*Mb* 为账面市值比率，定义为权益的市场价值/普通股的账面价值；*Size* 为公司规模，定义为总资产的自然对数；*Lev* 为资产负债率，定义为总负债/总资产；*Stdocf* 为经营现金流标准差，定义为公司前3年经营活动现金流量净额占总资产比例的标准差；*Intangible* 为无形资产，若公司有无形资产，定义为1，否则为0；*Age* 为公司上市年数，定义为公司自上市至研究年度时间的自然对数；*Big*4 为国际四大，若公司的会计师事务所为国际四大，定义为1，否则为0；*Industry* 为行业变量，定义为行业虚拟变量；*Year* 为年度变量，定义为年度虚拟变量。

可以看出，第二阶段模型（Ⅱ）的回归（2）和回归（4）中 *IMR* 均显著为正，说明均存在自选择问题。控制自选择效应后，在回归（2）高网络中心度组中，*CFOownbd* 的回归系数为 -0.076；在回归（4）低网络中心度组中，*CFOownbd* 的回归系数为 -0.041，且均在1%的水平上显著。

借鉴连玉君等（2010）和姜付秀等（2016），本章进一步检验两组间 *CFOownbd* 的回归系数的差异性（经验 P 值为 3.23*），发现两者在10%的水平上存在显著差异。这表明，上市公司网络中心度越高，财务总监财务执行力对企业盈余管理标准差的抑制作用越大，对企业财务报告质量的提升作用也越大。

综合表6-10的回归（1）和（4），上市公司网络中心度越高，财务总监财务执行力发挥了更大的作用，对财务报告质量的促进作用越大，支持了假说 H6.5。

6.3.2 上市公司网络结构洞的影响

1. 理论分析与研究假设

第6章 财务总监财务执行力与财务报告质量间关系的影响因素

依据信息控制优势理论,社会网络中的"结构洞"在信息流动和传递中起着"中介"和"桥梁"作用,能够将无直接联系的两个个体联结起来,并为处于该位置的企业和个人带来信息优势和控制优势(Burt,1992;1993;1998;Burt,2004),能减少企业与利益相关者之间的信息不对称,使企业更有可能会提供较高质量的财务报告。此外,董事网络结构洞较丰富的企业,还具备较强的关系能力和资源整合能力,能够影响并控制财务总监的行动,进而推动财务总监执行力,使企业财务报告质量按照对自己有利的方向发展。而根据声誉传递和信号理论,处于网络中较好位置的企业,更有动力提高企业财务报告质量。基于此,本章提出假设6.6:

H6.6:上市公司网络结构洞越丰富,越能提高财务总监财务执行力对企业财务报告质量的促进作用。

上市公司网络结构洞越丰富的企业,最有可能打造出独特的组织竞争优势。这种优势主要体现在能显著提升企业产品差异化(Hoskisson等,1993),迅速获取并购信息与并购机会(万良勇和郑小玲,2014),提高经营效率、抑制投资不足(陈运森,2015)。已有研究表明,上市公司处于网络中结构洞的位置,其所能带来的信息和控制优势会随着市场竞争和行业竞争程度的不同而有所差异。且相对于垄断行业,网络结构洞位置对企业效率的促进作用主要发生在竞争激烈的行业中(陈运森,2015)。这表明,市场竞争程度越激烈,上市公司网络结构洞发挥的作用越大;而上市公司网络结构洞发挥的作用越大,财务总监财务执行力发挥的作用也越大,企业财务报告质量也越高。基于此,本章提出假设H6.7:

H6.7:市场竞争程度越激烈,上市公司网络结构洞发挥的作用越大,越能提高财务总监财务执行力,越能促进企业财务报告质量的提高。

2. 变量定义

借鉴 Burt (1998)、Zaheer 和 Bell (2005) 和陈运森 (2015) 等研究，本章采用大型社会网络数据分析软件 PAJEK 计算出所有公司的结构洞丰富程度指标，定义如下：

$$CI_i = 1 - C_{ij} = 1 - (P_{ij} + \sum P_{iq}P_{jq})$$

其中，i 为企业个体，j 表示其他个体，q 表示另一个企业个体 ($q \neq i, j$)；P_{ij} 是企业 i 到企业 j 的直接连带关系的强度，衡量企业 i 在 j 中的直接关系投资；是从企业 i 到企业 j 的所有通过 q 的路径中，非直接连带关系的强度之和，衡量的是企业 i 到企业 j 身上的间接关系投资；C_{ij} 是企业 i 与企业 j 接触联系所需关系投资的约束程度，用来衡量企业拥有结构洞的匮乏程度；CI_i 衡量企业的结构洞丰富程度，CI_i 越大，上市公司网络结构洞就越丰富。详细定义烦请参见陈运森 (2015)。

为分组检验上市公司网络结构洞不同情况下财务总监财务执行力对财务报告质量的影响，本章设置了上市公司网络结构洞哑变量。即如果公司当年经行业调整的上市公司网络结构洞大于中位数，定义为 1 ($High\_CI$)，否则为 0 (Low_CI)。需要说明的是，借鉴 Burt (1998)、Zaheer 和 Bell (2005) 和陈运森 (2015) 等的研究，同时考虑到上市公司网络结构洞指标的独特性和复杂性，本章设置了 $Indep$、Mw、MB、$Size$、Lev、$Stdocf$、$Intangible$、Age、$Big4$、$Industry$、$Year$ 等控制变量。

3. 单变量分析

表 6-11 列示了区分上市公司网络结构洞的单变量分析结果。从表 6-11 可以看出，在区分上市公司网络结构洞后，本章初步发现，相比上市公司网络结构洞贫乏的企业，上市公司网络结构洞丰富的企业，其财务总监进入董事会担任内部董事的比例

第6章 财务总监财务执行力与财务报告质量间关系的影响因素

显著较低、财务总监外部董事比例显著较高、财务总监任期显著较短、董事会独立性显著较低、内部控制缺陷水平显著较低、成长性显著较高、公司规模显著较大、资产负债率显著较高、公司上市年数显著较长、选择国际四大的可能性显著较大较高。

表 6 – 11 单变量分析：区分上市公司网络结构洞

	High_ CI		Low_ CI		Diff.
	Mean	Sd	Mean	Sd	Mean
StdEM	0.073	0.059	0.072	0.061	0.001
CFOownbd	0.244	0.429	0.271	0.445	-0.027***
CFOotherbd	0.022	0.146	0.013	0.113	0.009***
CFOtenure	1.404	0.476	1.465	0.481	-0.061***
Indep	0.369	0.053	0.371	0.052	-0.002***
Mw	0.003	0.059	0.006	0.077	-0.003**
Mb	0.576	0.249	0.498	0.250	0.078***
Size	22.133	1.329	21.819	1.237	0.314***
Lev	0.493	0.208	0.463	0.224	0.029***
Stdocf	0.052	0.044	0.053	0.046	-0.001
Intangible	0.969	0.173	0.972	0.156	-0.002
Age	2.259	0.605	2.228	0.643	0.030***
Big4	0.081	0.273	0.045	0.207	0.036***

注：***、**、* 分别表示在1%、5%以及10%水平上显著。

此外，在区分上市公司网络结构洞丰富与否后，企业的盈余管理标准差的差异不显著。该结果可能与研究预期存在差异，但考虑到该结果没有控制其他因素和内生性的影响，仅仅是单变量的分析结果，更为稳健的结果有待表 6-12 的回归分析。

4. 财务总监财务执行力对财务报告质量的影响：基于上市公司网络结构洞的差异

表 6-12 是区分了上市公司网络结构洞丰富与否情况下财务总监财务执行力与财务报告质量的 Heckman 两阶段回归结果。

表 6-12 使用盈余管理标准差（$StdEM$）作为财务报告质量的衡量指标，分别报告了网络结构洞丰富组和网络结构洞匮乏组模型（Ⅰ）和模型（Ⅱ）的 Heckman 两阶段回归结果。在第一阶段模型（Ⅰ）的 Probit 回归（1）和回归（3）中，本章把 $CFOotherbd$ 和 $CFOtenure$ 作为影响财务总监财务执行力（$CFOownbd$）的外生变量，同时控制其他影响财务总监财务执行力的因素。从表 6-12 可以看出，第二阶段模型（Ⅱ）的回归（2）和回归（4）中的 IMR 均显著为正，说明均存在自选择问题。控制自选择效应后，在回归（2）网络结构洞丰富组中，$CFOownbd$ 的回归系数为 -0.075，而在回归（4）网络结构洞匮乏组中，$CFOownbd$ 的回归系数为 -0.043，且均在 1% 的水平上显著。

借鉴连玉君等（2010）和姜付秀等（2016），本章进一步检验两组间 $CFOownbd$ 的回归系数的差异性（经验 P 值为 2.68*），发现两者在 10% 的水平上存在显著差异。这表明，上市公司网络结构洞越丰富，财务总监财务执行力发挥的作用越大，对盈余管理标准差的抑制作用越大，对企业财务报告质量的提升作用也越大。

综合表 6-12 的回归（1）和回归（4），本章发现，上市公司网络结构洞越丰富，财务总监财务执行力对财务报告质量的促进作用越大，支持了假说 H6.6。

表 6-12　财务总监财务执行力与财务报告质量：基于
上市公司网络结构洞的差异

	(1) 第一阶段 DV = $CFOownbd$	(2) 第二阶段 DV = $StdEM$	(3) 第一阶段 DV = $CFOownbd$	(4) 第二阶段 DV = $StdEM$
	网络结构洞丰富		网络结构洞匮乏	
$CFOownbd$		-0.075*** (-4.98)		-0.043*** (-3.49)
$Indep$	-1.012*** (-2.88)	-0.009 (-0.67)	-2.243*** (-7.22)	-0.007 (-0.48)
Mw	-0.991** (-2.00)	0.005 (0.34)	0.044 (0.23)	-0.006 (-0.78)
Mb	0.174 (1.54)	-0.015*** (-3.32)	-0.102 (-1.03)	-0.016*** (-4.39)
$Size$	-0.078*** (-3.60)	-0.010*** (-11.82)	-0.020 (-1.04)	-0.008*** (-10.15)
Lev	-0.068 (-0.58)	0.044*** (7.42)	0.050 (0.61)	0.042*** (10.28)
$Stdocf$	0.708 (1.62)	0.453*** (19.26)	1.479*** (4.32)	0.451*** (22.46)
$Intangible$	0.156 (1.37)	-0.013** (-2.11)	-0.131 (-1.40)	-0.009* (-1.85)
Age	-0.022 (-0.62)	0.012*** (9.28)	-0.026 (-0.95)	0.011*** (10.06)
$Big4$	0.025 (0.32)	0.002 (0.74)	0.036 (0.45)	-0.003 (-1.27)

续表

	(1) 第一阶段 DV = CFOownbd	(2) 第二阶段 DV = StdEM	(3) 第一阶段 DV = CFOownbd	(4) 第二阶段 DV = StdEM
	网络结构洞丰富		网络结构洞匮乏	
Intercept	0.667	0.262***	0.559	0.205***
	(1.44)	(13.05)	(1.37)	(11.10)
CFOotherbd	0.423***		0.189	
	(3.50)		(1.48)	
CFOtenure	0.294***		0.330***	
	(6.30)		(9.11)	
IMR		0.047***		0.027***
		(5.26)		(3.65)
Year	控制	控制	控制	控制
Industry	控制	控制	控制	控制
N	5465	5465	8148	8148
调整的 R^2		0.235		0.225
F 值		29.168***		45.250***
经验 P 值		2.68*		

注：***、**、* 分别表示在1％、5％、10％水平上显著；"经验 P 值"用于检验组间 CFOownbd 系数差异的显著性，通过基于似无相关模型的检验方法得到；回归（1）和回归（3）括号中的值为经过稳健性修正的 Z 统计量，回归（2）和回归（4）括号中的值为经过稳健性修正的 T 统计量；表中回归结果的模型分别如下：

(1) $\Pr(CFOownbd = 1) = \alpha_0 + \alpha_1 CFOtenure + \alpha_2 CFOotherbd + \alpha_i Controls + \varepsilon$

（网络结构洞丰富组）

(2) $StdEM = \alpha_0 + \alpha_1 CFOownbd + \alpha_2 IMR + \alpha_i Controls + \varepsilon$ （网络结构洞丰富组）

(3) $\Pr(CFOownbd = 1) = \alpha_0 + \alpha_1 CFOtenure + \alpha_2 CFOotherbd + \alpha_i Controls + \varepsilon$

（网络结构洞匮乏组）

(4) $StdEM = \alpha_0 + \alpha_1 CFOownbd + \alpha_2 IMR + \alpha_i Controls + \varepsilon$ （网络结构洞匮乏组）

第6章 财务总监财务执行力与财务报告质量间关系的影响因素

其中，$CFOownbd$ 为财务总监财务执行力，若财务总监进入公司董事会担任内部董事，定义为 1，否则为 0；$CFOtenure$ 财务总监任期为工具变量，定义为财务总监任职年限的自然对数；$CFOotherbd$ 财务总监外部董事为工具变量，若财务总监在其他公司董事会担任董事为 1，否则为 0；$StdEM$ 为盈余管理标准差，定义为操纵性应计标准差和应计质量标准差的平均值；IMR 为逆米尔斯比。$Controls$ 为各控制变量，定义如下：$Indep$ 为董事会独立性，定义为独立董事人数/董事总人数；Mw 为内部控制重大缺陷，若上市公司披露内部控制重大缺陷，定义为 1，否则为 0；Mb 为账面市值比率，定义为权益的市场价值/普通股的账面价值；$Size$ 为公司规模，定义为总资产的自然对数；Lev 为资产负债率，定义为总负债/总资产；$Stdocf$ 为经营现金流标准差，定义为公司前 3 年经营活动现金流量净额占总资产比例的标准差；$Intangible$ 为无形资产，若公司有无形资产，定义为 1，否则为 0；Age 为公司上市年数，定义为公司自上市至研究年度时间的自然对数；$Big4$ 为国际四大，若公司的会计师事务所为国际四大，定义为 1，否则为 0；$ndustry$ 为行业变量，定义为行业虚拟变量；$Year$ 为年度变量，定义为年度虚拟变量。

5. 财务总监财务执行力对财务报告质量的影响：基于市场竞争程度的差异

陈运森（2015）研究发现，相对于垄断行业，上市公司网络结构洞位置对企业效率的显著促进关系主要发生在竞争激烈的行业中。基于此，借鉴陈运森（2015）等研究，本章参考丁启军（2010）、胡奕明和买买提依明·祖农（2013）关于垄断行业的分类标准（区分竞争性行业和垄断行业）来衡量行业竞争程度[①]。首先检验了不同行业竞争程度（区分竞争行业和垄断行业）下财务总监财务执行力对财务报告质量的影响（详见表 6 - 13）；并进一步检验了不同行业竞争程度下，上市公司网络结构

[①] 本书主要将煤炭开采和洗选业 B06、石油和天然气开采业 B07、有色金属矿采选业 B09、烟草制品业 C16、石油加工炼焦及核燃料加工业 C25、电力热力的生产和供应业 D44、燃气的生产和供应业 D45、水的生产和供应业 D46、航空运输业 G56、铁路运输业 G53、邮政业 G60、电信和其他信息传输服务业 I63，共 12 个行业判定为行政垄断行业。

洞对财务总监财务执行力与财务报告质量之间关系的不同作用（详见表 6-14 和表 6-15）。

表 6-13 报告了区分行业竞争程度下，竞争行业和垄断行业中财务总监财务执行力与财务报告质量的 Heckman 两阶段回归结果。回归（1）至回归（4）中使用管盈余管理标准差（$StdEM$）作为财务报告质量的衡量指标，报告了模型（Ⅰ）和模型（Ⅱ）的 Heckman 两阶段回归结果。在第一阶段模型（Ⅰ）Probit 模型的回归（1）和回归（3）中，本章把 $CFOotherbd$ 和 $CFOtenure$ 作为工具变量，同时控制其他影响财务总监财务执行力的因素。从表 6-13 可以看出，第二阶段回归（2）和回归（4）中，IMR 均显著为正，说明均存在自选择问题。控制自选择效应后，在回归（2）垄断行业组中，$CFOownbd$ 的回归系数为 -0.121；而在回归（4）竞争行业组中 $CFOownbd$ 的回归系数为 -0.055，且均在 1% 的水平上显著。

表 6-13　财务总监财务执行力与财务报告质量：基于市场竞争程度的差异

	(1) 第一阶段 DV = $CFOownbd$	(2) 第二阶段 DV = $StdEM$	(3) 第一阶段 DV = $CFOownbd$	(4) 第二阶段 DV = $StdEM$
	垄断行业		竞争行业	
$CFOownbd$		-0.121*** (-4.23)		-0.055*** (-5.47)
$Indep$	-3.095*** (-3.18)	0.004 (0.11)	-1.686*** (-6.99)	-0.016 (-1.51)
Mw	-0.564 (-1.04)	-0.030* (-1.96)	-0.131 (-0.74)	0.000 (0.02)
Mb	-0.393 (-1.44)	-0.030*** (-3.79)	0.057 (0.74)	-0.015*** (-4.94)

第6章 财务总监财务执行力与财务报告质量间关系的影响因素

续表

	（1）第一阶段 DV = CFOownbd	（2）第二阶段 DV = StdEM	（3）第一阶段 DV = CFOownbd	（4）第二阶段 DV = StdEM
	垄断行业		竞争行业	
Size	-0.073	-0.013***	-0.051***	-0.009***
	(-1.44)	(-7.79)	(-3.42)	(-14.20)
Lev	0.876***	0.063***	-0.032	0.042***
	(3.46)	(5.58)	(-0.46)	(11.96)
Stdocf	2.410*	0.384***	1.118***	0.457***
	(1.90)	(6.96)	(4.04)	(28.85)
Intangible	0.707*	0.031***	-0.050	-0.013***
	(1.96)	(2.63)	(-0.68)	(-3.22)
Age	0.175*	0.016***	-0.036	0.011***
	(1.65)	(5.18)	(-1.64)	(12.71)
Big4	0.322**	0.015***	-0.059	-0.002
	(2.07)	(3.10)	(-0.96)	(-1.30)
Intercept	0.408	0.285***	0.791**	0.232***
	(0.35)	(7.21)	(2.51)	(15.82)
CFOotherbd	-0.086		0.338***	
	(-0.29)		(3.61)	
CFOtenure	0.256**		0.320***	
	(2.46)		(10.73)	
IMR		0.071***		0.034***
		(4.23)		(5.76)
Year	控制	控制	控制	控制
Industry	控制	控制	控制	控制
N	1080	1080	12533	12533
调整的 R^2		0.241		0.230
F 值		13.752***		67.086***
经验 P 值		4.88**		

注：***、**、* 分别表示在1%、5%、10%水平上显著；"经验P值"用于检验组间 $CFOownbd$ 系数差异的显著性，通过基于似无相关模型的检验方法得到；回归（1）和回归（3）括号中的值为经过稳健性修正的Z统计量，回归（2）和回归（4）括号中的值为经过稳健性修正的T统计量；表中回归结果的模型分别如下：

（1）$\Pr(CFOownbd = 1) = \alpha_0 + \alpha_1 CFOtenure + \alpha_2 CFOotherbd + \alpha_i Controls + \varepsilon$

（垄断行业组）

（2）$StdEM = \alpha_0 + \alpha_1 CFOownbd + \alpha_2 IMR + \alpha_i Controls + \varepsilon$ （垄断行业组）

（3）$\Pr(CFOownbd = 1) = \alpha_0 + \alpha_1 CFOtenure + \alpha_2 CFOotherbd + \alpha_i Controls + \varepsilon$

（竞争行业组）

（4）$StdEM = \alpha_0 + \alpha_1 CFOownbd + \alpha_2 IMR + \alpha_i Controls + \varepsilon$ （竞争行业组）

其中，$CFOownbd$ 为财务总监财务执行力，若财务总监进入公司董事会担任内部董事，定义为1，否则为0；$CFOtenure$ 财务总监任期为工具变量，定义为财务总监任职年限的自然对数；$CFOotherbd$ 财务总监外部董事为工具变量，若财务总监在其他公司董事会担任董事为1，否则为0；$StdEM$ 为盈余管理标准差，定义为操纵性应计标准差和应计质量标准差的平均值；IMR 为逆米尔斯比。$Controls$ 为各控制变量，定义如下：$Indep$ 为董事会独立性，定义为独立董事人数/董事总人数；Mw 为内部控制重大缺陷，若上市公司披露内部控制重大缺陷，定义为1，否则为0；Mb 为账面市值比率，定义为权益的市场价值/普通股的账面价值；$Size$ 为公司规模，定义为总资产的自然对数；Lev 为资产负债率，定义为总负债/总资产；$Stdocf$ 为经营现金流标准差，定义为公司前3年经营活动现金流量净额占总资产比例的标准差；$Intangible$ 为无形资产，若公司有无形资产，定义为1，否则为0；Age 为公司上市年数，定义为公司自上市至研究年度时间的自然对数；$Big4$ 为国际四大，若公司的会计师事务所为国际四大，定义为1，否则为0；$Industry$ 为行业变量，定义为行业虚拟变量；$Year$ 为年度变量，定义为年度虚拟变量。

借鉴连玉君等（2010）和姜付秀等（2016），本章进一步检验两组间 $CFOownbd$ 的回归系数的差异性（经验P值为 4.88^{**}），发现两者在5%的水平上存在显著差异。

由表6-13回归（1）至回归（4）的结果看出，相对于竞争行业，垄断行业中财务总监财务执行力发挥了更大的作用，对盈余管理水平的抑制作用更强，对财务报告质量的提升作用

第6章 财务总监财务执行力与财务报告质量间关系的影响因素

更大。

6. 财务总监财务执行力对财务报告质量的影响：基于竞争程度与上市公司网络结构洞的双重差异

在表6-13的基础上，本章进一步检验了竞争程度不同的行业中，上市公司网络结构洞不同条件下，财务总监财务执行力对企业财务报告质量的影响（详见表6-14和表6-15）。

表6-14报告了竞争行业中上市公司网络结构洞不同条件下，财务总监财务执行力对财务报告质量影响的Heckman两阶段回归结果。回归（1）至回归（4）中使用盈余管理标准差（$StdEM$）作为财务报告质量的衡量指标，报告了模型（Ⅰ）和模型（Ⅱ）的Heckman两阶段回归结果。在第一阶段模型（Ⅰ）Probit模型的回归（1）和回归（3）中，本章把$CFOotherbd$和$CFOtenure$作为工具变量，同时控制其他影响财务总监财务执行力的因素。从表6-14可以看出，第二阶段模型（Ⅱ）的回归（2）和回归（4）中，IMR均显著为正，说明均存在自选择问题。控制自选择效应后，在回归（2）网络结构洞丰富组中，$CFOownbd$的回归系数为-0.074；而在回归（4）网络结构洞匮乏组中，$CFOownbd$的回归系数为-0.040，且均在1%的水平上显著。

借鉴连玉君等（2010）和姜付秀等（2016），本章进一步检验两组间$CFOownbd$的回归系数的差异性（经验P值为2.98*），发现两者在10%的水平上存在显著差异。

上述回归结果表明，竞争行业中上市公司的网络结构洞越丰富，则财务总监财务执行力发挥的作用更大，对盈余管理水平的抑制作用更强，对企业财务报告质量的提升作用更大。这意味着，上市公司的网络结构洞越丰富，企业越能识别机会、高效利用资源。

表 6-14　财务总监财务执行力与财务报告质量：基于
竞争行业中上市公司网络结构洞的差异

	(1) 第一阶段 DV = CFOownbd	(2) 第二阶段 DV = StdEM	(3) 第一阶段 DV = CFOownbd	(4) 第二阶段 DV = StdEM
	网络结构洞丰富		网络结构洞匮乏	
CFOownbd		-0.074***		-0.040***
		(-4.79)		(-3.10)
Indep	-1.071***	-0.012	-2.138***	-0.011
	(-2.93)	(-0.83)	(-6.67)	(-0.76)
Mw	-0.936*	0.007	0.078	-0.004
	(-1.86)	(0.51)	(0.39)	(-0.51)
Mb	0.204*	-0.015***	-0.064	-0.014***
	(1.74)	(-3.18)	(-0.62)	(-3.62)
Size	-0.086***	-0.010***	-0.014	-0.007***
	(-3.77)	(-11.17)	(-0.66)	(-9.07)
Lev	-0.181	0.044***	0.033	0.041***
	(-1.49)	(6.85)	(0.39)	(9.57)
Stdocf	0.749*	0.459***	1.347***	0.455***
	(1.66)	(18.80)	(3.82)	(21.91)
Intangible	0.177	-0.013**	-0.199**	-0.012**
	(1.51)	(-2.16)	(-2.05)	(-2.14)
Age	-0.037	0.012***	-0.033	0.011***
	(-1.02)	(8.20)	(-1.19)	(9.73)
Big4	-0.016	-0.000	-0.071	-0.004
	(-0.18)	(-0.13)	(-0.80)	(-1.60)
Intercept	0.914*	0.270***	0.458	0.201***
	(1.89)	(12.48)	(1.07)	(10.37)

第6章　财务总监财务执行力与财务报告质量间关系的影响因素

续表

	(1) 第一阶段 DV = CFOownbd	(2) 第二阶段 DV = StdEM	(3) 第一阶段 DV = CFOownbd	(4) 第二阶段 DV = StdEM
	网络结构洞丰富		网络结构洞匮乏	
CFOotherbd	0.453***		0.267**	
	(3.40)		(1.96)	
CFOtenure	0.304***		0.328***	
	(6.13)		(8.73)	
IMR		0.047***		0.025***
		(5.08)		(3.24)
Year	控制	控制	控制	控制
Industry	控制	控制	控制	控制
N	5026	5026	7507	7507
调整的 R^2		0.238		0.224
F 值		28.145***		41.996***
经验 P 值		2.98*		

注：***、**、* 分别表示在 1%、5%、10% 水平上显著；"经验 P 值"用于检验组间 CFOownbd 系数差异的显著性，通过基于似无相关模型的检验方法得到；回归 (1) 和回归 (3) 括号中的值为经过稳健性修正的 Z 统计量，回归 (2) 和回归 (4) 括号中的值为经过稳健性修正的 T 统计量；表中回归结果的模型分别如下：

(1) $\Pr(CFOownbd = 1) = \alpha_0 + \alpha_1 CFOtenure + \alpha_2 CFOotherbd + \alpha_i Controls + \varepsilon$
（网络结构洞丰富组）

(2) $StdEM = \alpha_0 + \alpha_1 CFOownbd + \alpha_2 IMR + \alpha_i Controls + \varepsilon$ （网络结构洞丰富组）

(3) $\Pr(CFOownbd = 1) = \alpha_0 + \alpha_1 CFOtenure + \alpha_2 CFOotherbd + \alpha_i Controls + \varepsilon$
（网络结构洞匮乏组）

(4) $StdEM = \alpha_0 + \alpha_1 CFOownbd + \alpha_2 IMR + \alpha_i Controls + \varepsilon$ （网络结构洞匮乏组）

其中，CFOownbd 为财务总监财务执行力，若财务总监进入公司董事会担任内部董事，定义为 1，否则为 0；CFOtenure 财务总监任期为工具变量，定义为财务总监任职年限的自然对数；CFOotherbd 财务总监外部董事为工具变量，若财务总监在其他公司董事会担任董事为1，否则为0；StdEM 为盈余管理标准差，定义为操纵性应计标准差和应计质量标准差的平均值；IMR 为逆米尔斯比。Controls 为各控制变量，定义如下：Indep 为董事会独立性，定义为独立董事人数/董事总人数；Mw 为内部控制重大缺陷，若上市公司披露内部控制重大缺陷，定义为1，否则为0；Mb 为账面市值比率，定义为权益的市场价值/普通股的账面价值；Size 为公司规模，定义为总资产的自然对数；Lev 为资产负债率，定义为总负债/总资产；Stdocf 为经营现金流标准差，定义为公司前3年经营活动现金流量净额占总资产比例的标准差；Intangible 为无形资产，若公司有无形资产，定义为1，否则为0；Age 为公司上市年数，定义为公司自上市至研究年度时间的自然对数；Big4 为国际四大，若公司的会计师事务所为国际四大，定义为1，否则为0；Industry 为行业变量，定义为行业虚拟变量；Year 为年度变量，定义为年度虚拟变量。

表 6 – 15 报告了在垄断行业中，上市公司网络结构洞不同条件下，财务总监财务执行力对财务报告质量影响的 Heckman 两阶段回归结果。回归（1）至回归（4）中使用盈余管理标准差（StdEM）作为财务报告质量的衡量指标，报告了模型（Ⅰ）和模型（Ⅱ）的 Heckman 两阶段回归结果。在第一阶段模型（Ⅰ）Probit 模型的回归（1）和回归（3）中，本章把 CFOotherbd 和 CFOtenure 作为工具变量，同时控制其他影响财务总监财务执行力的因素。从表 6 – 15 可以看出，第二阶段模型（Ⅱ）的回归（2）和回归（4）中，IMR 均显著为正，说明均存在自选择问题。控制自选择效应后，在回归（2）网络结构洞丰富组中，CFOownbd 的回归系数为 – 0.113；而在回归（4）网络结构洞匮乏组中，CFOownbd 的回归系数为 – 0.093，且均在1% 的水平上显著。

借鉴连玉君等（2010）和姜付秀等（2016），本章进一步检验两组间 CFOownbd 的回归系数的差异性（经验 P 值为 0.15），发现两组间 CFOownbd 的回归系数不存在显著差异。

第6章 财务总监财务执行力与财务报告质量间关系的影响因素

表6-15 财务总监财务执行力与财务报告质量：基于垄断行业中上市公司网络结构洞的差异

	(1) 第一阶段 DV = CFOownbd	(2) 第二阶段 DV = StdEM	(3) 第一阶段 DV = CFOownbd	(4) 第二阶段 DV = StdEM
	网络结构洞丰富		网络结构洞匮乏	
CFOownbd		-0.113***		-0.093***
		(-2.64)		(-2.98)
Indep	-1.132	0.015	-4.632***	0.021
	(-0.72)	(0.39)	(-3.54)	(0.39)
Mw			-0.374	-0.024
			(-0.69)	(-1.38)
Mb	0.073	-0.009	-0.652*	-0.037***
	(0.16)	(-0.77)	(-1.77)	(-3.28)
Size	-0.082	-0.011***	-0.102	-0.013***
	(-1.00)	(-4.47)	(-1.49)	(-5.99)
Lev	1.457***	0.054**	0.684**	0.063***
	(2.94)	(2.43)	(2.17)	(4.52)
Stdocf	1.150	0.291***	3.500**	0.399***
	(0.49)	(4.25)	(2.21)	(5.25)
Intangible	-0.397	0.003	1.256**	0.034**
	(-0.74)	(0.15)	(2.27)	(2.27)
Age	0.357*	0.025***	0.065	0.008**
	(1.88)	(4.53)	(0.49)	(2.12)
Big4	0.063	0.005	0.659***	0.017**
	(0.27)	(0.84)	(3.01)	(2.01)
Intercept	0.289	0.241***	1.254	0.300***
	(0.15)	(4.20)	(0.76)	(5.42)

续表

	(1)	(2)	(3)	(4)
	第一阶段	第二阶段	第一阶段	第二阶段
	DV = $CFOownbd$	DV = $StdEM$	DV = $CFOownbd$	DV = $StdEM$
	网络结构洞丰富		网络结构洞匮乏	
$CFOotherbd$	0.071		-0.417	
	(0.19)		(-0.68)	
$CFOtenure$	0.132		0.375***	
	(0.81)		(2.71)	
IMR		0.065***		0.056***
		(2.59)		(3.06)
Year	控制	控制	控制	控制
Industry	控制	控制	控制	控制
N	438	438	641	641
调整的 R^2		0.210		0.264
F 值		6.67***		10.244***
经验 P 值		0.15		

注：***、**、* 分别表示在 1%、5%、10% 水平上显著；"经验 P 值"用于检验组间 $CFOownbd$ 系数差异的显著性，通过基于似无相关模型的检验方法得到；回归 (1) 和回归 (3) 括号中的值为经过稳健性修正的 Z 统计量，回归 (2) 和回归 (4) 括号中的值为经过稳健性修正的 T 统计量；表中回归结果的模型分别如下：

(1) $\Pr(CFOownbd = 1) = \alpha_0 + \alpha_1 CFOtenure + \alpha_2 CFOotherbd + \alpha_i Controls + \varepsilon$
（网络结构洞丰富组）

(2) $StdEM = \alpha_0 + \alpha_1 CFOownbd + \alpha_2 IMR + \alpha_i Controls + \varepsilon$ （网络结构洞丰富组）

(3) $\Pr(CFOownbd = 1) = \alpha_0 + \alpha_1 CFOtenure + \alpha_2 CFOotherbd + \alpha_i Controls + \varepsilon$
（网络结构洞匮乏组）

(4) $StdEM = \alpha_0 + \alpha_1 CFOownbd + \alpha_2 IMR + \alpha_i Controls + \varepsilon$ （网络结构洞匮乏组）

其中，$CFOownbd$ 为财务总监财务执行力，若财务总监进入公司董事会担任内部董事，定义为 1，否则为 0；$CFOtenure$ 财务总监任期为工具变量，定义为财务总监任

第6章 财务总监财务执行力与财务报告质量间关系的影响因素

职年限的自然对数;CFOotherbd 财务总监外部董事为工具变量,若财务总监在其他公司董事会担任董事为1,否则为0;StdEM 为盈余管理标准差,定义为操纵性应计标准差和应计质量标准差的平均值;IMR 为逆米尔斯比。Controls 为各控制变量,定义如下:Indep 为董事会独立性,定义为独立董事人数/董事总人数;Mw 为内部控制重大缺陷,若上市公司披露内部控制重大缺陷,定义为1,否则为0;Mb 为账面市值比率,定义为权益的市场价值/普通股的账面价值;Size 为公司规模,定义为总资产的自然对数;Lev 为资产负债率,定义为总负债/总资产;Stdocf 为经营现金流标准差,定义为公司前3年经营活动现金流量净额占总资产比例的标准差;Intangible 为无形资产,若公司有无形资产,定义为1,否则为0;Age 为公司上市年数,定义为公司自上市至研究年度时间的自然对数;Big4 为国际四大,若公司的会计师事务所为国际四大,定义为1,否则为0;Industry 为行业变量,定义为行业虚拟变量;Year 为年度变量,定义为年度虚拟变量。

上述回归结果表明,在垄断行业中,丰富的上市公司网络结构洞没有显著提升财务总监财务执行力对企业财务报告质量的积极作用。这可能是因为垄断行业本身已经具备信息与网络优势、市场垄断优势、生产垄断优势以及规模经济优势等,丰富的上市公司网络结构洞带来的增量利好并不显著。

综合表6-13、表6-14和表6-15,本章发现,从行业竞争情况来看,相对于竞争性行业,财务总监财务执行力在垄断行业中发挥了更大的作用,对财务报告质量的提升作用也更大。从上市公司网络结构洞来看,相对于垄断行业,竞争性行业中上市公司网络结构洞越丰富,财务总监财务执行力发挥的作用更大,对财务报告质量的提升作用更大,支持了假说 H6.7。

这在一定程度上启示竞争性行业,由于竞争性行业缺乏垄断行业本身已经具备信息与网络优势、市场垄断优势、生产垄断优势以及规模经济优势等,因而若想显著提升财务总监财务执行力对财务报告质量的积极作用,可采取措施丰富上市公司网络结构洞。

6.4 外部法律环境视角

1. 理论分析与研究假设

法律环境主要包括企业的税务法规和财务法规,它是影响企业财务行为的重要因素。我国法律体系还较不健全,较多依赖政策和制度的主导作用,在一定程度上存在很多监管漏洞和执法腐败现象。在此背景下,投资者保护在公司治理体系中就显得尤为重要。现有研究发现,好的法律环境有助于公司治理和公司融资活动,法律环境的改善能够显著提升公司治理透明度(Bushman 等,2004),进一步地,法律环境越差、投资者法律保护越弱,代理冲突也就越高,更容易发生内部人的侵占行为(La Porta 等,1997;2002;Demirguc – Kunt 和 Maksimovic,1999)。投资者保护法律环境的改善能够显著提高企业会计稳健性,进而提高企业的财务报告质量(Bushman 等,2011)。

肖作平(2009)研究发现,法律环境好的地区的上市公司短期债务相对较多、长期债务相对较少。黄继承等(2014)研究发现,法律环境主要通过债务融资方式这一路径加速资本结构动态调整,且在投资者保护立法事件后,这种因果关系显著增大。全怡和姚振晔(2015)以独立董事兼职数量和任职年限度量独立董事的任职经验,研究发现,具有较高任职经验的独立董事更好的发挥了监督作用,且上市公司所在地区较好的法律环境能够强化这一作用。杨有红等(2011)研究发现,法律环境差异能够显著影响上市公司内部控制信息披露,进一步研究发现,法律环境与政府管制在影响上市公司内部控制信息披露方面存在替代作用,这表明法律环境与政府管制在影响企业财务报告质量方面也存在替代作用。赵玉洁(2013)研究发现,良好的法律环境能够显著抑制企业正向盈余管理水平,进而提升财务报告质量。肖鹏文(2016)研究发现,良好的法律环境能够显著提升会计信息披露质量,进而提升企业财务报告质量,并在此基础上强调了健全法律体制和强化执法力度的重要性。上述研究一致认为,法律环境越好,财务报告质量越高。

上市公司所处省份的法律环境是检验财务总监财务执行力对财务报告质量的重要因素。上市公司所处法律环境越好时,财务总监制度和公司内部治理机制往往也更加完善。在法律环境较好的制度环境下,上市公司代理冲突有所缓解,财务总监在公司治理中的权力和作用也相对较高,财务总监财务执行力也相对较高,由此财务总监可以更加高效的履行其财务职责。一方面,财务总监进入董事会担任内部董事,其财务执行力的提升能够提高公司内部治理机制的有效性,降低信息不对称程度,从而提高财务报告质量。另一方面,较好的法律环境能够有效保障各项监督监管政策的有效落实,财务总监在法律监管机制的约束下,会更加谨慎的权衡违规成本与违规收益[1],也会在声望的压力与激励下,更加积极主动的提高履行财务职责,提高财务报告质量。基于上述,本章提出假说6.8:

H6.8:上市公司所处省份法律环境越好的企业,其财务总

---

[1] 借鉴陆瑶等(2012)、陆瑶和胡江燕(2017)所采用的"公司违规成本与收益分析"的方法,公司在决定是否进行违规时,主要考虑违规所带来的收益(由G表示)及违规成本(由C表示)之差。当G−C>0时,则总经理及管理层有动力进行违规。其中,G = SL + EA,即违规收益包含了违规行为使管理层免于因为公司亏损等而遭受的薪酬损失SL,以及通过违规行为可以为管理层自身带来的额外资产收益EA(如高管的内幕交易等行为的获益)。而C = p × PC + CC,PC为公司违规被稽查后管理层会面临的罚款、离职、行政处分等一系列可能的处罚成本,而p则为违规后会被稽查出的概率,CC为公司违规时管理层所需的沟通协调成本。

监财务执行力对财务报告质量的促进作用越强。

2. 变量定义

借鉴樊纲等（2011）和"中国市场化指数 2015 年报告"，本章使用市场化指数中的"中介组织发育和法律制度环境指数（主要包括市场中介组织的发育、对生产者合法权益的保护、知识产权保护以及消费者权益保护四个方面）"来度量法律环境（LE）。具体地，为分组检验不同法律环境下财务总监财务执行力对财务报告质量影响，本章设置了法律环境哑变量，若上市公司所在省份当年"中介组织发育和法律制度环境指数"大于中位数，定义为 1（$High\_LE$），否则为 0（Low_LE）。具体定义详见表 4 – 1。

3. 单变量分析

表 6 – 16 列示了区分法律环境的单变量分析结果，主要报告了法律环境好和法律环境差两种情境下下各自的平均值、标准差以及平均值差异的显著程度。从表 6 – 16 可以看出，在区分法律环境后，本章初步发现，相比法律环境差的企业，法律环境好的企业，其财务总监进入董事会担任内部董事的比例显著较低、财务总监外部董事比例显著较高、财务总监任期显著较长、成长性显著较高、公司规模显著较大、资产负债率显著较低、亏损年数比重显著较小、经营现金流标准差显著较小、盈余管理柔性显著较大、无形资产显著较大、公司上市年数显著较短、选择国际四大的可能性显著较大、总资产报酬率显著较高。

此外，因变量为盈余管理标准差（$StdEM$）时，相比法律环境差的企业，法律环境好的企业盈余管理水平均相对较低，财务报告质量均相对较高，且均在 1% 的水平上显著。这与本章的预期一致，但考虑到结果没有控制其他因素和内生性问题的影响，仅仅是单变量分析结果，更为稳健的结果有待表 6 – 17 的回归

第6章 财务总监财务执行力与财务报告质量间关系的影响因素分析。

表6-16 单变量分析：区分法律环境

	High_LE		Low_LE		Diff.
	Mean	Sd	Mean	Sd	Mean
StdEM	0.063	0.058	0.070	0.062	-0.006***
CFOownbd	0.252	0.434	0.268	0.443	-0.016**
CFOotherbd	0.019	0.136	0.014	0.119	0.004**
CFOtenure	1.465	0.475	1.418	0.483	0.047***
Indep	0.370	0.053	0.370	0.052	0.0004
Mw	0.005	0.067	0.005	0.073	-0.001
Mb	0.519	0.250	0.539	0.255	-0.020***
Size	21.991	1.301	21.903	1.266	0.088***
Lev	0.446	0.211	0.503	0.221	-0.057***
Proploss	0.075	0.173	0.121	0.215	-0.046***
Stdsales	0.107	0.117	0.108	0.114	-0.001
Stdocf	0.051	0.044	0.054	0.046	-0.003***
Inv_Rec	0.287	0.178	0.259	0.181	0.028***
Intangible	0.975	0.156	0.967	0.179	0.008***
Age	2.140	0.668	2.334	0.575	-0.193***
Big4	0.084	0.277	0.036	0.187	0.048***
Roa	0.045	0.058	0.031	0.067	0.014***

注：***、**、*分别表示在1%、5%以及10%水平上显著。

4. 财务总监财务执行力与财务报告质量：基于法律环境的差异

表6-17报告了区分法律环境下财务总监财务执行力与企业财务报告质量的Heckman两阶段回归结果。

表 6-17　财务总监财务执行力与财务报告质量：基于法律环境的差异

	(1) 第一阶段 DV = CFOownbd	(2) 第二阶段 DV = StdEM	(3) 第一阶段 DV = CFOownbd	(4) 第二阶段 DV = StdEM
	法律环境好		法律环境差	
CFOownbd		-0.035***		-0.027**
		(-3.52)		(-2.42)
Indep	-1.424***	0.018*	-2.184***	-0.005
	(-4.21)	(1.83)	(-6.69)	(-0.37)
Mw	-0.200	0.003	-0.137	-0.005
	(-0.74)	(0.34)	(-0.62)	(-0.87)
Mb	0.247**	-0.013***	-0.110	-0.024***
	(2.07)	(-3.42)	(-1.05)	(-6.63)
Size	-0.050**	-0.000	-0.034	-0.000
	(-2.17)	(-0.53)	(-1.58)	(-0.30)
Lev	0.038	0.031***	-0.038	0.032***
	(0.32)	(5.90)	(-0.38)	(7.15)
Proploss	-0.132	0.036***	0.331***	0.033***
	(-1.07)	(6.76)	(3.28)	(7.13)
Stdsales	-0.150	0.021***	-0.115	0.040***
	(-0.94)	(2.94)	(-0.75)	(5.24)
Stdocf	1.324***	0.892***	1.310***	0.845***
	(3.15)	(46.07)	(3.40)	(40.15)
Inv_Rec	-0.223*	0.000	-0.248**	0.007
	(-1.76)	(0.07)	(-2.19)	(1.59)
Intangible	-0.125	-0.006	0.041	-0.000
	(-1.06)	(-1.38)	(0.44)	(-0.08)

第6章 财务总监财务执行力与财务报告质量间关系的影响因素

续表

	(1) 第一阶段 DV=CFOownbd	(2) 第二阶段 DV=StdEM	(3) 第一阶段 DV=CFOownbd	(4) 第二阶段 DV=StdEM
	法律环境好		法律环境差	
Age	-0.073**	0.002***	-0.016	0.003***
	(-2.37)	(2.74)	(-0.50)	(2.61)
Big4	-0.083	-0.011***	0.163*	-0.005**
	(-1.14)	(-6.52)	(1.79)	(-2.28)
Roa	-0.146	0.064***	0.450	0.078***
	(-0.37)	(2.85)	(1.40)	(3.96)
Intercept	0.177	0.020	0.681	0.019
	(0.34)	(1.07)	(1.59)	(1.07)
CFOotherbd	0.028		0.549***	
	(0.23)		(4.35)	
CFOtenure	0.366***		0.287***	
	(8.70)		(7.24)	
IMR		0.022***		0.016**
		(3.73)		(2.38)
Year	控制	控制	控制	控制
Industry	控制	控制	控制	控制
N	6556	6556	7057	7057
调整的 R^2		0.591		0.534
F 值		110.43***		89.22***

注：***、**、*分别表示在1%、5%、10%水平上显著；回归（1）和回归（3）括号中的值为经过稳健性修正的 Z 统计量，回归（2）和回归（4）括号中的值为经过稳健性修正的 T 统计量；表中回归结果的模型分别如下：

（1）$\Pr(CFOownbd=1) = \alpha_0 + \alpha_1 CFOtenure + \alpha_2 CFOotherbd + \alpha_i Controls + \varepsilon$

（法律环境好组）

(2) $StdEM = \alpha_0 + \alpha_1 CFOownbd + \alpha_2 IMR + \alpha_i Controls + \varepsilon$ （法律环境好组）

(3) $\Pr(CFOownbd = 1) = \alpha_0 + \alpha_1 CFOtenure + \alpha_2 CFOotherbd + \alpha_i Controls + \varepsilon$

（法律环境差组）

(4) $StdEM = \alpha_0 + \alpha_1 CFOownbd + \alpha_2 IMR + \alpha_i Controls + \varepsilon$ （法律环境差组）

其中，$CFOownbd$ 为财务总监财务执行力，若财务总监进入公司董事会担任内部董事，定义为 1，否则为 0；$CFOtenure$ 财务总监任期为工具变量，定义为财务总监任职年限的自然对数；$CFOotherbd$ 财务总监外部董事为工具变量，若财务总监在其他公司董事会担任董事为 1，否则为 0；$StdEM$ 为盈余管理标准差，定义为操纵性应计标准差和应计质量标准差的平均值；IMR 为逆米尔斯比。$Controls$ 为各控制变量，定义如下：$Indep$ 为董事会独立性，定义为独立董事人数/董事总人数；Mw 为内部控制重大缺陷，若上市公司披露内部控制重大缺陷，定义为 1，否则为 0；Mb 为账面市值比率，定义为权益的市场价值/普通股的账面价值；$Size$ 为公司规模，定义为总资产的自然对数；Lev 为资产负债率，定义为总负债/总资产；$Proploss$ 为亏损年数比重，定义为公司前 3 年中亏损年数所占的比重；$Stdsales$ 为营业收入标准差，定义为公司前 3 年营业收入占总资产比例的标准差；$Stdocf$ 为经营现金流标准差，定义为公司前 3 年经营活动现金流量净额占总资产比例的标准差；Inv_Rec 为盈余管理柔性，定义为（存货 + 应收账款）/ 总资产；$Intangible$ 为无形资产，若公司有无形资产，定义为 1，否则为 0；Age 为公司上市年数，定义为公司自上市至研究年度时间的自然对数；$Big4$ 为国际四大，若公司的会计师事务所为国际四大，定义为 1，否则为 0；Roa 为总资产报酬率，定义为净利润 / 平均资产总额；$Industry$ 为行业变量，定义为行业虚拟变量；$Year$ 为年度变量，定义为年度虚拟变量。

表 6 - 17 使用盈余管理标准差（$StdEM$）作为财务报告质量的衡量指标，分别报告了法律环境好组和法律环境差组模型（Ⅰ）和模型（Ⅱ）的 Heckman 两阶段回归结果。在第一阶段模型（Ⅰ）Probit 回归（1）和回归（3）中，本章把 $CFOotherbd$ 和 $CFOtenure$ 作为影响财务总监财务执行力（$CFOownbd$）的外生变量，同时控制其他影响财务总监财务执行力的因素。从表 6 - 17 可以看出，第二阶段模型（Ⅱ）的回归（2）和回归（4）结果显示，IMR 均显著为正，说明均存在自选择问题。控

制自选择效应后，回归（2）法律环境好组中财务总监财务执行力（$CFOownbd$）的系数为 -0.035，且在 1% 的水平上显著；回归（4）法律环境差组中财务总监财务执行力（$CFOownbd$）的系数为 -0.027，且在 5% 的水平上显著。这表明，处于法律环境好的地区中的上市公司，财务总监财务执行力每提高 1 个单位，盈余管理水平会下降 0.035 个单位，企业财务报告质量会提高 0.035 个单位；而处于法律环境差的地区的上市公司，财务总监财务执行力每提高 1 个单位，盈余管理水平会下降 0.027 个单位，企业财务报告质量会提高 0.027 个单位。验证了本章的预期：外部法律环境越好，财务总监财务执行力对企业财务报告质量的促进作用越强。

综合表 6-17 的回归（1）至回归（4），本章发现，上市公司所处省份的法律环境越好，财务总监财务执行力企业盈余管理水平的抑制作用越大，对企业财务报告质量的促进作用显著越强，支持了假说 H6.8。

6.5 本章结论与启示

本章以 2008~2015 年全部 A 股非金融类上市公司作为研究样本，采用盈余管理标准差（$StdEM$）变量替代衡量财务报告质量，实证检验了静态资源异质性（包括企业性质、财务总监变更、融资需求和企业生命周期）、动态的社会网络（包括上市公司网络中心度和上市公司网络结构洞）以及上市公司所处省份的法律环境对财务总监财务执行力与企业财务报告质量之间关系的影响，实证研究结论如下：

第一，从静态的资源异质性视角看：（1）与非国有企业相比，在国有企业中，财务总监财务执行力对财务报告质量的积极作用更大；（2）与发生财务总监变更的企业相比，在未发生财务总监变更的企业中，财务总监财务执行力对财务报告质量的提升作用更加显著；（3）与融资需求较高的企业相比，在融资需求较低的企业中，财务总监财务执行力对财务报告质量的提升作用更加显著；（4）在企业生命周期的不同阶段，财务总监财务执行力都显著提升了财务报告质量，且与处于成长期、衰退期的企业相比，在处于成熟期的企业中，财务总监财务执行力对财务报告质量的促进作用更强。

第二，从动态的社会网络视角看：（1）上市公司网络中心度越高，财务总监财务执行力对财务报告质量的促进作用越大；（2）上市公司网络结构洞越丰富，财务总监财务执行力对财务报告质量的促进作用越大；（3）从行业竞争情况来看，相对于竞争性行业，财务总监财务执行力在垄断行业中发挥了更大的作用，对财务报告质量的提升作用也更大；从上市公司网络结构洞来看，相对于垄断行业，竞争性行业中上市公司的网络结构洞越丰富，财务总监财务执行力对财务报告质量的促进作用越大。

第三，从外部法律环境视角看，上市公司所处省份的法律环境越好，财务总监财务执行力企业盈余管理水平的抑制作用越大，对企业财务报告质量的促进作用越强。

本章的研究结论具有较为重要的理论与现实意义：

第一，从我国独特的制度背景研究了企业性质和企业生命周期对财务总监财务执行力与财务报告质量之间关系的影响，丰富了中国制度背景下财务总监制度与财务总监职责相关研究，为制定适合我国国情的财务总监制度提供了理论依据。

第二，从财务总监变更、融资需求、企业生命周期、上市公司网络位置（包括上市公司网络中心度和上市公司网络结构洞）

第6章 财务总监财务执行力与财务报告质量间关系的影响因素

以及法律环境不同视角探究财务总监财务执行力与企业财务报告质量间关系的影响因素，在一定程度上丰富财务总监财务执行力经济后果领域的研究，也为我国财务总监制度建设和完善提供理论借鉴依据。已有文献主要从财务总监薪酬和企业过度投资等静态的资源异质性视角研究财务总监财务执行力的经济后果，与已有文献不同。首先，本章从融资需求和企业生命周期等静态的资源异质性视角研究财务总监财务执行力与企业财务报告质量间关系的影响因素；其次，本章从上市公司网络中心度和上市公司网络结构洞这一动态的社会网络视角研究财务总监财务执行力与财务报告质量间关系的影响因素；再次，本章从外部法律环境视角研究财务总监财务执行力与财务报告质量间关系的影响因素，进一步丰富跨学科领域的相关影响因素和经济后果研究。

第三，从法律环境视角探究了财务总监财务执行力与财务报告质量间关系的影响因素，丰富了中国本土化特色的研究。

研究结论、政策建议与研究展望

本章是全文结论与建议,结构安排如下:第一部分为研究结论,主要对本书的理论研究和实证研究的主要研究结论进行归纳;第二部分为政策建议,根据财务总监财务执行力对财务报告质量的积极作用、作用机制以及影响因素等实证研究结论,针对财务总监自身、企业管理者、会计准则制定机构以及政府监管部门提出相关政策建议;第三部分为研究局限,主要从变量问题、内容问题以及数据可得性问题这三个方面探究了本书存在的研究局限;第四部分为研究展望。

7.1 研究结论

关于财务总监财务执行力的经济后果与财务报告质量间关系的影响因素问题,本书主要从四个方面对该问题进行了研究。第一,从史证角度系统梳理了上市公司财务报告质量相关制度的演进历程,从理论层面探究了财务总监财务执行力对企业财务报告质量可能的影响。第二,从实证角度检验了财务总监财务执行力对企业财务报告质量的作用方向上究竟是提升作用还是毁损后果,主要从盈余管理视角进行研究。第三,从实证角度探讨了财务总监财务执行力影响企业财务报告质量的潜在机制,主要从吸引分析师跟踪、提高社会地位这两个方面检验了财务总监财务执行力对财务报告质量的作用路径。第四,从实证角度探究了影响财务总监财务执行力与财务报告质量之间关系的因素,主要从静态的资源异质性视角(包括企业性质、财务总监变更、融资需求和企业生命周期)、动态的社会网络视角(包括上市公司网络中心度和上市公司网络结构洞)以及外部法律环境这三个角度进行研究。

1. 财务报告质量制度变迁与财务总监制度的发展历程

本章首先从史证角度对美国和中国上市公司财务报告质量相关制度的演进历程进行了梳理,在此基础上概括出我国上市公司财务报告质量的演变规律,即我国上市公司的财务报告环境围绕着公司与利益相关者的信息不对称程度和信息披露行为展开,我国上市公司供给的财务报告质量是企业内部环境以及资本市场外部环境所导致的需求变化的结果。其次,本章阐述并分析了信息不对称理论和委托代理理论,从理论层面探究了财务总监财务执行力对企业财务报告质量可能的负向影响;紧接着,本章阐述并分析了友好董事会理论、管家理论、社会网络理论、能力理论以及激励理论,从理论层面探究了财务总监财务执行力对企业财务报告质量可能的正向影响。

本章主要具有以下两方面的作用:

第一,本章从史证角度阐述并分析了财务报告质量相关制度的演进历程以及其内在逻辑,为理解财务报告质量的影响因素与财务总监财务执行力的经济后果提供了新的视角，也为评价现有我国财务总监制度的合理性和有效性奠定了理论基础；

第二，本章从史证角度阐述财务报告质量和财务总监制度的制度背景，为后文财务总监财务执行力经济后果与财务报告质量影响因素的实证检验奠定了理论基础。

2. 财务总监财务执行力与财务报告质量总体特征

本章以 2008～2015 年全部 A 股非金融类上市公司作为研究对象，实证检验了财务总监财务执行力对财务报告质量的作用方向。借鉴 Bedard 等（2014）和向锐（2015）等研究，以财务总监进入董事会担任内部董事作为财务总监具有财务执行力的度量，采用盈余管理标准差（$StdEM$）变量替代衡量财务报告质量。盈余管理标准差（$StdEM$）越大，财务报告质量越低。同时，为了控制内生性问题对研究结论的影响，采用财务总监外部董事（$CFOotherbd$）和财务总监任期（$CFOtenure$）作为外生工具变量，并运用 Heckman（1979）两阶段自选择矫正模型进行回归，实证检验了财务总监财务执行力对财务报告质量的作用方向。

本章的主要研究结论为：相比财务总监未进入董事会担任内部董事的企业，财务总监进入董事会担任内部董事的企业的盈余管理水平显著更低（盈余管理标准差显著更低），财务报告质量显著更高。

在进行了一系列稳健性测试后，上述研究结论仍然成立。

3. 财务总监财务执行力对财务报告质量的作用机制

本章以 2008～2015 年全部 A 股非金融类上市公司作为研究样本，以财务总监进入董事会担任内部董事作为财务总监具有财务执行力的度量，采用盈余管理标准差（$StdEM$）变量替代衡量财务报告质量，从财务总监财务执行力吸引分析师跟踪、提高社会地位这两个方面检验了其影响财务报告质量的潜在机制。本章的主要研究结论如下：

第一，分析师跟踪数量越多、信息不对称程度越低时，财务总监财务执行力与财务报告质量两者间的正向关系越强，即财务总监财务执行力对财务报告质量的正向关系在分析师跟踪数量较多的企业中更加显著，这表明，财务总监财务执行力有利于吸引分析师跟踪，降低企业的信息不对称程度，从而有利于企业财务报告质量的提高；

第二，财务总监排名越高、财务总监社会地位越高时，财务总监财务执行力与财务报告质量两者间的正向关系越强，即财务总监财务执行力对财务报告质量的正向关系在财务总监社会地位较高的企业中更加显著，表明，财务总监财务执行力有利于提高财务总监自身的社会地位，从而有利于企业财务报告质量的提高。

在进行了一系列稳健性测试后，上述研究结论仍然成立。

4. 财务总监财务执行力与财务报告质量间关系的影响因素

在证实财务总监财务执行力对财务报告质量的作用方向以及作用机制的基础上，本章以 2008～2015 年全部 A 股非金融类上市公司作为研究样本，采用盈余管理标准差变量替代衡量财务报告质量，实证检验了静态资源异质性（包括企业性质、财务总监变更、融资需求和企业生命周期）、动态的社会网络（包括上市公司网络中心度和上市公司网络结构洞）以及外部法律环境对财务总监财务执行力与财务报告质量之间关系的影响。本章的主要研究结论如下：

第一，从静态的资源异质性视角看，（1）与非国有企业相比，在国有企业中，财务总监财务执行力对财务报告质量的积极作用更大；（2）与发生财务总监变更的企业相比，在未发生财务总监变更的企业中，财务总监财务执行力对财务报告质量的提升作用更加显著；（3）与融资需求较高的企业相比，在融资需求较低的企业中，财务总监财务执行力对财务报告质量的提升作用更加显著；（4）在企业生命周期的不同阶段，财务总监财务执行力都显著提升了财务报告质量，且与处于成长期、衰退期的企业相比，在处于成熟期的企业中，财务总监财务执行力对财务报告质量的促进作用更强；

第二，从动态的社会网络视角看，（1）上市公司网络中心度越高，财务总监财务执行力对财务报告质量的促进作用越大；（2）上市公司网络结构洞越丰富，财务总监财务执行力对财务报告质量的促进作用越大；（3）从行业竞争情况来看，相对于竞争性行业，财务总监财务执行力在垄断行业中发挥了更大的作用，对财务报告质量的提升作用也更大；从上市公司网络结构洞来看，相对于垄断行业，竞争性行业中上市公司的网络结构洞越丰富，财务总监财务执行力对财务报告质量的促进作用越大；

第三，从外部法律环境视角看，上市公司所处省份的法律环境越好，财务总监财务执行力企业盈余管理水平的抑制作用越大，对财务报告质量的促进作用显著越强。

概而言之，本书的研究结论为：财务总监财务执行力能够显著提升财务报告质量，其作用机制为，财务总监财务执行力能够吸引分析师跟踪、提高社会地位，从而有利于提高财务报告质量。进一步研究发现，在融资需求越低、上市公司网络中心度越高、上市公司网络结构洞越丰富、上市公司所处省份的法律环境越好这四种情境下，财务总监财务执行力对财务报告质量的促进作用越强；此外，在企业性质为国有企业、企业未发生财务总监变更这两种情境下，财务总监财务执行力对财务报告质量的促进作用越强；在企业生命周期的不同阶段，财务总监财务执行力都显著提升了财务报告质量,且在成熟期的企业中,财务总监财务执行力对财务报告质量的促进作用更强。

7.2 政策建议

从上述研究结论可以看出,财务总监财务执行力能够显著提升财务报告质量,并且能够通过吸引分析师跟踪、提高社会地位进而提升财务报告质量。因此,提升财务总监财务执行力将具有重要的理论意义和现实意义。本书提出如下几点政策建议:

第一,对于财务总监自身而言,在进行财务报告审阅与审查时,应当时刻督促自身提升职业道德水平以及专业素质和综合素质,以能够坚守职业道德的同时兼顾专才与通才,充分履行受托责任,确保提供高质量的企业财务报告,增强投资者的决策有用性并保护投资者的利益。只有财务总监同时兼备职业道德、专才与通才,其进入董事会担任内部董事才能够发挥更好的效用,即财务总监财务执行力能够起到"锦上添花"甚至是"雪中送炭"的作用,使其在高总经理权力的干预下、面临高融资需求或被变更时,依然能够履行自身应尽的财务报告质量监管职责。

第二,对于企业管理者而言,应当借鉴国外先进财务总监制度,并基于我国特殊的国情以及制度背景,建立并完善良好的财务总监制度和公司治理机制,通过提升财务总监在上市公司年报中的排名进而提升财务总监的权力和地位,树立财务总监的财务权威,将财务总监的职能明确定位为咨询职能和监督职能,以达到财务总监与总经理相互支撑、相互监督的均衡状态,从而达到提高企业财务报告质量、进而提升企业管理的效果。从实践操上提升财务总监在上市公司年报中高管人员的排名次序,推动财务总监进入董事会担任内部董事,这不仅能够促使财务总监具备财务执行力,使得财务总监更好的执行监督职能,降低被非正常变更的风险,还能够使财务总监的咨询职能得到企业最大效用的采纳,从而能够更大程度的提高企业财务报告质量。此外,企业管理者可以聘任在多个董事会任职的独立董事。这样可以提升上市公司的网络位置(Fama 和 Jensen,1983)。即提高了上市公司网络中心度,丰富了上市公司网络结构洞;同时,上市公司网络中心度越高、上市公司网络结构洞越丰富,财务总监财务执行力对企业财务报告质量的积极作用越强,这不仅可以提升财务总监财务执行的积极作用,还能使具有较好网络位置企业内的独立董事与财务总监财务执行力之间达到咨询职能互补、监督职能权衡,以抑制财务总监财务执行力的"双刃剑"效用中的消极作用。

第三,对于会计准则制定机构而言,应当充分认识到财务总监财务执行力对财务报告质量的积极作用。可以根据企业财务总监财务执行力的具体情况,合理确定企业的财务报告质量水平。由于我国尚未建立起完善的财务总监制度,现有的财务总监制度将流于形式,不具备较强的约束力。因而,本书提请会计准则制定机构考虑,将财务总监制度上升至会计准则高度(例如可要求董事会成员中必须由财务总监进入董事会担任内部董事,或者要求董事会成员中必须有一名会计财务专业人员),使其具备准则约束力,以更好的发挥财务总监财务执行力的积极作用。

第四,对于政府监管部门而言,通过推动并发展财务总监进入董事会担任内部董事来提升上市公司的财务报告质量,通过建立健全法律体系促使财务总监财务执行力发挥更大的作用。在代理冲突的作用下,财务总监财务执行力仍然有可能表现出消极作用,即可能损害企业财务报告质量。基于此,本书提请政府监管部门考虑,通过推动并发展财务总监进入董事会担任内部董事来提升上市公司的财务报告质量，且可侧重于在非国有企业上市公司中推动并发展财务总监进入董事会担任内部董事，从而更加有效地提高资本市场资源配置效率、保护投资者利益。与此同时，政府监管部门可以从公司治理层面进一步细分财务总监的职责与定位，充分权衡并发挥财务总监的咨询职能和监督职能，以合理确定财务总监财务执行力的区间范围（例如，可以根据企业生命周期，在企业成熟期推动财务总监进入董事会担任内部董事，这样可使财务总监财务执行力对财务报告质量的积极作用达到最大化），这不仅有助于完善我国资本市场制度建设，还有助于促进监管资源的优化配置。此外，政府监管部门可以通过健全法律体系并加强执法力度，进而为上市公司营造出良好的法律环境，以此促使财务总监财务执行力能够发挥更大的作用，即在更大程度上提升企业财务报告质量。

7.3 研究局限

尽管本书研究有一定的探索性发现，但仍存在一定的局限，主要表现在：

第一，变量问题。虽然本书根据向锐（2015）的相关研究将财务总监进入董事会担任内部董事（Bedard 等，2014）定义为财务总监财务执行力，但不可忽视的是，财务总监财务执行力是向锐（2015）根据 Bedard 等（2014）的研究成果首次提出并界定，本书借鉴向锐（2015）定义财务总监财务执行力进而研究其对企业财务报告质量的影响，因该变量未经大量研究检验，可能存在一定的噪音。

第二，内容问题。本书仅从吸引分析师跟踪、提高社会地位这两个方面检验了财务总监财务执行力提升财务报告质量的具体作用机制，远未涵盖作用机制的全部，因而可能会遗漏一些重要机制。此外，本书仅从静态的资源异质性视角（包括企业性质、财务总监变更、融资需求和企业生命周期）、动态的社会网络视角（包括上市公司网络中心度和上市公司网络结构洞）以及上市公司所处外部环境视角（法律环境）探究了这些不同因素影响财务总监财务执行力与财务报告质量之间关系的新路径，远未涵盖影响因素的全部，可能会导致遗漏一些更有价值的观察角度。

第三，数据可得性问题。由于独立董事更有可能和更有条件在多个董事会任职，而财务总监进入董事会且在多个董事会任职的可能性较小，相应的样本数量也较少。因而，受制于数据可得性以及笔者运用大型社会网络数据分析软件 PAJEK 的熟练程度，本书尚未构建出财务总监进入董事会担任内部董事的网络中心度和网络结构洞。基于此，本书仅从独立董事的网络位置探究了上市公司网络中心度以及上市公司网络结构洞对财务总监财务执行力与财务报告质量之间关系的影响。

笔者将在后续研究中努力克服上述研究局限。

7.4　研究展望

基于本书实证研究以及上述研究局限，笔者认为，至少有以下的四个研究内容值得进行深入探究：

第一，非上市公司财务总监财务执行力与财务报告质量的研究。本书仅以全部 A 股上市公司作为研究样本，实证研究了财务总监财务执行力对财务报告质量的影响。然而在我国制度背景

第7章　研究结论、政策建议与研究展望

下,非上市公司数量在财务信息批露要求、融资渠道、政策扶持力度方面都弱于上市公司,而且非上市公司的数量占比更多。基于此,以我国非上市公司作为研究样本,实证研究财务总监财务执行力的经济后果以及财务报告质量的影响因素,预期将会有一些新发现,并借此揭示一些新问题。

第二,财务总监财务执行力经济后果的多视角深入研究。现有文献仅从过度投资视角检验了财务总监财务执行力的经济后果,尚未发现从债务融资成本、股权融资成本、投资不足以及企业投资羊群行为等四个视角来考察财务总监财务执行力的经济后果方面的研究,也未发现探究财务总监财务执行力对过度投资、债务融资成本、股权融资成本、投资不足以及企业投资羊群行为等因素的作用机制的研究文献。此外,还可以从高管薪酬、成本费用粘性、并购以及税收政策等方面研究财务总监财务执行力的经济后果。

第三,基于重大改革事件的研究。中国资本市场中的重大改革事件能够提供很好的自然实验机会,能够在一定程度上缓解研究中存在的内生性问题。例如,我国2005年以前A股市场长期处于股权分置的状态,这种制度背景下的中国上市公司股利政策与国外股利政策存在重大区别,研究财务总监财务执行力对股利政策的影响将具有重要的理论和现实意义;再比如,鉴于财务总监财务执行力与财务报告质量之间可能存在的内生性问题,2009年1月1日起实施的增值税全面转型改革,以及2016年5月1日起全面实行的营改增政策,也为这一研究提供了很好的自然实验机会。

第四,具有中国本土化特色的研究。现有关于财务总监财务执行力经济后果以及财务报告质量影响因素的研究,大多是在借鉴国外研究成果的基础上进行的,致使缺乏具有中国本土化特色

的研究。中国的制度（例如，中国的养老金制度）以及中国的文化（例如，诚信文化）等具有鲜明的本土化特征，研究中国的制度以及中国的文化对财务总监财务执行力与财务报告质量的影响因素以及经济后果，将具有重要的理论意义和实践意义。

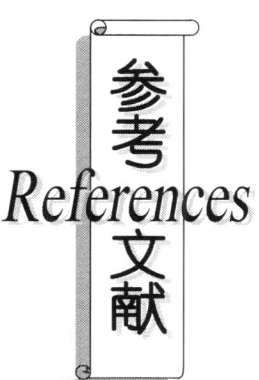

References

[1] Abbott, L. J., Daugherty, B., Parker, S. and Peters, G. F. Internal audit quality and financial reporting quality: the joint importance of independence and competence. *Journal of Accounting Research* 54 (1), 2016, 3~40.

[2] Abbott, L. J., Parker, S. and Peters, G. F. Audit committee characteristics and restatements. *Auditing: A Journal of Practice and Theory* 23 (1), 2004, 69~87.

[3] Adams, R. B. and Ferreira, D. A theory of friendly boards. *The Journal of Finance* 62 (1), 2007, 217~250.

[4] Adams, R. B., Hermalin, B. E. and Weisbach, M. S. The role of board of directors in corporate governance: a conceptual framework and survey. *Journal of Economic Literature* 48 (1), 2010, 58~107.

[5] Agrawal, A. and Chadha, S. Corporate governance and

accounting scandals. *The Journal of Law and Economics* 48 (2), 2005, 371~406.

[6] Agrawal, A. and Cooper, T. Insider trading before accounting scandals. *Journal of Corporate Finance* 34, 2015, 169~190.

[7] Aier, J. K., Comprix, J., Gunlock, M. T. and Lee, D. The financial expertise of CFOs and accounting restatements. *Accounting Horizons* 19 (3), 2005, 123~135.

[8] Alali, F. and Cao, L. International financial reporting standards – credible and reliable? an overview. *Advances in Accounting* 26 (1), 2010, 79~86.

[9] Al-Shetwi, M., Ramadili, S. M., Chowdury, T. H. S. and Sori, Z. M. Impact of internal audit function (IAF) on financial reporting quality (FRQ): evidence from Saudi Arabia. *African Journal of Business Management* 5 (27), 2011, 11189~11198.

[10] Altamuro, J. and Beatty, A. How does internal control regulation affect financial reporting? *Journal of Accounting and Economics* 49 (1), 2010, 58~74.

[11] Ang, J. S., Cole, R. A. and Lin, J. W. Agency cost and ownership structure. *Journal of Finance* 55 (1), 2000, 81~106.

[12] Anthony, J. H. and Ramesh, K. Association between accounting performance measures and stock prices. *Journal of Accounting and Economics* 15 (2~3), 1992, 203~227.

[13] Armstrong, C. S., Guay, W. R. and Weber, J. P. The role of information and financial reporting in corporate governance and debt contracting. *Journal of Accounting and Economics* 50 (2),

2010, 179 ~ 234.

[14] Ashbaugh – Skaife, H. , Collins, D. W. , Kinney, W. R. and Lafond, R. The effect of SOX internal control deficiencies on firm risk and cost of equity. *Journal of Accounting Research* 47 (1), 2009, 1 ~ 43.

[15] Badertscher, B. A. , Phillips, J. D. , Pincus, M. and Rego, S. O. , Earnings management strategies and the trade – off between tax benefits and detection risk: to conform or not to conform? *The Accounting Review* 84 (1), 2009, 63 ~ 97.

[16] Bardhan, I. , Lin, S. and Wu, S. L. The quality of internal control over financial reporting in family firms. *Accounting Horizons* 29 (1), 2015, 41 ~ 60.

[17] Barth, Mary E. Commentary on prospects for global financial reporting. *Accounting Perspectives* 14 (3), 2015, 154 ~ 167.

[18] Barton, J. and Waymire, G. Investor protection under unregulated financial reporting. *Journal of Accounting and Economics* 38 (1 ~ 3), 2004, 65 ~ 116.

[19] Barua, A. , Davidson, L. F. , Rama, D. V. and Thiruvadi, S. CFO gender and accruals quality. *Accounting Horizon* 24 (1), 2010, 25 ~ 39.

[20] Beasley, M. S. An empirical analysis of the relation between the board of director composition and financial statement fraud. *The Accounting Review* 71 (4), 1996, 443 ~ 465.

[21] Beck, M. J. and Mauldin, E. G. Who's really in charge? audit committee versus CFO power and audit fees. *The Accounting Review* 89 (6), 2014, 2057 ~ 2085.

[22] Bedard, J. C. , Hoitash, R. and Hoitash, U. Chief Fi-

nancial Officers as inside directors. *Contemporary Accounting Research* 31 (3), 2014, 787~817.

[23] Behn, B. K., Choi, J. -H. and Kang, T. Audit quality and properties of analyst earnings forecasts. *The Accounting Review* 83 (2), 2008, 327~349.

[24] Beneish, M. D., Hopkins, P. E., Jansen, I. P. and Martin, R. D. Do auditor resignations reduce uncertainty about the quality of firms' financial reporting? *Journal of Accounting and Public Policy* 24 (5), 2005, 357~390.

[25] Bentley, K. A., Omer, T. C. and Sharp, N. Y. Business strategy, financial reporting irregularities and audit effort. *Contemporary Accounting Research* 30 (2), 2013, 780~817.

[26] Bergstresser, D. and Philippon, T. CEO incentives and earnings management. *Journal of Financial Economics* 80 (3), 2006, 511~529.

[27] Beuselinck, C. and Manigart, S. Financial reporting quality in private equity backed companies: the impact of ownership concentration. *Small Business Economics* 29 (3), 2007, 261~274.

[28] Biddle, G. C., Hilary, G. and Verdi, R. S. How does financial reporting quality relate to investment efficiency? *Journal of Accounting and Economics* 48 (2), 2009, 112~131.

[29] Billings, A., Gao, X. and Jia, Y. CEO and CFO equity incentives and the pricing of audit services. *Auditing: A Journal of Practice and Theory* 33 (2), 2014, 1~25.

[30] Bishop, C. C., DeZoort, F. T. and Hermanson, D. R. The effect of CEO social influence pressure and CFO accounting experience on CFO financial reporting decisions. *Auditing: A Journal of*

Practice and Theory 36 (1), 2017, 21 ~41.

[31] Botti, L., Boubaker, S., Hamrouni, A. and Solonandrasana, B. Corporate governance efficiency and internet financial reporting quality. *Review of Accounting and Finance* 13 (1), 2014, 43 ~63.

[32] Brickley, J. A. and Zimmerman, J. L. Corporate governance myths: comments on Armstrong, Guay and Weber. *Journal of Accounting and Economics* 50 (2), 2010, 235 ~245.

[33] Bushman, R. M., Piotroski, J. D. and Smith, A. J. Capital allocation and timely accounting recognition of economic losses, *Journal of Business Finance and Accounting* 38 (1 ~2), 2011, 1 ~33.

[34] Bushman, R. M., Piotroski, J. D. and Smith, A. J. What determines corporate transparency? *Journal of Accounting Research* 42 (2), 2004, 207 ~252.

[35] Campbell, J. L., Hansen, J., Simon, C. A. and Smith, J. L. Audit committee stock options and financial reporting quality after the Sarbanes - Oxley act of 2002. *Auditing: A Journal of Practice and Theory* 34 (2), 2015, 91 ~120.

[36] Cao, J., Chen, F. and Higgs, J. L. Late for a very important date: financial reporting and audit implications of late 10 - K filings. *Review of Accounting Studies* 21 (2), 2016, 633 ~671.

[37] Cao, Y., Myers, L. A. and Omer, T. C. Does company reputation matter for financial reporting quality: evidence from restatements. *Contemporary Accounting Research* 29 (3), 2012, 956 ~990.

[38] Chan, A. L. C., Ding, R. and Hou, W. X. Does mutual fund ownership affect financial reporting quality for Chinese pri-

vately-owned enterprises? *International Review of Financial Analysis* 36, 2014, 131~140.

[39] Chan, K. H., Lin, K. Z. and Tang, F. Tax effects of book-tax conformity, financial reporting incentives and firm size. *Journal of International Accounting Research* 12 (2), 2013, 1~25.

[40] Chandar, N., Chang, H. and Zheng, X. Does overlapping membership on audit and compensation committees improve a firm's financial reporting quality? *Review of Accounting and Finance* 11 (2), 2012, 141~165.

[41] Chang, X., Dasgupta, S. and Hilary, G. Analyst coverage and financing decisions. *Journal of Finance* 61 (6), 2006, 3009~3048.

[42] Chava, S. and Purnanandam, A. CEOs versus CFOs: incentives and corporate policies. *Journal of Financial Economics* 97 (2), 2010, 263~278.

[43] Chen, C. J. P., Su, X. J. and Wu, X. Forced audit firm change, continued partner-client relationship and financial reporting quality. *Auditing: A Journal of Practice and Theory* 28 (2), 2009, 227~246.

[44] Chen, H. F., Tang, Q. L., Jiang, Y. H. and Lin, Z. J. The role of international financial reporting standards in accounting quality: evidence from the European union. *Journal of International Financial Management and Accounting* 21 (3), 2010, 220~278.

[45] Cheng, M., Dhaliwal, D. and Zhang, Y. Does investment efficiency improve after the disclosure of material weaknesses in internal control over financial reporting? *Journal of Accounting and Economics* 56 (1), 2013, 1~18.

[46] Cheung, E., Evans, E. and Wright, S. An historical review of quality in financial reporting in Australia. *Pacific Accounting Review* 22 (2), 2010, 147~169.

[47] Chi, W., Dhaliwal, D., Li, O. Z. and Lin, T. -H. Voluntary reporting incentives and reporting quality: evidence from a reporting regime change for private firms in Taiwan. *Contemporary Accounting Research* 30 (4), 2013, 1462~1489.

[48] Cho, K., Kwon, K., Yi, H. and Yun, Y. The effect of international financial reporting standards adoption on the relation between earnings quality and information asymmetry in Korea. *Emerging Markets Finance and Trade* 51 (sup 3), 2015, 95~117.

[49] Choi, T. H. and Pae, J. Business ethics and financial reporting quality: evidence from Korea. *Journal of Business Ethics* 103 (3), 2011, 403~427.

[50] Christ, M. H., Masli, A., Sharp, N. Y. and Wood, D. A. Rotational internal audit programs and financial reporting quality: do compensating controls help? *Accounting, Organizations and Society* 44, 2015, 37~59.

[51] Cohen, J. R., Ding, Y., Lesage, C. and Stolowy, H. Corporate fraud and managers' behavior: evidence from the press. *Journal of Business Ethics* 95, 2010, 271~315.

[52] Cohen, J. R., Hoitash, U., Krishnamoorthy, G. and Wright, A. M. The effect of audit committee industry expertise on monitoring the financial reporting process. *The Accounting Review* 89 (1), 2014, 243~273.

[53] Cohen, J., Krishnamoorthy, G. and Wright, A. The corporate governance mosaic and financial reporting quality. *Journal of*

Accounting Literature 23 (7S), 2004, 87 ~ 152.

[54] Coles, J. L., Daniel, N. D. and Naveen, L. Boards: does one size fit all? *Journal of Financial Economics* 87 (2), 2008, 329 ~ 356.

[55] Collins, D., Masli, A., Reitenga, A. L. and Sanchez, J. M. Earnings restatements, the Sarbanes - Oxley Act and the disciplining of Chief financial Oficers. *Journal of Accounting, Auditing and Finance* 24 (1), 2009, 1 ~ 34.

[56] Cornett, M. M., NcNutt, J. J. and Tehranian, H. Corporate governance and earnings management at large U. S. bank holding companies. *Journal of Corporate Finace* 15 (4), 2009, 412 ~ 430.

[57] Custódio, C. and Metzger, D. Financial expert CEOs: CEO's work experience and firm's financial policies. *Journal of Financial Economics* 114 (1), 2014, 125 ~ 154.

[58] DeAngelo, L. E. Auditor independence, 'low balling' and disclosure regulation. *Journal of Accounting and Economics* 3 (2), 1981, 113 ~ 127.

[59] Dechow, P., Ge, W. and Schrand, C. Understanding earnings quality: a review of the proxies, their determinants and their consequences. *Journal of Accounting and Economics* 50 (2), 2010, 344 ~ 401.

[60] Dehaan, E., Hodge, F. and Shevlin, T. Does voluntary adoption of a clawback provision improve financial reporting quality? *Contemporary Accounting Research* 30 (3), 2013, 1027 ~ 1062.

[61] Demerjian, P., Lev, B. and McVay, S. E. Quantifying managerial ability: a new measure and validity tests. *Management Sci-*

ence 58 (7), 2012, 1229~1248.

[62] Demirguc-Kunt, A. and Maksimovic, V. Institutions, financial markets and firm debt maturity. *Journal of Financial Economies* 54 (3), 1999, 295~336.

[63] Deshmukh, S., Goel, A. M. and Howe, K. M. CEO overconfidence and dividend policy. *Journal of Financial Intermediation* 22 (3), 2013, 440~463.

[64] Dhaliwal, D., Hogan, C., Trezevant, R. and Wilkins, M. Intenal control disclosures, monitoring and the cost of debt. *The Accounting Review* 86 (4), 2011, 1131~1156.

[65] Dhaliwal, D., Naiker, V. and Navissi, F. The association between accruals quality and the characteristics of accounting experts and mix of expertise on audit committees. *Contemporary Accounting research* 27 (3), 2010, 787~827.

[66] Dichev, I. D., Graham, J. R., Harvey, C. R. and Rajgopal, S. Earnings quality: evidence from the field. *Journal of Accounting and Economics* 56 (2~3), 2013, 1~33.

[67] Donegan, J. J. and Ganon, M. W. 2008. Strain, differential association and coercion: insights from the criminology literature on causes of accountant's misconduct. *Accounting and the Public Interest* 8, 2008, 1~20.

[68] Dowdell, T. D., Herda, D. N. and Notbohm, M. A. Do management reports on internal control over financial reporting improve financial reporting? *Research in Accounting Regulation* 26 (1), 2014, 104~109.

[69] Doyle, J. T., Ge, W. and Mcvay, S. Accruals quality and internal control over financial reporting. *The Accounting Review* 82

(5), 2007a, 1141~1170.

[70] Doyle, J., Ge, W. and McVay, S. Determinants of weaknesses in internal control over financial reporting. *Journal of Accounting and Economics* 44 (1~2), 2007b, 193~223.

[71] Duchin, R., Matsusaka, J. G. and Ozbas, O. When are outside directors effective? *Journal of Financial Economics* 96 (2), 2010, 195~214.

[72] Duong, L. and Evans, J. CFO compensation: evidence from Australia. *Pacific - Basin Finance Journal* 35, 2015, 425~443.

[73] Elayan, F. A., Li, J., Liu, Z. F., Meyer, T. O. and Felton, S. Changes in the covalence ethical quote, financial performance and financial reporting quality. *Journal of Business Ethics* 134 (3), 2016, 369~395.

[74] Faleye, O., Hoitash, R. and Hoitash, U., The costs of intense board monitoring. *Journal of Financial Economics* 101 (1), 2011, 160~181.

[75] Fan, J. P. H. and Wong, T. J. Corporate ownership structure and the informative of accounting earnings in east Asia. *Journal of Accounting and Economics* 33 (3), 2002, 401~425.

[76] Farber, D. B. Restoring trust after fraud: does corporate governance matter? *The Accounting Review* 80 (2), 2005, 539~561.

[77] Feldmann, D. A., Read, W. J. and Abdolmohammadi, M. J. Financial restatements, audit fees and the moderating effect of CFO turnover. *Auditing: A Journal of Practice and Theory* 28 (1), 2009, 205~223.

[78] Feng, M., Ge, W., Luo, S. and Shevlin, T. Why do CFOs become involved in material accounting manipulations? *Journal of Accounting and Economics* 51 (1), 2011, 21~36.

[79] Ferris, S., Jagannathan, M. and Pritchard, A. Too busy to mind the business? monitoring by directors with multiple board appointments. *Journal of Finance* 58 (3), 2003, 1087~1112.

[80] Fich, E. M. and Shivdasani, A. Are busy boards effective monitors? *Journal of Finance* 61 (2), 2006, 689~724.

[81] Fich, E. M. and Shivdasani, A. Financial fraud, director reputation and shareholder wealth. *Journal of Financial Economics* 86 (2), 2007, 306~336.

[82] Field, L., Lowry, M. and Mkrtchyan, A. Are busy boards detrimental? *Journal of Financial Economics* 109 (1), 2013, 63~82.

[83] Filip, A., Labelle, R. and Rousseau, S. Legal regime and financial reporting quality? *Contemporary Accounting Research* 32 (1), 2015, 280~307.

[84] Finkelstein, S. Power in top management teams: dimensions, measurement, and validation. *Academy of Management Journal* 35 (3), 1992, 505~538.

[85] Focke, F., Maug, E. and Niessen-Ruenzi A. The impact of firm prestige on executive compensation. *Journal of Financial Economics* 123 (2), 2017, 313~336.

[86] Forker, J. J. Corporate governance and disclosure quality. *Accounting and Business Research* 22 (86), 1992, 111~124.

[87] Francis, B. B., Hasan, I. and Wu, Q. The impact of CFO gender on bank loan contracting. *Journal of Accounting, Audi-*

ting and Finance 28 (1), 2011, 53~78.

[88] Francis, B. B., Hasan, I., Wu, Q. and Yan, M. Are female CFOs less tax aggressive? Evidence from tax aggressiveness. *The Journal of the American Taxation Association* 36 (2), 2014, 171~202.

[89] Francis, J., LaFond, R., Olsson, P. and Schipper, K. The market pricing of accruals quality. *Journal of Accounting and Economics* 39 (2), 2005, 295~327.

[90] Friedman, H. L. Implications of power: When the CEO can pressure the CFO to bias reports. *Journal of Accounting and Economics* 58 (1), 2014, 117~141.

[91] Gaeremynck, A., Van Der Meulen, S. and Willekens, M. Audit-firm portfolio characteristics and client financial reporting quality. *European Accounting Review* 17 (2), 2016, 243~270.

[92] Galinsky, A. D., Magee, J. C., Gruenfeld, D. H., Whitson, J. A. and Liljenquist, K. A. Power reduces the press of the situation: implications for creativity, conformity and dissonance. *Journal of Personality and Social Psychology* 95 (6), 2008, 1450~1466.

[93] Garrett, J., Hoitash, R. and Prawitt, D. F. Trust and financial reporting quality. *Journal of Accounting Research* 52 (5), 2014, 1087~1125.

[94] Geagon, M. S. and Hayes, J. V. Earnings management and the quality of the financial reporting. *Perspectives of Innovations Economics and Business* 8 (2), 2011, 45~48.

[95] Geiger, M. A. and North, D. S. Does hiring a new CFO change things? an investigation of changes in discretionary accruals.

The Accounting Review 81 (4), 2006, 781~809.

[96] Ghosh, A. A. and Tang, C. Y. Assessing financial reporting quality of family firms: the auditors' perspective. *Journal of Accounting and Economics* 60 (1), 2015, 95~116.

[97] Gillan, S. L. Recent development in corporate governance: an overview. *Journal of Corporate Finance* 12 (3), 2006, 381~402.

[98] Gillett, P. and Uddin, N. CFO intentions of fraudulent financial reporting. *Auditing: A Journal of Practice and Theory* 24 (1), 2005, 55~75.

[99] Graham, J. R., Harvey, C. R. and Rajgopal, S. The economic implications of corporate financial reporting. *Journal of Accounting and Economics* 40 (1), 2005, 3~73.

[100] Guedj, I. and Barnea, A. 2009. Director networks. *Working Paper*, University of Texas at Austin.

[101] Gurd, B. and Thomas, J. Family business management: contribution of the CFO. *International Journal of Entrepreneurial Behavior and Research* 18 (3), 2012, 286~304.

[102] Habib, A. Non-audit service fees and financial reporting quality: a meta-analysis. *Abacus* 48 (2), 2012, 214~248.

[103] Habib, A. and Bhuiyan, M. Overlapping membership on audit and compensation committees and financial reporting quality. *Australian Accounting Review* 26 (1), 2016, 76~90.

[104] Habib, A. and Jiang, H. Corporate governance and financial reporting quality in China: a survey of recent evidence. *Journal of International Accounting, Auditing and Taxation* 24, 2015, 29~45.

[105] Haislip, J. Z., Masli, A., Richardson, V. J. and Watson, M. W. External reputational penalties for CEOs and CFOs following information technology material weaknesses. *International Journal of Accounting Information Systems* 17, 2015, 1~15.

[106] Han, J., Zhang, J. and Han, J. CFO as a strategic partner of the CEO: relational demography and firm financial performance. *Journal of Business and Management* 21 (1), 2015, 59~76.

[107] Hanlon, M., Hoopes, J. L. and Shroff, N. The effect of tax authority monitoring and enforcement on financial reporting quality. *Journal of the American Taxation Association* 36 (2), 2014, 137~170.

[108] Hartmann, F. G. H. and Maas, V. S. Why business unit controllers create budget slack: involvement in management, social pressure and machiavellianism. *Behavioral Research in Accounting* 22 (2), 2010, 27~49.

[109] Hasan, M. S. and Omar, N. How do we assess the quality of corporate financial reporting? a methodological issue. *The Ieb International Journal of Finance* 13, 2016, 2~17.

[110] Hassan, S. U. Adoption of International financial reporting standards and earnings quality in the Nigerian deposit money banks. *The Business and Management Review* 5 (3), 2014, 223.

[111] Hassan, S. U. Determinants of financial reporting quality: an in-depth study of firm structure. *Journal of Modern Accounting and Auditing* 8 (11), 2012, 1656~1672.

[112] Hassan, S. U. Financial reporting quality, does monitoring characteristics matter? an empirical analysis of Nigerian manufacturing sector. *The Business and Management Review* 3 (2), 2013,

147~161.

[113] He, G. The effect of CEO inside debt holdings on financial reporting quality. *Review of Accounting Studies* 20 (1), 2015, 501~536.

[114] Healy, P. M. and Palepu, K. G. Information asymmetry, corporate disclosure and the capital markets: a review of the empirical disclosure literature. *Journal of Accounting and Economics* 31 (1), 2001, 405~440.

[115] Hennes, K. M., Leone, A. J. and Miller, B. P. The importance of distinguishing errors from irregularities in restatement research: The case of restatements and CEO/CFO turnover. *The Accounting Review* 83 (6), 2008, 1487~1520.

[116] Hiebl, M. R. W. Non-family CFOs in family businesses: do they fit? *Journal of Business Strategy* 34 (2), 2013, 45~51.

[117] Hillman, A. J., Nicholson, G. and Shropshire, C. Directors' multiple role identities, identification and board monitoring and resource provision. *Organization Science* 19 (3), 2008, 441~456.

[118] Hoitash, R., Hoitash, U. and Johnstone, K. Internal control material weaknesses and CFO compensation. *Contemporary Accounting Research* 29 (3), 2012, 768~803.

[119] Hoitash, U., Hoitash, R. and Bedard, J. C. Corporate governance and internal control over financial reporting: a comparison of regulatory regimes. *The Accounting Review* 84 (3), 2009, 839~867.

[120] Huang, H. W., Rosegreen, E. and Lee, C. C. CEO

age and financial reporting quality. *Accounting Horizons* 26 (4), 2012, 725~740.

[121] Huang, H., Lee, E., Lyu, C. and Zhu, Z. The effect of accounting academics in the boardroom on the value relevance of financial reporting information. *International Review of Financial Analysis* 45, 2016, 18~30.

[122] Hui, K. W. and Matsunaga, S. R. Are CEOs and CFOs rewarded for disclosure quality? *The Accounting Review* 90 (3), 2015, 1013~1047.

[123] Iatridis, G. International Financial reporting standards and the quality of financial statement information. *International Review of Financial Analysis* 19 (3), 2010, 193~204.

[124] Imhof, M. Firm location and financial reporting quality. *Academy of Accounting and Financial Studies Journal* 19 (1), 2015, 133~159.

[125] Indjejikian, R. and Matějka, M. CFO fiduciary responsibilities and annual bonus incentives. *Journal of Accounting Research* 47 (4), 2009, 1061~1093.

[126] Jamal, K. and Tan, H. T. Joint Effects of principles – based versus rules – based standards and auditor type in constraining financial managers' aggressive reporting. *The Accounting Review* 85 (4), 2010, 1325~1346.

[127] Jian, M. and Lee, K. W. Does CEO reputation matter for capital investments? *Journal of Corporate Finance* 17 (4), 2011, 929~946.

[128] Jiang, J., Petroni, K. and Wang, I. Y. CFOs and CEOs: Who has the most influence on earnings management? *Journal*

of *Financial Economics* 96 (3), 2010, 513~526.

[129] Johl, S. K., Johl, S. K., Subramaniam, N. and Cooper, B. Internal audit function, board quality and financial reporting quality: evidence from Malaysia. *Managerial Auditing Journal* 28 (9), 2013, 780~814.

[130] Johnson, V. E., Khurana, I. K. and Reynolds, J. K. Audit – firm tenure and the quality of financial reports. *Contemporary Accounting Research* 19 (4), 2002, 637~660.

[131] Kantudu, A. S. and Samaila, I. A. Board characteristics, independent audit committee and financial reporting quality of oil marketing firms: evidence from Nigeria. *Journal of Finance, Accounting and Management* 6 (2), 2015, 34~50.

[132] Khanna, N. and A. Poulson. Managers of financially distressed firms: villains or scapegoats? *Journal of Finance* 50 (3), 1995, 919~940.

[133] Khanna, V., Kim, E. H. and Lu, Y. CEO connectedness and corporate fraud. *The Journal of Finance* 70 (3), 2015, 1203~1252.

[134] Kim, J. B., Li, Y. and Zhang, L. CFOs versus CEOs: equity incentives and crashes. *Journal of Financial Economics* 101 (3), 2011, 713~730.

[135] Kim, K., Mauldin, E. and Patro, S. Outside directors and board advising and monitoring performance. *Journal of Accounting and Economics* 57 (2~3), 2014, 110~131.

[136] Kimbrough, M. D. and Wang, I. Y. Are seemingly self – serving attributions in earnings press releases plausible: empirical evidence? *The Accounting Review* 89 (2), 2014, 635~667.

[137] Kinney, W. R., Palmrose, Z. -V. and Scholz, S. Auditor independence, non - audit services and restatements: was the U. S. government right? *Journal of Accounting Research* 42 (3), 2004, 561~588.

[138] Klein, A. Audit committee, board of director characteristics and earnings Management. *Journal of Accounting and Economics* 33 (3), 2002, 375~400.

[139] Kobelsky, K., Lim, J. -H. and Jha, R. The impact of performance - based CEO and CFO compensation on internal control quality. *Journal of Applied Business Research* 29 (3), 2013, 913~933.

[140] Koh, K., Rajgopal, S. and Srinivasan, S. Non - audit services and financial reporting quality: evidence from 1978 to 1980. *Review of Accounting Studies* 18 (1), 2013, 1~33.

[141] Kothari, S. P., Leone, A. J. and Wasley, C. E. Performance matched discretionary accrual measures. *Journal of Accounting and Economics* 39 (1), 2005, 163~197.

[142] Krishnan, G. V., Raman, K. K., Yang, K. and Yu, W. CFO/CEO - board social ties, Sarbanes - Oxley and earnings management. *Accounting Horizons* 25 (3), 2011a, 537~557.

[143] Krishnan, J. Audit committee quality and internal control: an empirical analysis. *The Accounting Review* 80 (2), 2005, 649~675.

[144] Krishnan, J., Wen Y. and Zhao, W. Legal expertise on corporate audit committees and financial reporting quality. *The Accounting Review* 86 (6), 2011b, 2099~2130.

[145] La Porta, R., Lopez - De - Silanes, F., Shleifer, A.

and Vishny, R. W. Legal determinants on external finance. *Journal of Finance* 52 (3), 1997, 1131~1150.

[146] La Porta, R. , Lopez – De – Silanes, F. , Shleifer, A. and Vishny, R. W. Investor protection and corporatevaluation. *Jounral of Finance* 57 (3), 2002, 1147~1170.

[147] Labelle, R. , Gargouri, R. and Francoeur, C. Erratum to: ethics, diversity management and financial reporting quality. *Journal of Business Ethics* 93 (2), 2010, 335~355.

[148] Lambert, R. , Leuz, C. and Verrecchia, R. Accounting information, disclosure and the cost of capital. *Journal of Accounting Reasearch* 45 (2), 2007, 385~420.

[149] Larcker, D. and T. O. Rusticus. On the use of instrumental variables in accounting research. *Journal of Accounting Economics* 49 (3), 2010, 186~205.

[150] Lennox, C. and Pittman, J. A. Big five audits and accounting fraud. *Contemporary Accounting Research* 27 (1), 2010, 209~247.

[151] Leone, A. J. and M. Liu. Accounting irregularities and executive turnover in founder – managed firms. *The Accounting Review* 85 (1), 2010, 287~314.

[152] Li, C. , Sun, L. and Ettredge, M. Financial executive qualifications, financial executive turnover and adverse SOX 404 opinions. *Journal of Accounting and Economics* 50 (1), 2010, 93~110.

[153] Ling, Q. and Neely, D. G. Charitable ratings and financial reporting quality evidence from the human service sector. *Journal of Public Budgeting, Accounting and Financial Management* 25 (1), 2013, 69~90.

[154] Litt, B., Sharma, D. S., Simpson, T. and Tanyi, P. N. Audit partner rotation and financial reporting quality. *Auditing: A Journal of Practice and Theory* 33 (3), 2014, 59~86.

[155] Liu, Y., Wei, Z. and Xie, F. CFO gender and earnings management: evidence from China. *Review of Quantitative Finance and Accounting* 46 (4), 2016, 881~905.

[156] Lopes, C. P., Cerqueira, A. M. and Brandao, E. The impact of European firms' economic conditions and financial performance on accounting quality. *Journal of Modern Accounting and Auditing* 6 (5), 2010, 22~36.

[157] Louis, H. Earnings management and the market performance of acquiring firms. *Journal of Financial Economics* 74 (1), 2004, 121~148.

[158] Loyeung, A. and Matolcsy, Z. CFO's accounting talent, compensation and turnover. *Accounting and Finance* 55 (4), 2015, 1105~1134.

[159] Madawaki, A. and Amran, N. A. Audit committees: how they affect financial reporting in Nigerian companies. *Journal of Modern Accounting and Auditing* 9 (8), 2013, 1070~1080.

[160] Markóczy, L., Li Sun, S., Peng, M. W., (Stone) Shi, W. and Ren, B. Social network contingency, symbolic management and boundary stretching. *Strategic Management Journal* 34 (11), 2013, 1367~1387.

[161] Masulis, R. W. and Mobbs, S. Are all inside directors the same? evidence from the external directorship market. *The Journal of Finance* 66 (3), 2011, 823~872.

[162] Mayer, R. C., J. Davis, J. H. and Schoorman, F. D.

An integrative model of organizational trust. *The Academy of Management Review* 20 (3), 1995, 709 ~ 734.

[163] Mayhew, B. W. and Murphy, P. R. The impact of authority on reporting behavior, rationalization and affect. *Contemporary Accounting Research* 31 (2), 2014, 420 ~ 443.

[164] McAnally, M. L., Srivastava, A. and Weaver, C. D. Executive stock options, missed earnings targets and earnings management. *The Accounting Review* 83 (1), 2008, 185 ~ 216.

[165] McDaniel, L., Martin, R. D. and Maines, L. A. Evaluating financial reporting quality: the effects of financial expertise vs. financial literacy. *The Accounting Review* 77 (s - 1), 2002, 139 ~ 167.

[166] Menon, K. and Williams, D. Management turnover following auditor resignations. *Contemporary Accounting Research* 25 (2), 2008, 567 ~ 604.

[167] Mergenthaler, R., S. Rajgopal and S. Srinivasan. 2012. CEO and CFO career penalties for missing quarterly analyst forecasts. *Working paper*, University of Iowa.

[168] Mian, S. On the choice and replacement of chief financial officers. *Journal of Financial Economics* 60 (1), 2001, 143 ~ 175.

[169] Myllymaki, E. R. The persistence in the association between Section 404 material weaknesses and financial reporting quality. *Auditing: A Journal of Practice and Theory* 33 (1), 2014, 93 ~ 116.

[170] Nagy, A. L. Section 404 compliance and financial reporting quality. *Accounting Horizons* 24 (3), 2010, 441 ~ 454.

[171] Palmrose, Z. - V. and Scholz, S. The accounting cau-

ses and legal consequences of non – GAAP reporting: evidence from restatements. *Contemporary Accounting Research* 21 (1), 2004, 139~180.

[172] Petersen, M. A. Estimating standard errors in finance panel data sets: comparing approaches. *The Review of Financial Studies* 22 (1), 2009, 435~480.

[173] Pomeroy, B. and Thornton, D. B. Meta – analysis and the accounting literature: the case of audit committee independence and financial reporting quality. *European Accounting Review* 17 (2), 2008, 305~330.

[174] Pu, D., Hong, Y. and Hsueh, M. H. Chief Financial Officers' power, institutional environment and corporate effective tax rate: evidence from China. *Emerging Markets Finance and Trade* 51 (Supplement 1), 196~213.

[175] Pyzoha, J. S. Why do restatements decrease in a clawback environment? an investigation into financial reporting executives' decision – making during the restatement process. *The Accounting Review* 90 (6), 2015, 2515~2536.

[176] Rakhman, F. *Earnings quality and CFO financial expertise*. The dissertation of Gadjah Mada University. 2009.

[177] Ravina, E. and Sapienza, P. What do independent directors know: evidence from their trading? *Review of Financial Studies* 23 (3), 2010, 962~1003.

[178] Rose, J. M., Mazza, C. R., Norman, C. S. and Rose, A. M. The influence of director stock ownership and board discussion transparency on financial reporting quality. *Accounting Organizations and Society* 38 (5), 2013, 397~405.

[179] Roychowdhury, S. Earnings Management through Real Activities Manipulation. *Journal of Accounting and Economics* 42 (3), 2006, 335~370.

[180] Safari, M., Cooper, B. J. and Dellaportas, S. The influence of remuneration structures on financial reporting quality: evidence from Australia. *Australian Accounting Review* 26 (1), 2016, 66~75.

[181] Samaha, K., Khlif, H. and Hussainey, K. The impact of board and audit committee characteristics on voluntary disclosure: a meta-analysis. *Journal of International Accounting, Auditing and Taxation* 24, 2015, 13~28.

[182] Shleifer, A. and Vishny, R. W. A survey of corporate governance. *The Journal of Finance* 52 (2), 1997, 737~783.

[183] Shoorvarzi, M. R. and Karami, F. Competition in a company's product market and the quality of financial reporting (evidences in Iran). *African Journal of Business Management* 7 (16), 2013, 1430~1435.

[184] Song, F. and Thakor, A. V. Information control, career concerns and corporate governance. *Journal of Finance* 61 (4), 2006, 1845~1896.

[185] Srinivasan, S. Consequences of financial reporting failure for outside directors: evidence from accounting restatements and audit committee members. *Journal of Accounting Research* 43 (2), 2005, 291~334.

[186] Sun, L. and Rakhman, F. CFO financial expertise and corporate social responsibility: evidence from S and P 500 companies. *International Journal of Law and Management* 55 (3), 2013,

161~172.

[187] Sun, L., Johnson, G. and Rakhman, F. CFO financial expertise and corporate governance concerns: evidence from S and P SmallCap 600 Index. *International Journal of Law and Management* 57 (6), 2015, 573~581.

[188] Sweeney, B., Arnold, D. and Pierce, B. The impact of perceived ethical culture of the firm and demographic variables on auditors' ethical evaluation and intention to act decisions. *Journal of Business Ethics* 93 (4), 2010, 531~551.

[189] Tanyi, P. N. and Smith, D. B. Busyness, expertise and financial reporting quality of audit committee chairs and financial experts. *Auditing: A Journal of Practice and Theory* 34 (2), 2015, 59~89.

[190] Tariverdi, Y., Moradzadehfard, M. and Rostami, M. The effect of earnings management on the quality of financial reporting. *African Journal of Business Management* 6 (12), 2012, 4603~4611.

[191] Tulimieri, P. and Banai, M. A new corporate paradigm: The CEO and CFO – a partnership of equals. *Organizational Dynamics* 39 (3), 2010, 240~247.

[192] Wang, W., Shin, Y. and Francis, B. B. Are CFOs' trades more informative than CEOs' trades? *Journal of Financial and Quantitative Analysis* 47 (4), 2012, 743~762.

[193] Wang, X. and Wu, M. The quality of financial reporting in China: an examination from an accounting restatement perspective. *China Journal of Accounting Research* 4 (4), 2011, 167~196.

[194] Weili G. E., Matsumoto, D. and Zhang, J. L. Do

CFOs have style? an empirical investigation of the effect of individual CFOs on accounting practices. *Contemporary Accounting Research* 28 (4), 2011, 1141~1179.

[195] Westphal, J. Collaboration in the board room: behavioral and performance consequences on CEO board social ties. *Academy of Management Journal* 42 (1), 1999, 7~24.

[196] Wilson, W. M. An empirical analysis of the decline in the information content of earnings following restatements. *The Accounting Review* 83 (2), 2008, 519~548.

[197] Wu, Q., Wang, P. and Yin, J. Audit committee, board characteristics and quality of financial reporting: an empirical research on Chinese securities market. *Frontiers of Business Research in China* 1 (3), 2007, 385~400.

[198] Xie, B., Davidson, W. N. and DaDalt, P. J. Earnings management and corporate governance: the role of the board and the audit committee. *Journal of Corporate Finance* 9 (3), 2003, 295~316.

[199] Xu, X., Li, Y. and Chang, M. Female CFOs and loan contracting: Financial conservatism or gender discrimination? – an empirical test based on collateral clauses. *China Journal of Accounting Research* 9 (2), 2016, 153~173.

[200] Young, A. Capital market frictions and conservative reporting: evidence from short selling constraints. *Finance Research Letters* 17 (C), 2016, 227~234.

[201] Zhang, Y., Zhou, J. and Zhou, N. Audit committee quality, auditor independence and internal control weaknesses. *Journal of Accounting and Public Policy* 26 (3), 2007, 300~327.

[202] 白重恩，刘俏，陆洲，宋敏，张俊喜．"中国上市公司治理结构的实证研究"，《经济研究》，2005年第2期，81~93．

[203] 蔡春，谢柳芳，马可哪呐．"高管审计背景、盈余管理与异常审计收费"，《会计研究》，2015年第3期，72~78．

[204] 蔡吉甫．"政治关联、盈余管理与审计师选择"，《当代财经》，2015年第11期，118~128．

[205] 陈沉，李哲，王磊．"管理层控制权、企业生命周期与真实盈余管理"，《管理科学》，2016年第4期，29~44．

[206] 陈钦源，马黎珺，伊志宏．"分析师跟踪与企业创新绩效——中国的逻辑"，《南开管理评论》，2017年第3期：15~27．

[207] 陈叶叶．"国内网络舆情治理研究的可视化分析——基于科学知识图谱的方法"，《情报科学》，2016年第11期，101~106．

[208] 陈悦，陈超美，胡志刚，王贤文．《引文空间分析原理与应用》，北京，科学出版社，2016，74~78．

[209] 陈运森．"社会网络与企业效率：基于结构洞位置的证据"，《会计研究》，2015年第1期，48~55．

[210] 陈运森，谢德仁．"网络位置、独立董事治理与投资效率"，《管理世界》，2011年第7期，113~127．

[211] 程新生，刘建梅，程悦．"相得益彰抑或掩人耳目：盈余操纵与MD&A中非财务信息披露"，《会计研究》，2015年第8期，11~18．

[212] 程新生，谭有超．"自愿披露可以提高财务透明度吗?"，《经济管理》，2013年第6期，95~102．

[213] 程新生，谭有超，刘建梅．"非财务信息，外部融资

与投资效率——基于外部制度约束的研究",《管理世界》,2012年第7期,137~150.

[214] 程新生,谭有超,许垒."公司价值、自愿披露与市场化进程",《金融研究》,2011年第8期,111~127.

[215] 崔学刚."公司治理机制对公司透明度的影响——来自中国上市公司的经验数据",《会计研究》,2004年第8期,72~80.

[216] 戴璐,汤谷良."财务负责人的公司治理角色与战略管理角色冲突——基于调查问卷的分析",《南京审计学院学报》,2009年第4期,6~10.

[217] 丁启军."行政垄断行业的判定及改革",《财贸研究》,2010年第5期,77~83.

[218] 董盈厚,侯铁建."基于IASB概念框架的可靠性质量特征之认识理性——一个经济学视角的分析与讨论",《会计研究》,2011年第1期,4~10.

[219] 杜胜利."构建CFO管理模型及其价值管理系统框架",《会计研究》,2004年第6期,36~41.

[220] 杜胜利,赵柳婷."中国上市公司CFO制度影响因素的实证分析",《中国工业经济》,2005年第5期,119~126.

[221] 杜胜利,周琪."上市公司CFO制度特征业绩相关性实证研究",《金融研究》,2009年第9期,135~142.

[222] 樊纲,王小鲁,朱恒鹏.《中国市场化指数:各地区市场化相对进程2011年报告》,北京,经济科学出版社,2011.

[223] 高雷,张杰."公司治理、资金占用与盈余管理",《金融研究》,2009年第5期,121~140.

[224] 葛家澍."创新与趋同相结合的一项准则——评我国新颁布的《企业会计准则——基本准则》",《会计研究》,2006

年第 3 期，3~6.

[225] 葛家澍，陈朝琳."财务报告概念框架的新篇章——评美国 FASB 第 8 号概念公告（2010 年 9 月）"，《会计研究》，2011 年第 3 期，3~8.

[226] 葛家澍，陈守德."财务报告质量评估的探讨"，《会计研究》，2001 年第 11 期，9~18.

[227] 葛家澍，刘峰."论企业财务报告的性质及其信息的基本特征"，《会计研究》，2011 年 12 期，3~8.

[228] 葛家澍，张金若."FASB 与 IASB 联合趋同框架（初步意见）的评介"，《会计研究》，2007 年第 2 期，3~10.

[229] 龚辉锋，茅宁."咨询董事、监督董事与董事会治理有效性"，《管理科学学报》，2014 年第 2 期，81~94.

[230] 韩冬雁."提升财务执行力的实践与探索"，《中国总会计师》，2014 年第 11 期，89~90.

[231] 郝振平，赵小鹿."公允价值会计涉及的三个层次基本理论问题"，《会计研究》，2010 年第 10 期，12~18.

[232] 何凡，张欣哲，郑珺."CEO 权力、CFO 背景特征与会计信息质量"，《中南财经政法大学学报》，2015 年第 5 期，108~116.

[233] 何威风，刘启亮."我国上市公司高管背景特征与财务重述行为研究"，《管理世界》，2010 年第 7 期，144~155.

[234] 贺建刚，孙铮，周友梅."金字塔结构审计质量和管理层讨论与分析——基于会计重述视角"，《审计研究》，2013 年第 6 期，68~75.

[235] 贺建刚，魏明海."控制权、媒介功用与市场治理效应：基于财务报告重述的实证研究"，《会计研究》，2012 年第 4 期，36~43.

[236] 侯剑华，胡志刚．"Citespace 软件应用研究的回顾与展望"，《现代情报》，2013 年第 4 期，99~103.

[237] 胡奕明，买买提依明·祖农．"关于税、资本收益与劳动所得的收入分配实证研究"，《经济研究》，2013 年第 8 期，29~41.

[238] 黄继承，朱冰，向东．"法律环境与资本结构动态调整"，《管理世界》，2014 年第 5 期，142~156.

[239] 黄琼宇，程敏英，黎文靖，魏明海．"上市方式、政治支持与盈余质量——来自中国家族企业的证据"，《会计研究》，2014 年第 7 期，43~49.

[240] 贾琬娇，洪剑峭，徐媛媛．"我国证券分析师实地调研有价值吗？——基于盈余预测准确性的一项实证研究"，《投资研究》，2015 年第 4 期，96~113.

[241] 江轩宇．"政府放权与国有企业创新——基于地方国企金字塔结构视角的研究"，《管理世界》，2016 年第 9 期，120~135.

[242] 姜付秀，石贝贝，李行天．"'诚信'的企业诚信吗？——基于盈余管理的经验证据"，《会计研究》，2015 年第 8 期，24~51.

[243] 姜付秀，伊志宏，苏飞，黄磊．"管理者背景特征与企业过度投资行为"，《管理世界》，2009 年第 1 期，130~139.

[244] 姜付秀，朱冰，唐凝．"CEO 和 CFO 任期交错是否可以降低盈余管理？"，《管理世界》，2013 年第 1 期，158~167.

[245] 姜国华，岳衡．"大股东占用上市公司资金与上市公司股票回报率关系的研究"，《管理世界》，2005 年第 9 期，119~126.

[246] 蒋琰．"权益成本、债务成本与公司治理：影响差异

性研究",《管理世界》,2009年第11期,144~155.

[247] 金智."社会规范、财务报告质量与权益资本成本",《金融研究》,2013年第2期,194~206.

[248] 金智."新会计准则、会计信息质量与股价同步性",《会计研究》,2010年第7期,19~26.

[249] 李青原,时梦雪."监督型基金与盈余质量——来自我国A股上市公司的经验证据",《南开管理评论》,2018年第1期,172~181.

[250] 李蕊爱,段如水."我国CFO制度实施中的问题及其改进",《经济管理》,2009年第1期,104~107.

[251] 李寿喜."产权、代理成本和代理效率",《经济研究》,2007年第1期,102~113.

[252] 李万福,林斌,刘春丽."内部控制缺陷异质性如何影响财务报告?——基于中国情境的经验证据",《财经研究》,2014年第6期,71~82.

[253] 李维安,牛建波,宋笑扬."董事会治理研究的理论根源及研究脉络评析",《南开管理评论》,2009年第1期,130~145.

[254] 李小荣,刘行."CEO vs CFO:性别与股价崩盘风险",《世界经济》,2012年第12期,102~129.

[255] 李晓玲,刘中燕."CFO持股对上市公司盈余管理的影响",《中南财经政法大学学报》,2016年第1期,82~88.

[256] 李云鹤,李湛,唐松莲."企业生命周期、公司治理与公司资本配置效率",《南开管理评论》,2011年第3期,110~121.

[257] 李振华,冯琼诗,林大庞."CFO股权激励与公司业绩:基于中国上市公司的实证研究",《企业经济》,2012年第5

期，176~179.

［258］李争光，赵西卜，曹丰，刘向强."机构投资者异质性与会计稳健性——来自中国上市公司的经验证据",《南开管理评论》,2015年第3期,111~121.

［259］连玉君，彭方平，苏治."融资约束与流动性管理行为",《金融研究》,2010年第10期,158~171.

［260］林斌，饶静."上市公司为什么自愿披露内部控制鉴证报告?——基于信号传递理论的实证研究",《会计研究》,2009年第2期,45~52.

［261］林大庞，苏冬蔚."CEO与CFO股权激励的治理效应之比较:基于盈余管理的实证研究",《南方经济》,2012年第6期,15~31.

［262］刘启亮，罗乐，张雅曼，陈汉文."高管集权、内部控制与会计信息质量",《南开管理评论》,2013年第1期,15~23.

［263］刘永丽."财务总监权力对会计稳健性影响的实证研究",《中国软科学》,2015年第4期,121~130.

［264］刘玉廷."严格遵守会计准则提供高质量财务报告认真履行社会责任",《会计研究》,2010年第1期,7~13.

［265］刘玉廷，王鹏，薛杰."企业会计准则实施的经济效果——基于上市公司2009年年度财务报告的分析",《会计研究》,2010年第6期,3~12.

［266］娄权."财务报告质量的决定:理论与实证",《企业经济》,2006年第2期,164~166.

［267］卢太平，张东旭."融资需求、融资约束与盈余管理",《会计研究》,2014年第1期,35~41.

［268］陆瑶，胡江燕;"CEO与董事间'老乡'关系对公

司违规行为的影响研究",《南开管理评论》,2016年第2期,52~62.

[269] 罗炜,朱春艳."代理成本与公司自愿性披露",《经济研究》,2010年第10期,143~155.

[270] 毛洪涛,沈鹏."我国上市公司CFO薪酬与盈余质量的相关性研究",《南开管理评论》,2009年第12期,82~93.

[271] 毛新述,戴德明."会计制度变迁与盈余稳健性:一项理论分析",《会计研究》,2008年第9期,26~32.

[272] 毛新述,王斌,林长泉,王楠."信息发布者与资本市场效率",《经济研究》,2013年第10期,69~81.

[273] 孟焰."会计的'模糊性'与CFO的'精明'",《财务与会计理财版》,2007年第12期,1.

[274] 宁美军,赵西卜,朱丽."上市公司网络位置、财务总监执行力与财务质量报告:基于独立董事的视角",《江西财经大学学报》,2018年第2期,48~58.

[275] 秦荣生."会计职业未来与CFO转型",《财会通讯》,2011年第2期,135~136.

[276] 邱昱芳,贾宁,吴少凡."财务负责人的专业能力影响公司的会计信息质量吗?——基于中国上市公司财务负责人专项调查的实证研究",《会计研究》,2011年第4期,61~67.

[277] 权小锋,吴世农."CEO权力强度、信息披露质量与公司业绩的波动性",《南开管理评论》,2010年第4期,142~153.

[278] 全怡,姚振晔."法律环境、独董任职经验与企业违规",《山西财经大学学报》,2015年第9期,76~89.

[279] 上海国家会计学院.《成为胜任的CFO:〈中国CFO能力框架〉研究报告》,北京,经济科学出版社,2006.

[280] 宋建波."会计控制论",中国人民大学博士学位论文,2000.

[281] 宋建波,高升好,关馨姣."机构投资者持股能提高上市公司盈余持续性吗？——基于中国 A 股上市公司的经验证据",《中国软科学》,2012 年第 2 期,128~138.

[282] 宋建波,田悦."管理层持股的利益趋同效应研究——基于中国 A 股上市公司盈余持续性的检验",《经济理论与经济管理》,2012 年第 12 期,99~109.

[283] 苏文兵,施建军,杨惠."CFO 变更与盈余管理",《经济与管理研究》,2010 年第 2 期,93~101.

[284] 孙刚."机构投资者持股动机的双重性与企业真实盈余管理",《山西财经大学学报》,2012 年第 6 期,114~124.

[285] 孙光国,郭睿."CFO 内部董事有助于董事会履行监督职能吗？",《会计研究》,2015 年第 11 期,27~33.

[286] 孙光国,杨金凤."财务报告质量评价研究：文献回顾,述评与未来展望",《会计研究》,2012 年第 3 期,31~38.

[287] 孙光国,杨金凤,郑文婧."财务报告质量评价：理论框架,关键概念,运行机制",《会计研究》,2013 年第 3 期,27~35.

[288] 谭劲松,宋顺林,吴立扬."公司透明度的决定因素——基于代理理论和信号理论的经验研究",《会计研究》,2010 年第 4 期,26~33.

[289] 唐雪松,杜军,申慧."独立董事监督中的动机——基于独立意见的经验证据",《管理世界》,2010 年第 9 期,138~149.

[290] 陶淑芳."市场化进程、CFO 财务执行力与并购绩效——基于董事会角度的分析",浙江财经大学硕士学位论

文, 2017.

[291] 佟岩, 徐峰. "我国上市公司内部控制效率与盈余质量的动态依存关系研究",《中国软科学》, 2013年第2期, 111~122.

[292] 万良勇, 邓路, 郑小玲. "网络位置、独立董事治理与公司违规——基于部分可观测 Bivariate Probit 模型",《系统工程理论实践》, 2014年第12期, 3091~3102.

[293] 万良勇, 郑小玲. "董事网络的结构洞特征与公司并购",《会计研究》, 2014年第5期, 67~72.

[294] 汪猛, 徐经长. "公允价值计量、会计税法差异与条件稳健性",《当代财经》, 2014年第9期, 120~129.

[295] 汪炜, 蒋高峰. "信息披露、透明度与资本成本",《经济研究》, 2004年第7期, 107~114.

[296] 王斌, 梁欣欣. "公司治理、财务状况与信息披露质量——来自深交所的经验证据",《会计研究》, 2008年第3期, 31~38.

[297] 王福胜, 程富. "管理防御视角下的 CFO 背景特征与会计政策选择——来自资产减值计提的经验证据",《会计研究》, 2014年第12期, 32~38.

[298] 王晶, 彭博, 熊焰韧, 张萍, 张娟. "内部控制有效性与会计信息质量——西方内部控制研究文献导读及中国制度背景下的展望(一)",《会计研究》, 2015年第6期, 87~95.

[299] 王俊秋, 张奇峰. "政府控制、制度环境与上市公司财务重述行为",《经济管理》, 2010年第4期, 11~19.

[300] 王锴, 李芸. "如何提升财务执行力",《财务与会计》, 2006年第4期, 61.

[301] 王立彦, 刘军霞. "上市公司境内外会计信息披露规

则的执行偏差——来自 A–H 股公司双重财务报告差异的证据",《经济研究》,2003 年第 12 期,71~78.

[302] 王守海,郑伟,张彦国."内部审计水平与财务报告质量研究——来自中国上市公司的经验证据",《审计研究》,2010 年第 5 期,82~89.

[303] 王霞,薛跃,于学强."CFO 的背景特征与会计信息质量——基于中国财务重述公司的经验证据",《财经研究》,2011 年第 9 期,123~133.

[304] 王杏芬."整合审计提高了财务报告质量吗?——系统协同理论视角的经验证据",《江西财经大学学报》,2011 年第 4 期,26~33.

[305] 王雄元,张鹏,顾俊."信息环境、年报披露时间选择与下年盈余管理",《南开管理评论》,2009 年第 12 期,47~54.

[306] 王艳艳,陈汉文."审计质量与会计信息透明度——来自中国上市公司的经验数据",《会计研究》,2006 年第 4 期,9~15.

[307] 王跃堂,张祖国."财务报告质量评价观及信息披露监管",《会计研究》,2001 年第 10 期,12~17.

[308] 魏明海."会计信息质量经验研究的完善与运用",《会计研究》,2005 年第 3 期,28~35.

[309] 魏中龙."如何培育和提升企业的执行力",《北京工商大学学报(社会科学版)》,2003 年第 6 期,21~25.

[310] 吴溪.《会计研究方法论》,中国人民大学出版社,2012,115~190.

[311] 伍利娜,束晓晖."审计师更换时机对年报及时性和审计质量的影响",《会计研究》,2006 年第 11 期,37~44.

[312] 夏立军,陈信元."市场化进程、国企改革策略与公司治理结构的内生决定",《经济研究》,2007年第7期,82~95.

[313] 向锐."CFO财务执行力与企业过度投资——基于董事会视角的分析",《会计研究》,2015年第7期,56~62.

[314] 肖作平."大股东、法律制度和资本结构决策",《南开管理评论》,2009年第1期,27~39.

[315] 谢德仁,陈运森."董事网络:定义、特征和计量",《会计研究》,2012年第3期,44~51.

[316] 谢志华,粟立钟,王建军."独立董事的功能定位",《会计研究》,2016年第6期,46~54.

[317] 辛清泉,黄曼丽,易浩然."上市公司虚假陈述与独立董事监管处罚——基于独立董事个体视角的分析",《管理世界》,2013年第5期,131~143.

[318] 徐经长,王胜海."核心高管特征与公司成长性关系研究——基于中国沪深两市上市公司数据的经验研究",《经济理论与经济管理》,2010年第6期,58~65.

[319] 薛爽,肖泽忠,潘妙丽."管理层讨论与分析是否提供了有用信息?——基于亏损上市公司的实证探索",《管理世界》,2010年第5期,130~140.

[320] 杨丹."欧洲非上市企业采用国际财务报告准则的研究与启示——基于英国和德国的实证分析",《会计研究》,2014年第7期,27~35.

[321] 杨海燕,韦德洪,孙健."机构投资者持股能提高上市公司会计信息质量吗?——兼论不同类型机构投资者的差异",《会计研究》,2012年第9期,16~23.

[322] 杨敏."会计准则国际趋同的最新进展与我国的应对

举措",《会计研究》,2011年第9期,3~8.

［323］杨敏,陆建桥,徐华新."当前国际会计趋同形势和我国企业会计准则国际趋同的策略选择",《会计研究》,2011年第10期,9~15.

［324］杨其静,杨继东."董事会只是为了监督吗?",《南开经济研究》,2008年第6期,56~63.

［325］杨有红,毛新述."内部控制,财务报告质量与投资者保护——来自沪市上市公司的经验证据",《财贸经济》,2011年第8期,44~58.

［326］姚立杰,程小可."国际财务报告准则研究的回顾和展望",《会计研究》,2011年第6期,25~31.

［327］叶康涛,曹丰,王化成."内部控制信息披露能够降低股价崩盘风险吗?",《金融研究》,2015年第2期,192~206.

［328］叶康涛,张然,徐浩萍."声誉、制度环境与债务融资",《金融研究》,2010年第8期,171~183.

［329］叶康涛,祝继高,陆正飞,张然."独立董事的独立性:基于董事会投票的证据",《经济研究》,2011年第1期,126~139.

［330］叶青,李增泉,李光青."富豪榜会影响企业会计信息质量吗?——基于政治成本视角的考察",《管理世界》,2012年第1期,104~120.

［331］余峰燕,郝项超."具有行政背景的独立董事影响公司财务信息质量么?——基于国有控股上市公司的实证分析",《南开经济研究》,2011年第1期,120~131.

［332］余怒涛,陆开森,谢获宝."机构投资者异质性、应计与真实盈余管理研究",《江西财经大学学报》,2017年第5期,36~47.

[333] 俞雪莲, 傅元略. "CFO 背景特征、内部控制和公司财务违规——基于 Logistic 模型的实证研究",《福建论坛（人文社会科学版）》, 2017 年第 2 期, 74~80.

[334] 宇文晶, 王振山, 李丽. "财务报告质量、债务期限结构与过度投资分析",《统计与信息论坛》, 2016 年第 1 期, 46~54.

[335] 张敦力, 江新峰. "管理者能力与企业投资羊群行为, 基于薪酬公平的调节作用",《会计研究》, 2015 年第 8 期, 41~48.

[336] 张敏. "管理者过度自信与企业投资研究", 中国人民大学博士学位论文, 2008.

[337] 张敏, 冯虹茜, 张雯. "机构持股、审计师选择与审计意见",《审计研究》, 2011 年第 6 期, 82~88.

[338] 张敏, 童丽静, 许浩然. "社会网络与企业风险承担——基于我国上市公司的经验证据",《管理世界》, 2015 年第 11 期, 161~175.

[339] 张敏, 谢露, 马黎珺. "金融生态环境与商业银行的盈余质量——基于我国商业银行的经验证据",《金融研究》, 2015 年第 5 期, 117~131.

[340] 张先治, 戴文涛. "基于会计相关性的企业内部报告问卷调查与分析",《会计研究》, 2011 年第 11 期, 10~17.

[341] 章永奎, 刘峰. "会计准则、内部控制与公司治理相关问题研究——海峡两岸会计学术交流动态",《会计研究》, 2012 年第 10 期, 87~90.

[342] 赵西卜. "会计对称性理论及其在多层面信息需求中的应用",《会计研究》, 2004 年第 9 期, 52~56.

[343] 赵西卜. "中国会计准则研究", 中国人民大学博士

学位论文，1998.

［344］赵西卜，程亚琼."会计对称原则与公共信息会计：关系梳理与实现路径"，《会计研究》，2013年第3期，13~19.

［345］赵西卜，宁美军，张东旭."并购商誉与企业价值"，《现代管理科学》，2016年第12期，3~5.

［346］赵西卜，徐爱莉."产权性质、监事会特征与信息披露质量——来自深交所的经验数据"，《兰州学刊》，2013年第11期，85~93.

［347］赵雅娜，宁美军."会计信息质量与风险定价研究——基于Fama – French三因子模型"，《中国物价》，2016年第9期，59~61.

［348］赵玉洁."法律环境、分析师跟进与盈余管理"，《山西财经大学学报》，2013年第1期，73~83.

［349］朱丽，柳卸林，刘超，杨虎."高管社会资本、企业网络位置和创新能力——'声望'和'权力'的中介"，《科学学与科学技术管理》，2017年第6期，94~109.

王国维评价古今之大学问者依次必经的三种境界，曰："昨夜西风凋碧树，独上高楼，望尽天涯路"；"衣带渐宽终不悔，为伊消得人憔悴"；"众里寻他千百度，蓦然回首，那人却在灯火阑珊处"。在会计学术界，我深感自己"寄蜉蝣于天地，渺沧海之一粟"之存在，但每每品读王国维先生所述的三种境界，内心总涌出一种强烈的向往之情。这种强烈的向往之情是我选择攻读会计学博士学位的重要缘起，我渴望自己能够在学术之路中得到锤炼，渴望自己能够在水到渠成中遇见内心之向往，渴望自己能够先后达到思、索、悟这三种境界。

回首研究生最美的时光，我遇到了敬重的恩师赵西卜教授，感受到"卜星门"师门大家庭的学术阳光和亲情温暖；掌握了自主学习的方法，享受到大师们的学术讲演盛宴；收获了珍贵的革命友谊，领会到为人处世的格局；学会了享受孤独，领悟到学术论文"收"和课题申请"放"的过程；锻炼了强大的内在，体会到独立思考和顺其自然的智慧……这些宝贵的经历促成了本书。

"人生的道路虽然漫长,但紧要处常常只有几步,特别当人年轻的时候"。我人生最关键的几步,是有幸在恰当的时间遇到对的人(我的三位导师:陈艳利教授、赵西卜教授、刘永祥教授),这让我常怀感恩之心。唐·韩愈《师说》:"师者,所以传道授业解惑也。"衷心感谢我的硕导陈艳利教授在我于东北财经大学攻读资产评估硕士的两年引领我踊跃参与课题研究、认真完成教材修订、努力实现论文发表,这些科研能力的锻炼让我有幸得以继续深造,成为中国人民大学会计学博士研究生。衷心感谢我的博导赵西卜教授,恩师三十载春秋铸就大师美德,恩师德高望重、儒雅博学、严谨内敛,超强的会计准则前沿把握能力和精益求精的治学风范,国际化的视野和治学为国的情怀让我由衷钦佩感佩。衷心感谢我的指导教师刘永祥教授,作为北京市教学名师,无论是传道授业解惑,还是修身养性育人,刘永祥教授都身体力行、率先垂范,以榜样的力量践行着积极进取、温和谦卑,高调地工作学习、低调地为人处世,以极强的人格魅力引领每一位青年教师的成长。

衷心感谢戴德明老师、耿建新老师、于富生老师、徐经长老师、林钢老师、叶康涛老师、宋建波老师、张敏老师、荆新老师、秦荣生老师、曹伟老师、易靖韬老师等所有教授过我的老师,他(她)们以渊深博大的专业知识和对待教育事业的热忱呈现给我们美味的精神食粮盛宴。衷心感谢孟焰老师、赵保卿老师、耿建新老师、袁蓉丽老师和函评专家们,感谢他(她)们为评阅我的论文付出的宝贵时间和辛勤劳动,感谢他(她)们给予宝贵建议。感谢袁蓉丽老师,激励我更加努力提升专业素养。感谢周华老师给予我的鼓励和肯定,周老师不仅是人大毕业的杰出校友师兄,更是无数学子爱戴的好老师。衷心感谢杰出校友师兄廖冠民老师、曹越老师、洪学智老师、李争光老师、唐大鹏老师、莫冬燕老师、王放老师、王茂林老师,感谢他们对我学习和工作上的提携与帮助。衷心感谢潘克勤老师、方拥军老师、常建老师对我学业的认可和肯定。

感谢父亲对家庭的辛苦付出。感谢姐姐、哥哥和弟弟以及她(他)们的爱人,教会我学习的方法和生活的道理,给予我求学路上强大的物质支持和精神力量。衷心感谢我的家人,她(他)们的理解和支持鼓舞着我不断前行,把最美的幸福带给她(他)们是我奋斗的不竭动力!感谢侯旭华叔叔,他在专业选择和人生方向等方面给予的建设性指导让我获益匪浅。感谢侯婶、小姨、凤杰婶,总是给予我雪中送炭般的温暖。感谢杨瑞耕叔叔,一直鼓励着我前行在人生道路上。感谢刘聪师兄,启迪我通透的人生观,带我领略北京的美好,美好了我生活中的每一枚小确幸!

衷心感谢母亲,在我年幼时给予我强烈的亲密和严格的家教,给予我美好的启蒙教育和自主学习的意识,在我长大后教会我独立、教会我自力更生。母亲是我心中永远的启明星,我抬头仰望夜空,总希望能看到星星:"有许多时候,眼泪就要流,那颗星是让我坚强的理由;辽阔的夜空,还有她的美好,给我力量,伴我同行……有一些时候,眼泪已经流,那颗星依然明亮,为我守候……"感念母亲始终言传身教激励我:"以恒心为良友,以经验为参谋,以当心为兄弟,以希望为哨兵,必能马到功成!"

本书得到北方工业大学优势学科项目(18XN047)的资助,在此向北方工业大学表示衷心感谢!本书由中国财政经济出版社出版发行,在此向中国财政经济出版社表示衷心感谢!中国财政经济出版社会计分社樊清玉社长为本书出版做了大量辛勤工作,在此向她表示诚挚谢意!

宁美军

2017年10月26日于北京